全民阅读
中华优秀传统文化
经典系列

刘苍劲 丛书主编

楚辞

邓启铜 诸 华 注释

郑瑞侠 导读

张 勇 张雅棋 等 配音

北京师范大学出版集团
北京师范大学出版社
BEIJING NORMAL UNIVERSITY PUBLISHING GROUP

图书在版编目(CIP)数据

楚辞/ 邓启铜，诸华注释. —北京：北京师范大学出版社，
2019.1

（中华优秀传统文化经典系列）

ISBN 978-7-303-23088-4

Ⅰ．①楚… Ⅱ．①邓… ②诸… Ⅲ．①古典诗歌－诗集－中
国－战国时代 ②《楚辞》－注释 Ⅳ．①I222.3

中国版本图书馆 CIP 数据核字(2017)第 289918 号

营 销 中 心 电 话　010-58805072　58807651
北师大出版社高等教育与学术著作分社　http://xueda.bnup.com

CHU CI

出版发行：北京师范大学出版社 www.bnup.com
　　　　　北京市海淀区新街口外大街 19 号
　　　　　邮政编码：100875
印　　刷：北京玺诚印务有限公司
经　　销：全国新华书店
开　　本：787 mm×1092 mm　1/16
印　　张：22.25
字　　数：340 千字
版　　次：2019 年 1 月第 1 版
印　　次：2019 年 1 月第 1 次印刷
定　　价：60.00 元

策划编辑：祁传华　魏家坚　　　　责任编辑：康　悦
美术编辑：王齐云　　　　　　　　装帧设计：王齐云
责任校对：韩兆涛　　　　　　　　责任印制：马　洁

继承和弘扬中华优秀传统文化
大力加强社会主义核心价值观教育

　　中华文化源远流长、灿烂辉煌。在五千多年文明发展中孕育的中华优秀传统文化，积淀着中华民族最深沉的精神追求，代表着中华民族独特的精神标识，是中华民族生生不息、发展壮大的丰厚滋养，是中国特色社会主义植根的文化沃土，是当代中国发展的突出优势，对延续和发展中华文明、促进人类文明进步，发挥着重要作用。

　　中共十八大以来，以习近平总书记为核心的党中央高度重视中华优秀传统文化的传承发展，始终从中华民族最深沉精神追求的深度看待优秀传统文化，从国家战略资源的高度继承优秀传统文化，从推动中华民族现代化进程的角度创新发展优秀传统文化，使之成为实现"两个一百年"奋斗目标和中华民族伟大复兴中国梦的根本性力量。习近平总书记指出："一个国家、一个民族的强盛，总是以文化兴盛为支撑的，中华民族伟大复兴需要以中华文化发展繁荣为条件。""中华传统文化博大精深，学习和掌握其中的各种思想精华，对树立正确的世界观、人生观、价值观很有益处。"

　　中华文化独一无二的理念、智慧、气度、神韵，增添了中国人民和中华民族内心深处的自信和自豪，也孕育培养了悠久的文化传统和富有价值的文化因子。传承发展中华优秀传统文化，就要大力弘扬讲仁爱、重民本、守诚信、崇正义、尚和合、求大同等核心思想理念，就要大力弘扬自强不息、敬业乐群、扶危济困、见义勇为、孝老爱亲等中华传统美德，就要大力弘扬有利于促进社会和谐、鼓励人们向上向善的思想文化内容。当前，我们强调培育和弘扬社会主义核心价值观，必须立足中华优秀传统文化，使中华优秀传统文化成为涵养社会主义核心价值观的重要源泉。核心价值理念往往与文化传统与文化积淀息息相关、一脉相承。社会主义核心价值观充分体现了对中华优秀传统文化的继承和升华。"富强、民主、文明、和谐，自由、平等、公正、法治，爱国、敬业、诚信、友善"的社会主义核心价值观，既深刻反映了社会主义中国的价值理念，更是五千年中华优秀传统文化的传承与发展。将中华优秀传统文化作为社会主义核心价值观教育的重要素材，以中华优秀传统文化涵养社会主义核心价值观，是明确文化渊源和民族文魄，树立文化自信和价值观自信，走好中国道路和讲好中国故事的必然要求。

2017年1月，中共中央办公厅、国务院办公厅印发了《关于实施中华优秀传统文化传承发展工程的意见》，将实施中华优秀传统文化传承发展工程上升到建设社会主义文化强国的重大战略任务的高度，力图在全社会形成重视中华优秀传统文化、学习弘扬中华优秀传统文化的氛围。由刘苍劲教授组织广东省上百位专家学者历时三年主编的这套"全民阅读·中华优秀传统文化经典系列"丛书，是广东省贯彻落实习近平总书记关于大力弘扬中华优秀传统文化系列讲话精神的重大举措，是具有广东特色、岭南气派的文化大工程。该套丛书真正体现了全民阅读的需要，每本经典都配有标准的拼音、专业的注释、精美的诵读，使不同阶层、不同文化、不同年龄、不同专业的中国人都可以读懂、读通、读透这些经典。通过客观、公正的导读指导，有机会阅读该丛书的读者都能够在阅读中华优秀传统文化经典中受到历史、政治、科学、人文、道德等多方面的启迪，在阅读中弘扬、在阅读中继承、在阅读中扬弃，从而实现树立社会主义核心价值观的目的。

该丛书质量精良，选题准确，导读科学，值得推荐，是为序。

刘苍劲

2018年6月

序

　　世之知屈子者以《离骚》，然世固未有知《骚》者即为能知屈子。夫屈子，王佐才也。当战国时，天下争挟刑名、兵战、纵横吊诡之说以相夸尚，而屈子所以先后其君者，必曰五帝三王。其治楚，奉先功，明法度，意量固有过人者。《大招》发明成言之始愿，其施为次第，虽孔子、孟子所以告君者当不是过。使原得志于楚，唐、虞、三代之治岂难致哉！其中废而死，命也。虽然，原用而楚兴，既废而削死，而楚亡。则虽弗竟其用，亦非无征不信者比也。而世徒艳其文，高其节，悲其缱绻不已之忠，抑末矣！世又以原自沉为轻生以怼君。余考原自怀王初放已作《离骚》，以彭咸自命，然终怀之世不死。顷襄即位，东迁九年不死，《渔父》《怀沙》岌岌乎死矣，而《悲回风》卒章所云，抑不忍遽死。何者？以死悟君，君可以未死而悟，则原固不至于必死。至《惜往日》始毕词赴渊。其辞曰："身幽隐而备之。"又曰："恐祸殃之有再。"盖其时谗焰益张，秦患益迫，使原不自沉，固当即死。死等耳，死于谗与死于秦，皆不足悟君。君虽悟，亦且无及，故处必死之地而求为有用之死，其势不得不出于自沉而，因而著之曰："介子忠而立枯兮，文君寤而追求。"明揭其死之情以发其君之悟。呜呼！若屈子者，但见其爱身忧国，迟回不欲死之心，未见其轻生以怼君也。吾故曰：世未有知屈子者，虽然，其原实始于不知《骚》。盖《离骚》二十五篇所以发明己意垂示后人者，至深切矣。而或眩于章法之变幻，则无以知本旨之所存。昧于字义之深隐，则无以知意理之所在，不能研索融会于文之中、旁搜博揽于文之外，则亦无以知其时地变易，与命意措辞次第条理之所以然。是以《大招》《招魂》皆以为非原作。而诸篇之先后亦茫无所考。至其章句之间，或以卤莽而失之略，或以穿凿而害其辞，吁可惜哉！予于戊子夏，始发愤论述其书。顾以束于制举，困于疾病忧患。贫贱奔走，时作时辍，六阅年始成。凡训诂考证多前人所未及，而大要尤在权时势以论其书。融全书以定其篇，审全篇以推其节次句字之义，故虽文之漫衍俶诡，而未始不秩然可寻。虽世之幽略无所考，而怀、襄两朝迁谪往来未始不犁然若示诸掌上。其说或不免为人之所骇，而一求乎心之所安。世之学者因注以知其文，因文以得其人。则岂惟舒忧娱哀于百世之上？将百世之下闻风者亦有所兴起也。

康熙癸巳七月之望，武进蒋骥涑睐序。

屈原列传

屈原者，名平，楚之同姓也。为楚怀王左徒。博闻强志，明于治乱，娴于辞令。入则与王图议国事，以出号令；出则接遇宾客，应对诸侯。王甚任之。

上官大夫与之同列，争宠而心害其能。怀王使屈原造为宪令，屈平属草稿未定。上官大夫见而欲夺之，屈平不与，因谗之曰："王使屈平为令，众莫不知，每一令出，平伐其功，以为'非我莫能为'也。"王怒而疏屈平。

屈平疾王听之不聪也，谗谄之蔽明也，邪曲之害公也，方正之不容也，故忧愁幽思而作《离骚》。离骚者，犹离忧也。夫天者，人之始也；父母者，人之本也。人穷则反本，故劳苦倦极，未尝不呼天也；疾痛惨怛，未尝不呼父母也。屈平正道直行，竭忠尽智以事其君，谗人间之，可谓穷矣。信而见疑，忠而被谤，能无怨乎？屈平之作《离骚》，盖自怨生也。《国风》好色而不淫，《小雅》怨诽而不乱。若离骚者，可谓兼之矣。上称帝喾，下道齐桓，中述汤武，以刺世事。明道德之广崇，治乱之条贯，靡不毕见。其文约，其辞微，其志洁，其行廉，其称文小而其指极大，举类迩而见义远。其志洁，故其称物芳。其行廉，故死而不容自疏。濯淖污泥之中，蝉蜕于浊秽，以浮游尘埃之外，不获世之滋垢，皭然泥而不滓者也。推此志也，虽与日月争光可也。

屈平既绌，其后秦欲伐齐，齐与楚从亲，惠王患之，乃令张仪佯去秦，厚币委质事楚，曰："秦甚憎齐，齐与楚从亲，楚诚能绝齐，秦愿献商、於之地六百里。"楚怀王贪而信张仪，遂绝齐，使使如秦受地。张仪诈之曰："仪与王约六里，不闻六百里。"楚使怒去，归告怀王。怀王怒，大兴师伐秦。秦发兵击之，大破楚师于丹、淅，斩首八万，虏楚将屈匄，遂取楚之汉中地。怀王乃悉发国中兵以深入击秦，战于蓝田。魏闻之，袭楚至邓。楚兵惧，自秦归。而齐竟怒不救楚，楚大困。

明年，秦割汉中地与楚以和。楚王曰："不愿得地，愿得张仪而甘心焉。"张仪闻，乃曰："以一仪而当汉中地，臣请往如楚。"如楚，又因厚币用事者臣靳尚，而设诡辩于怀王之宠姬郑袖。怀王竟听郑袖，复释去张仪。是时屈平既疏，不复在位，使于齐，顾反，谏怀王曰："何不杀张仪？"怀王悔，追张仪，不及。

其后诸侯共击楚，大破之，杀其将唐眜。

时秦昭王与楚婚，欲与怀王会。怀王欲行，屈平曰："秦虎狼之国，不可信，不如毋行。"怀王稚子子兰劝王行："奈何绝秦欢！"怀王卒行。入武关，秦伏兵绝其后，因留怀王，以求割地。怀王怒，不听。亡走赵，赵不内。复之秦，竟死于秦而归葬。

长子顷襄王立，以其弟子兰为令尹。楚人既咎子兰以劝怀王入秦而不反也。

屈平既嫉之，虽放流，眷顾楚国，系心怀王，不忘欲反，冀幸君之一悟，俗之一改也。其存君兴国而欲反覆之，一篇之中三致志焉。然终无可奈何，故不可以反，卒以此见怀王之终不悟也。人君无愚智贤不肖，莫不欲求忠以自为，举贤以自佐，然亡国破家相随属，而圣君治国累世而不见者，其所谓忠者不忠，而所谓贤者不贤也。怀王以不知忠臣之分，故内惑于郑袖，外欺于张仪，疏屈平而信上官大夫、令尹子兰。兵挫地削，亡其六郡，身客死于秦，为天下笑。此不知人之祸也。《易》曰："井渫不食，为我心恻，可以汲。王明，并受其福。"王之不明，岂足福哉！

令尹子兰闻之大怒，卒使上官大夫短屈原于顷襄王，顷襄王怒而迁之。

屈原至于江滨，被发行吟泽畔。颜色憔悴，形容枯槁。渔父见而问之曰："子非三闾大夫欤？何故而至此？"屈原曰："举世混浊而我独清，众人皆醉而我独醒，是以见放。"渔父曰："夫圣人者，不凝滞于物而能与世推移。举世混浊，何不随其流而扬其波？众人皆醉，何不铺其糟而啜其醨？何故怀瑾握瑜而自令见放为？"屈原曰："吾闻之，新沐者必弹冠，新浴者必振衣，人又谁能以身之察察，受物之汶汶者乎！宁赴常流而葬乎江鱼腹中耳，又安能以皓皓之白而蒙世俗之温蠖乎！"

乃作《怀沙》之赋。其辞曰：

陶陶孟夏兮，草木莽莽。伤怀永哀兮，汩徂南土。眴兮窈窕，孔静幽墨。冤结纡轸兮，离愍之长鞠；抚情效志兮，俛诎以自抑。

刓方以为圜兮，常度未替；易初本由兮，君子所鄙。章画职墨兮，前度未改；内直质重兮，大人所盛。巧匠不斲兮，孰察其揆正？玄文幽处兮，矇谓之不章；离娄微睇兮，瞽以为无明。变白而为黑兮，倒上以为下。凤皇在笯兮，鸡雉翔舞。同糅玉石兮，一概而相量。夫党人之鄙妒兮，羌不知吾所臧。

任重载盛兮，陷滞而不济；怀瑾握瑜兮，穷不得余所示。邑犬群吠兮，吠所怪也；诽俊疑桀兮，固庸态也。文质疏内兮，众不知吾之异采；材朴委积兮，莫知余之所有。重仁袭义兮，谨厚以为丰；重华不可牾兮，孰知余之从容！古固有不并兮，岂知其故也？汤禹久远兮，邈不可慕也。惩违改忿兮，抑心而自强；离湣而不迁兮，愿志之有象。进路北次兮，日昧昧其将暮；含忧虞哀兮，限之以大故。

乱曰：浩浩沅湘兮，分流汩兮。修路幽拂兮，道远忽兮。曾吟恒悲兮，永叹慨兮。世既莫吾知兮，人心不可谓兮。怀情抱质兮，独无匹兮。伯乐既殁兮，骥将焉程兮？人生禀命兮，各有所错兮。定心广志，余何畏惧兮？曾伤爰哀，永叹喟兮。世溷不吾知，心不可谓兮。知死不可让兮，愿勿爱兮。明以告君子兮，吾将以为类兮。

于是怀石，遂自投汨罗以死。

屈原既死之后，楚有宋玉、唐勒、景差之徒者，皆好辞而以赋见称；然皆祖屈原之从容辞令，终莫敢直谏。其后楚日以削，数十年竟为秦所灭。

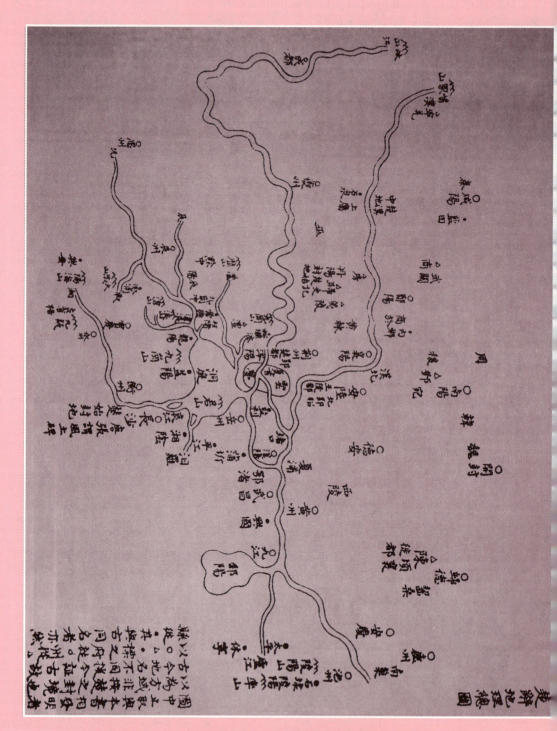

楚辞地理总图　清·蒋骥《山带阁注楚辞》

目 录

导　读

郑瑞侠

　　《楚辞》，原本由西汉刘向辑成，收录了屈原、宋玉、贾谊、淮南小山、东方朔、严忌、王褒、刘向等人的辞赋作品，共十六篇。后来东汉王逸又补加上自己的作品《九思》，勒成章句十七卷，并作了注释，这就是今本《楚辞》。其实，"楚辞"具有多重含义：一是指战国时代，我国南方楚地出现的一种新的诗体，其特点是汲取楚地民歌精华，"书楚语，作楚声，纪楚地，名楚物"，具有浓厚的地方色彩；二是指屈原和后来其他作家，如宋玉、景差、刘向、王褒等人，用这种诗体所创作的诗歌作品；三是指把这些诗歌作品选辑而成的一部诗集《楚辞》。另外，一提起楚辞，大家就会想起最具代表性的屈原的《离骚》。楚辞在汉代被称作"赋"，所以楚辞又被称作"骚体""骚体赋"或"屈赋"。

　　楚辞，是以屈原为代表的一批诗人，吸取楚地方言声韵和民歌形式而创作的一种带有楚国地方色彩的新的诗体，它的形成与楚地文化的独特性密切相关。楚文化的特点是具有浓厚的神巫性。相对于中原文化而言，楚文化比较原始，巫风流行，楚人"信巫鬼，重淫祀"，以各种手段取悦鬼神，以求赐福。浪漫性则是楚文化的另一个重要特点。楚国地处南方，没有中原地区那种严格的礼法束缚，更多地洋溢着虚幻、神秘的气氛，使其文化具有更多的热烈、奔放、神奇、瑰丽的浪漫激情。但是，楚国先人本是中原后裔，尤其在春秋战国时代，楚国与中原各国虽有战争，但更有文化的交流和融合，所以楚辞又具有南北文化交融的综合性特点。

　　《楚辞》与《诗经》，是先秦诗歌发展的两大高峰，各有自己的独特风格。《诗经》主要以朴素的现实主义手法，反映中原地区的社会生活，是北方诗歌的代表；《楚辞》则以浪漫主义手法，描写南方生活图景，是南方诗歌的代表。楚辞的形成虽然取决于南北文化融合这一历史背景，多方面接受了北方文学的影响；楚文化的神巫性和浪漫性特质，尤其是楚地民间文学的直接影响力对楚辞的产生起到了重要作用。但楚辞体诗歌的产生是伟大诗人屈原的一种新创造，可以说没有屈原就没有我们现在看到的楚辞。

屈原（约前340—约前278），原姓芈（米），名平，字原，楚国贵族出身，楚武王熊通之子屈瑕的后代。屈瑕，楚武王熊通之子，受封于"屈"地，乃以"屈"为氏。屈原是我国最早的浪漫主义诗人，也是中国文学史上第一位留下姓名的伟大的爱国诗人。他的出现，标志着中国诗歌进入了一个由集体歌唱到个人独唱的新时代。关于屈原生平的可靠、重要的资料，就是《史记·屈原贾生列传》。屈原具有广博的知识和杰出的政治才能，楚怀王时曾任左徒，对内参与国家大事，对外接待宾客、应对诸侯，曾出使齐国。后受上官大夫等人排挤、陷害，屈原被楚怀王疏远，迁徙到汉北安置。在顷襄王即位后，屈原继续受压制，被流放到沅水、湘水流域。在楚国灭亡后，屈原自投汨罗江，以身殉国。屈原创造了一种新的诗歌形式，以象征手法突出地表现了楚民族浪漫的精神气质，其重要作品有《离骚》《九章》《天问》等，对后代文学创作影响极大。

现在，屈原已成为我国古代优秀传统文化的一个经典符号，端午节、龙舟赛、粽子……无不与屈原密切相关。屈原及其楚辞所表现出的砥砺不懈、特立独行的节操，坚持真理、敢于反抗的精神，对中华民族优秀文化做出了重大贡献。

《楚辞》的编辑成书，虽然在汉代，但书中的主要作品是战国时期的诗人所作的。所以，本书除了文学价值之外，对研究先秦时期的思想文化史，尤其是楚国的社会历史，有着重要参考价值。最早的《楚辞》注本，是东汉王逸的《楚辞章句》。现在比较通行的比较早的注本是宋代洪兴祖的《楚辞补注》（中华书局1957年版）和宋代朱熹的《楚辞集注》（人民文学出版社1953年影印本）。比较新的注本有姜亮夫的《楚辞赋校注》（人民文学出版社1957年版）。此外，陈子展的《楚辞直解》（复旦大学出版社1996年版）等，均可作为人们学习和研究楚辞作品的参考。

屈原《离骚》

《离骚》，是屈原的代表作，是《楚辞》最具代表性的作品，也是后人学习楚辞的必读篇目。人们要想读懂《离骚》，至少应该从这样几个方面入手。首先是解题。关于"离骚"二字，后人基本延续了王逸《楚辞章句·离骚经叙》的说法："离，别也。骚，愁也。经，径也。言已放逐离别，中心愁思，犹依道径以风谏君也。"屈原被谗言，遭遇流放，内心愁苦，但仍然不放弃，积极寻找途径向楚王进行劝谏。这里有两个问题，一是要充分理解屈原内心的"愁苦"，即美政理想不得实现的矛盾与痛苦，屈原的美政理想就是他理想中的完美政治，即民本思想和德政主张、法治思想和举贤授能主张、大一统思想和匡定天下主张；二是要充分了解屈原生活的时代，那是一个长期混乱、战争频仍的时代，而且屈原的命运与当时许多风云人物交集一起，例如，他两次被流放都与张仪有关。其次是明确以《离骚》为代表的楚辞在文学史上的重要地位，即它是上承《诗经》风雅、下启两汉辞赋，在《诗经》消歇大概三百年后，兴起于南方楚地的具有创造性和影响性的新的诗体。再次是掌握《离骚》的艺术价值，与《诗经》一样，《离骚》应是配乐演唱的，从原始歌谣的两言一拍、《诗经》的四言二拍，发展到杂言多拍，使诗歌语言更加丰富；在继承《诗经》赋比兴优秀写作手法的基础上，形成"香草美人"意象，增添了诗歌创作的意境之美。以前人们阅读和学习《离骚》，关注的重点多偏于诗人的经历和情感抒发方面，但其艺术和审美价值以及《楚辞》与楚文化的关系亦不应忽视。

屈原《九歌》

《九歌》是屈原在楚国民间祭神乐歌的基础上加工、改写而成的一组体制独特的抒情诗，是屈原长期搜集的，最后写定应在晚年放逐江南沅水、湘水之时。《九歌》共有11首，包括迎神曲《东皇太一》，送神曲《礼魂》，祭祀阵亡将士的安魂曲《国殇》，四对自然神的恋曲《东君》与《云中君》、《大司命》与《少司命》、《湘君》与《湘夫人》、《河伯》与《山鬼》。《九歌》塑造了一系列鬼神形象，借这些神灵形象抒发自己内心的情感。这些神灵形象，既闪烁着神的灵光，又具有人的性格特征。《九歌》具有明显的表演性，似已具备了民间赛神歌舞剧的雏形。扮成神灵的巫和觋，在宗教仪式、人神关系的纱幕下，表演着人世间男女恋爱的过程和情景，有思慕，有猜疑，有欢乐，有悲痛，有哀思。例如，《山鬼》采用山鬼内心独白的方式，塑造了一位美丽、率真、痴情的少女形象。全诗有着简单的情节：女主人公跟情人约定某天在一个地方相会，尽管道路艰难，她还是满怀喜悦地赶到了，可是她的情人却没有如约前来；风雨来了，她痴心地等待着，但情人最终没有来；天色晚了，她回到住所，在风雨交加、猿狖齐鸣中，倍感伤心、哀怨。全诗将幻想与现实交织在一起，具有浓郁的浪漫主义色彩，展现了楚文化的特点和魅力。不过，关于《九歌》，还有许多问题尚待探究，例如，关于篇名与篇章之数不合的现象早在朱熹《楚辞辩证》中就有涉及："篇名《九歌》，而十有一章，概不可晓。"这一问题乃千古之谜，让历代学者百思难解。

屈原《天问》

屈原《天问》，历来被视为中国古代文学史上的一篇奇文。《天问》通篇都是作者的发问，共提出170多个问题。这些问题涉及宇宙的生成及构造、各种自然现象和人类的产生、社会的兴衰治乱，等等。《天问》保存了一定数量的神话传说，如鲧禹治水、玄鸟生商等。《天问》一方面显示出屈原渊博的学识，同时也表现出他执着的探索精神。虽然《天问》全篇都是诘问的语气，但由于它采用了灵活多变的句式，并没有出现沉滞呆板的弊端。所谓"天问"，就是列举出历史和自然界一系列不可理解的现象，对天发问，探讨宇宙万事万物变化发展的道理。例如，开篇即问："遂古之初，谁传道之？上下未形，何由考之？"关于远古时期的开始，是谁传说的？天与地还没有形成，是从哪里考证出来的？"女歧无合，夫焉取九子……"一系列的发问对天地开辟之前的神话传说进行了质疑。《天问》表现了作者大胆怀疑、探求真理的进取精神，向往圣主、怨恨昏君的爱国情怀，壮志难酬、忧愤不已的焦虑心情。《天问》内容丰富，线索基本清楚，大致次序是先问天地之形成，次问人事之兴衰，最后归结到楚国的现实政治上。全诗基本上以四言句为主，四句为一组押一韵，诗句简短，一问到底，节奏明快强烈。《天问》带有浓郁的浪漫气息，其中有诗人瑰丽的想象，有神灵境界的营造，还有对神话传说的大量运用，使中国文学继神话之后再次出现影响深远的浪漫之潮。

不过，这首诗也存在着一定的不足，如王逸《楚辞章句》所言："其文义不次序。"另外，历代都有学者质疑《天问》是否为屈原作品，主要理由是《天问》与屈原其他作品的风格迥异，相对而言艺术性较低。

屈原《九章》

《九章》与《九歌》不同，是实有9篇的一组诗歌，包括《惜诵》《涉江》《哀郢》《抽思》《怀沙》《思美人》《惜往日》《橘颂》《悲回风》。《九章》的名称始见于西汉末年刘向所作的《九叹·忧苦》："叹《离骚》以扬意兮，犹未殚于《九章》。"关于《九章》的写作年代，比较一致的看法，就是朱熹所言"非必出于一时之言"，而是创作于不同时期和不同地方的。《九章》是屈原一生中"随事感触，则形于声"之作，其内容与《离骚》基本相同，主要抒发屈原自己内心的抑郁之情；揭露朝廷中那些谄媚之臣颠倒黑白、结党营私、贪权误国；批判楚王不辨是非，受人蒙蔽。它显示出诗人远大的理想、高尚的情操、峻洁的人格，以及与恶势力进行斗争时百折不挠、九死不悔的顽强精神。通过《九章》的阅读，我们可以更深层次地了解屈原坎坷的人生道路、思想发展变化的过程以及与屈原息息相关的楚国的历史。同时，通过《九章》的阅读，我们还可以把握屈原在诗歌创作上的探索和发展，例如，《九章》中的早期作品《橘颂》，基本上采用四言句，沿袭了《诗经》直赋其事、直抒其情的现实主义手法；到了后期作品《惜颂》《抽思》《思美人》等，屈原则突破了《诗经》四言句的创作形式，创作出句法参差错落、变化灵活自由的独具特色的"骚体"。可以这样说，《九歌》是屈原对楚国民间祭歌的加工改作，《九章》则是屈原的独立创作。

屈原《远游》

《远游》是屈原作品中比较特殊的一首诗，有学者认为它是我国古代诗歌史上第一首游仙诗。例如，蒋骥《山带阁注楚辞》认为，屈原创作此篇作品的主要原因是"幽忧之极，思欲飞举以舒其郁，故为此篇"。诗人因时俗迫阨而不容于世，"悲时俗之迫阨兮，愿轻举而远游"，在愁肠百结、精神恍惚之中神会众仙人而不胜仰慕，于是决意超脱浊世而轻举远游；在上征天阙而神游四方之中，唯以游历南方而感到至美至乐，"嘉南州之炎德兮，丽桂树之冬荣"；最后，诗人渴望逍遥游于至清无为的境界而与造化者为友，"超无为以至清兮，与泰初而为邻"。《远游》大概作于屈原晚年被流放江南的途中，在前往荒无人烟的放逐之地时。诗人想象"山萧条而无兽兮，野寂寞其无人"的境况，不由自主地沉浸在远游仙境的幻想之中。诗人以其新奇的浪漫主义手法、奇幻的游仙描写，开创了中国古代游仙诗的先河，对后世游仙诗的创作具有深远的意义。在阅读《远游》时，我们要有一个正确的态度。可以说在一定程度上，《远游》反映了消极遁世、清静无为的道家游仙思想，与屈原作品一贯所表达的积极入世、志在有为的思想不尽相同。但这只是作者不堪忍受时俗迫阨而一时产生的思想波动，与庄子那种对现实彻底绝望后的精神追求截然不同。因为从《远游》眷念南方故国的描写中，我们可以看出屈原的根仍在地上，魂仍在楚国。

屈原《卜居》

《卜居》，"卜"是问卜，"居"是居住的地方，"卜居"就是屈原卜问自己应该居住的地方，"谓所以自处之方"（蒋骥《山带阁注楚辞》）。《卜居》主要描写了屈原在放逐期间，"屈原既放，三年不得复见"，不知何时方能重回宫廷见楚王而感到前途渺茫，"心烦虑乱，不知所从"，于是往见太卜帮助决疑。作品的精彩之处在于通过屈原叙述疑虑之辞的激切奔放，"吾宁悃悃款款，朴以忠乎？将送往劳来，斯无穷乎……宁正言不讳，以危身乎？将从俗富贵，以婾生乎？"反映了当时楚国政治的黑暗状况，凸显了屈原崇尚正义、保持廉洁正直以自清的高尚品格。此外，我们在阅读时会发现无论在体式还是风格上，《卜居》与屈原的其他作品都有很大的不同：一是运用了主客问答的形式，这是赋体文学的主要标志，即《卜居》是由辞到赋的过渡；二是运用第三者的口吻叙事记言，而屈原的作品大部分都以第一人称抒情陈辞；三是叙事达意清楚明白，缺少其他作品的少比喻象征。因此，历代都有学者对《卜居》是屈原的作品表示质疑，即使在当今的学术界，大多数人还是认为《卜居》不大可能是屈原的作品，而是屈原死后，楚人根据屈原的生平事迹和人格品行所写的作品，表达了楚人对屈原的尊崇和怀念之情。

屈原《渔父》

《渔父》，主要描写屈原在放逐期间"颜色憔悴，形容枯槁"，行吟泽畔偶遇渔父，通过二人的对话，揭示了两种不同的处世态度，表现了两种不同的人生价值。屈原主张洁身自好，坚持理想，不愿与世人同流合污；渔夫则主张众人皆醉，何不"与世推移"，"淈其泥而扬其波"，随波逐流。这篇作品既反映了战国时期楚国社会的尚隐之风，又突出了屈原遗世独立、九死不悔的高尚精神，明确了屈原在楚人心目中的崇高地位，如王逸《楚辞章句·渔父序》："楚人思念屈原，因叙其辞以相传焉。"和《卜居》一样，《渔父》也存在着作者是否是屈原的疑问。有学者认为，《渔父》和《卜居》相同，都以"屈原既放……"开篇，又都设立问答之辞，并且用韵均为上古韵部，应为同一作者。除此之外，阅读《渔父》应侧重于"渔父"形象的塑造，掌握"渔父"形象的原型意义。中国古代文学作品塑造了众多具有原型意义的人物形象，后世文学在这些原型的基础上逐渐将其发展成为具有某种鲜明共性的类形象群，"渔父"形象便是其中之一。例如，历代文学作品中的"渔父"形象，普遍具有远离尘嚣、不问世事的淡泊心态，尤其是那位"孤舟蓑笠翁，独钓寒江雪"的老者，似乎早已成为中国文学发展史上"渔父"形象的一种定格性标志。但是，比较完整的"渔父"形象最早则见于《庄子·渔父》和本篇作品，因此了解"渔父"形象的原型意义，也是我们阅读和学习《渔父》的一个重要内容。

宋玉《九辩》

《九辩》，是宋玉的代表作品。《九辩》与《九歌》一样是古乐曲的名字，相传是夏后启从天上偷偷带回凡间的乐曲，宋玉借用其名而谱写新词。关于宋玉的生平事迹，史书上的记载非常简略，通常认为他是屈原的学生，主要依据来源于王逸《楚辞章句》："宋玉者，屈原弟子也。"宋玉曾于楚顷襄王时在宫廷中任职，后因举止狂傲、放浪不羁而职位不保，沦为贫士。《九辩》是宋玉的长篇自叙性的抒情诗，是后人了解宋玉思想的重要资料。这首诗大概创作于宋玉因失职而离开郢都，独自流浪异乡之时，主要抒写了"贫士失职而志不平"的情怀。诗人用"岁忽忽而遒尽兮，恐余寿之弗将""年洋洋以日往兮，老嵺廓而无处"等诗句反复抒发了老之将至而一事无成的悲伤之情，也说明了这首诗是宋玉晚年的作品。《九辩》采用骚体形式，是一篇典型的师法"屈骚"之作。诗歌发扬了屈原愤世嫉俗，憎恨黑暗现实，关心百姓疾苦和国家命运的爱国精神，塑造了一位怀才不遇而落拓失志，内心愤愤不平却只能望月兴叹，虽穷途末路却可以孤芳自赏的诗人的自我形象。此外，《九辩》发扬了屈原借悲秋以言情的书写方式，尤其对深秋典型景物的感受和把握非常敏锐，"悲哉秋之为气也！萧瑟兮，草木摇落而变衰"真乃千古名句，刻画准确细致，在艺术上达到了较高的水平。但是，我们在阅读《九辩》时要注意一点，即宋玉在继承屈原精神的同时，大量袭用或化用了屈原作品的辞句，对屈原部分作品的语义和语气直接复述、刻意模仿。

宋玉《招魂》

招魂，即招回离开人躯体的灵魂。早在先秦时期，古人就有了灵魂不死和灵魂出窍的观念，随之有了"招魂"的习俗。有的是为死人招魂，古人认为人死之后灵魂会离开人体，需要将其招回随身体一起安葬；有的是为病人招魂，人生病时灵魂会离开，将其招回病体人就会痊愈；还有的是自招生魂，即自己替自己招魂，根据杜甫《彭衙行》"暖汤濯我足，剪纸招我魂"的诗句，可知唐代还有自招生魂的习俗。因此，古人选择在丧葬、忌日、治病等特定时期举行招魂仪式，演唱招魂歌曲。至今，在我国许多偏远地方，尤其是两湖地区，民间的这种招魂习俗仍有遗存，尚未完全绝迹。《招魂》，是宋玉在楚国民间"招魂歌词"基础上创作的一首诗歌。《招魂》前有引言，后有乱辞，中间是正文，三部分联系紧密，首尾呼应，完全符合民间"招魂歌词"的结构形式，反映了民间招魂仪式的全过程，是我们了解楚国民俗文化的重要资料；《招魂》保存了我国古代的一些神话故事，具有宝贵的文学艺术价值；《招魂》想象瑰丽奇幻，文辞华美绚丽，句式铺张排比，达到较高的艺术水平，为汉代大赋的形成奠定了基础。至于宋玉《招魂》是招生魂还是死魂，是招他人的魂还是自己的魂，历来众说纷纭，几无定论。这也是我们阅读和学习《招魂》需要思考的一个重要问题。

屈原《大招》

《大招》，也是一首招魂诗。据众多学者考证，《大招》应该是屈原为楚怀王举行国葬仪式时所创作的"招魂词"。《大招》沿用了楚国宫廷举行葬礼的"招魂词"体式，语言基本上是工整的四言句，行文板滞缺少变化，与宋玉《招魂》所运用的民间"招魂词"的体式与风格大不相同。例如，《大招》的语尾词用的是庄重的中原之音"只"，《招魂》用的是楚国的方言"些"，说明宫廷的"招魂词"与民间的"招魂词"是有区别的。"大招"，即大招其魂。楚怀王虽然客死秦国，但毕竟是一国之君，地位崇高，国葬场面盛大，所以称为"大招"，正如蒋骥《山带阁注楚辞》所言："称为大者，尊君之辞，篇内多序帝王致治之事。"可知《大招》的主要内容是"外陈四方之恶""内崇楚国之美"。我们在阅读《大招》时要注意它的首尾结构与《招魂》不同，前面没有引言直接进入正文，开篇即写"青春受谢，白日昭只……魂魄归来！无远遥只"。后面也没有乱辞，"魂乎归来！尚三王只！"全诗戛然而止。此外，《大招》没有描写招魂仪式的完整过程，而是丧葬仪式的一部分，详略得当，重点突出。《大招》的重点在末尾，描绘了国泰民安、政治清明、天下统一的景象，尤其在最后一句，作者呼吁崇尚上古三王之道，充分表达了屈原的美政理想，也突出了《大招》的主题和意义。

贾谊《惜誓》

《惜誓》，在王逸《楚辞章句》中的解释是："惜者，哀也；誓者，信也，约也，言哀惜怀王与己信约而后背之也。"惜誓的意思就是哀叹怀王背叛了与作者当初约定的誓言。《惜誓》的作者为贾谊，西汉时期著名的思想家、文学家，以其雄辩的、气势充溢的政论文卓立文坛，同时也以情理深致的赋作独步一时。贾谊才华横溢，颇受汉文帝宠信，却因遭受谗言被疏远，贬为长沙王太傅，故世称贾太傅、贾长沙。后被诏回宫，任梁怀王太傅。在陪同梁王进宫时，梁王不幸堕马而死。贾谊因惊吓过度，不久也郁郁而死，年仅33岁。贾谊的生活遭遇与屈原颇为相似，思想感情息息相通，文章风格也与屈原一脉相承。《惜誓》作于贾谊被贬之后，全诗采用骚体句式，借助比兴象征以抒发心中悲愤不平的情感，从形式到内容都深受屈原的影响。我们在阅读《惜誓》时，要注意为了排遣内心的郁闷，贾谊的有些诗句故作旷达之语聊以自慰；有些诗句与其另一篇作品《吊屈原赋》相近。此外，我们引用李商隐和毛泽东的诗歌，帮助我们了解贾谊的才华和命运。李商隐《贾生》："宣室求贤访逐臣，贾生才调更无伦。可怜夜半虚前席，不问苍生问鬼神。"毛泽东《贾谊》："贾生才调世无伦，哭泣情怀吊屈文。梁王堕马寻常事，何用哀伤付一生。"

淮南小山《招隐士》

《招隐士》，是一篇典型的"拟骚"之作，即模仿屈原的"骚体"诗。作者淮南小山，是淮南王刘安门下一个擅长写"小山"类辞赋的门客，真实姓名无考，"小山"是辞赋分类的一个条目。据王逸《楚辞章句》记载，淮南王刘安，曾招揽天下英才为其创作辞赋，并按照内容与形式的不同进行分类。有的称作"小山"，有的称作"大山"，就如同《诗经》的"大雅""小雅"一样。《招隐士》的创作目的主要是"小山之徒，闵伤屈原，又怪其文，升天乘云，役使百神，似若仙者。虽身沉没，明德显闻，与隐处山泽无异。故作《招隐士》之赋以章其志云尔"，即一个擅作"小山"的门客，感叹屈原命运的坎坷不幸，惊叹其文章想象力的丰富奇幻。屈原高尚的品格在世间广泛流传，虽然他已经投江自尽，但就像隐居在山林中的隐士一样，虽死犹存。所以，"小山"模仿"骚体"为文，以表达对屈原的哀悼和崇敬之情。《招隐士》内容奇特，情深意切，"王孙兮归来！山中兮不可以久留！"作者把已死的屈原当作山中隐士，一遍遍深切地呼唤其早日归来。我们在阅读《招隐士》时，应注意与屈原作品相比较，"此工慕拟而神于变化者也"，既有创新之处，但也有工于模拟的痕迹。

东方朔《七谏》

《七谏》，作者东方朔，模仿屈原文辞，和《招隐士》一样，同为"拟骚"之作。东方朔，本姓张，字曼倩，今山东人，西汉时期著名辞赋家。汉武帝即位后，为招揽人才广征四方士人。东方朔上书自荐，诏拜为郎，后任常侍郎、太中大夫等职。东方朔在政治方面颇具天赋，对汉初社会的政治得失颇有见解，但当时的皇帝始终把他当俳优看待，不以重用。东方朔性格诙谐，言辞敏捷，滑稽多智，常在汉武帝面前谈笑取乐，"然时观察颜色，直言切谏"（《汉书·东方朔传》）。例如，武帝好奢侈，欲大兴土木建上林苑。东方朔直言进谏，认为这是"取民膏腴之地，上乏国家之用，下夺农桑之业，弃成功，就败事"，但始终得不到朝廷重用，于是写了一系列作品以陈志向，并表达自己的不满，《七谏》便是其中之一。《七谏》不仅抒发了自己生不逢时"居愁勤其谁告兮，独永思而忧悲"的悲愁之情，更表达了"当世岂无骐骥兮，诚无王良之善驭"等愤世嫉俗之语、疾痛惨怛之言，颇有屈原遗风。我们在阅读《七谏》时，一方面在内容上要摒弃道家消极人生态度的体现，另一方面在形式上要注意它对屈原作品的刻意模仿。

严忌《哀时命》

《哀时命》，作者严忌。严忌，西汉初期著名辞赋家，今江苏人。本姓庄，东汉时期为了避汉明帝刘庄讳而改庄忌为严忌。《哀时命》，是一首骚体诗。王逸《楚辞章句》认为，这首诗主要是严忌"哀屈原受性忠贞，不遭明君而遇暗世，斐然作辞，叹而述之，故曰哀时命也"。实际上这是严忌借哀叹屈原秉性忠贞、一生不遇明主之事，"哀时命之不及古人兮，夫何予生之不遭时"，抒发自己怀才不遇的情感。严忌本为吴王刘濞的门客，后刘濞图谋叛乱，他与枚乘等人上书谏阻，但吴王刘濞不听，于是严忌离开吴王而投奔梁孝王。吴王刘濞反叛，兵败伏诛。严忌因为脱离较早，未罹灾祸，但他从吴王到梁孝王的经历不如意，所以这首诗也是缘情之作。在艺术形式上，《哀时命》与淮南小山《招隐士》、东方朔《七谏》一样，都是学习屈原的典型的"拟骚"诗。我们在阅读《哀时命》时，要注意这首诗模拟的痕迹比较明显，新意不足，所以它的历代评价不是很高。

王褒《九怀》

《九怀》，作者王褒，西汉时期著名辞赋家。他精通六艺，娴熟《楚辞》，因崇敬屈原而作《九怀》，他的另一代表作是《洞箫赋》。在阅读和学习《九怀》以及后面的《九叹》《九思》时，我们首先要了解文学史上的一个概念"九体"。所谓"九体"，是指在贾谊《吊屈原赋》之后，出现的一系列以悼念屈原为主题的骚体赋，如严忌《哀时命》、东方朔《七谏》、王褒《九怀》、刘向《九叹》、王逸《九思》等。尤其是《九怀》《九叹》《九思》等作品，一脉相承，九章成篇，体制固定，主题相类，具备了独有的格局，故称为"九体"。例如，《九怀》是由《匡机》《通路》《危俊》《昭世》《尊嘉》《蓄英》《思忠》《陶壅》《株昭》九章构成，以悼念屈原为主题，"悲九州兮靡君，抚轼叹息作诗"，"悲哉于嗟心！内心切磋"，借以抒发作者内心情感的"拟骚"之作。《九怀》属于"九体"，其同一系列的作品"体制固定，主题相类"，难免会有雷同之处，所以我们在阅读和学习时要注意分辨。

刘向《九叹》

《九叹》，作者刘向，西汉著名目录学家、文学家，《楚辞》一书就是由他编辑而成的。刘向所撰《别录》，是我国最早的图书公类目录。他编辑整理了《新序》《说苑》《列女传》《战国策》等书，尤其对先秦诸子典籍的整理做出了重要贡献。刘向仕途坎坷，曾经因为上书言事和弹劾贵族官员而两次下狱，被免除官职贬为庶人。在这种背景下，刘向创作了《九叹》，正如王逸《楚辞章句·九叹叙》所言，刘向"以博敏达，典校经书，辩章旧文，追念屈原忠信之节，故作《九叹》"。所谓叹者，即感伤、叹息。作者对屈原被流放山泽，自投汨罗而感伤、叹息不已。《九叹》属于"九体"，由《逢纷》《离世》《怨思》《远逝》《惜贤》《忧苦》《愍命》《思古》《远游》九章成篇。它的主要内容是刘向借屈原不见容于君、不被世人理解的忧思悲慨，如"念社稷之几危兮，反为仇而见怨。思国家之离沮兮，躬获愆而结难""悲余性之不可改兮，屡惩艾而不迻"，抒发自己的爱国热情和追求理想的执着精神。从结构来看，《九叹》每章独立成篇，每篇末尾都有"叹曰"，模仿屈原《九章》的痕迹比较明显，我们在阅读学习本篇作品时要注意分辨这一点。

王逸《九思》

王逸，东汉著名文学家，《楚辞章句》的作者。《楚辞章句》是现存《楚辞》最早的完整注本，具有极高的研究价值，《九思》则是王逸在刘向辑成的《楚辞》中所补加的一篇自己的作品。《九思》亦属于"九体"，由《逢尤》《怨上》《疾世》《悯上》《遭厄》《悼乱》《伤时》《哀岁》《守志》九章构成，主要内容仍是作者借哀悼屈原，抒发自己的情感。例如，"遭厄"即遭受祸端的意思。《遭厄》以"悼屈子兮遭厄，沉玉躬兮湘汩"开篇，描写了屈原在遭受排挤和迫害后，忍辱远离却又寻不到出路，最后自投汨罗的经历。王逸通过对屈原投江之前心情和生活状态的想象，以及对屈原在理智和情感中矛盾挣扎的描写，表达了自己和屈原相同的情感。《九思》也是一组代言体辞赋，每一篇的结构基本相同。我们在阅读学习时，要注意的问题和《九怀》《九叹》一样，即它们对屈原作品的刻意模仿。

离骚

屈原

九歌图之屈原像　元·张　渥

dì gāo yáng zhī miáo yì xī　　zhèn huáng kǎo yuē bó yōng

○ 帝高阳之苗裔兮，朕皇考曰伯庸。①

shè tí zhēn yú mèng zōu xī　　wéi gēng yín wú yǐ hóng

摄提贞于孟陬兮，惟庚寅吾以降。②

huáng lǎn kuí yú chū dù xī　　zhào cì yú yǐ jiā míng

皇览揆余初度兮，肇锡余以嘉名。③

míng yú yuē zhèng zé xī　　zì yú yuē líng jūn

名余曰正则兮，字余曰灵均。④

fēn wú jì yǒu cǐ nèi měi xī　　yòu chóng zhī yǐ xiū nài

纷吾既有此内美兮，又重之以脩能。⑤

hù jiāng lí yǔ pì zhǐ xī　　rèn qiū lán yǐ wéi pèi

扈江离与辟芷兮，纫秋兰以为佩。⑥

yù yú ruò jiāng bù jí xī　　kǒng nián suì zhī bù wú yǔ

汩余若将不及兮，恐年岁之不吾与。⑦

注释：本书以清代蒋骥撰的《山带阁注楚辞》为范本。本书古音（或许可称为古代楚地语音）基本源于蒋骥《山带阁注楚辞》、朱熹《楚辞集注》、江有诰《楚辞韵读》、王力《楚辞韵读》。①高阳：传说中上古帝王颛顼的称号，据说是楚国的远祖。苗裔：后代子孙。朕：先秦之人的自称。皇考：光明伟大的先父。伯庸：屈原父亲之字。②摄提：寅年。摄提格之简称。古以太岁在天宫运转的方向纪年。太岁指向寅宫（斗牛之间）之年称摄提格。贞：正当。孟陬：农历正月。二句指屈原降生于寅年寅月（正月）庚寅日。降：古音一作 hóng，与"庸"协韵，降临。今音 jiàng。③皇：皇考。览：观察。揆：估量、揣测。初度：刚降生的时候。肇：开始。锡：赐，赐予。嘉名：美好的名字。④正则：屈原名平，字原，合"正则"之义。灵均：屈原又字。⑤纷：盛，多。内美：天生的美好品质。重：加上。脩能：杰出的才能。能，一说在此音 nài。按照一定程度上反映古音的金人王文郁编的《平水韵》，"能"处在"上平韵部"的"十灰"，与下面的"佩"协韵。按照王力的《古代汉语》，"能"与"佩"同处在"之部"，协韵。一说"能"通"态"，脩能即美好的姿态。⑥扈：披。江离：香草名，即川芎。辟芷：生于偏僻处的白芷。辟通僻。纫：将两缕捻成单绳。⑦汩：水流迅疾，此处指时光飞逝。与：等待。

摄提贞于孟陬兮，惟庚寅吾以降。

明·萧云从

皇览揆余初度兮，肇锡余以嘉名。

清·门应兆

朝搴阰之木兰兮，夕揽洲之宿莽。①

日月忽其不淹兮，春与秋其代序。②

惟草木之零落兮，恐美人之迟暮。③

不抚壮而弃秽兮，何不改乎此度？④

乘骐骥以驰骋兮，来吾道夫先路！⑤

● 昔三后之纯粹兮，固众芳之所在。⑥

杂申椒与菌桂兮，岂维纫夫蕙茝？⑦

彼尧舜之耿介兮，既遵道而得路。⑧

注释：①搴：拔取。阰：楚方言，土坡。木兰：香草名。宿莽：一种香草，经冬不死。莽，古音一作 mǔ，与上下文的"与""序""暮""度""路"协韵。今音 mǎng。②忽：倏忽，转瞬而逝。淹：停留。代序：代谢，更替。③惟：思。美人：作者自喻，亦有人认为指楚怀王。迟暮：年老。④抚：凭借，趁。壮：壮年。秽：脏东西、丑恶的行为。度：法度。⑤骐骥：骏马，此处喻贤臣。来：相招之辞。道：通导，引导。⑥三后：指复禹、商汤、周文王三位明君。众芳：众多的贤臣。在：聚集在一起。⑦申椒：花椒。菌桂：肉桂。维：同唯。蕙、茝：均为香草名。⑧耿介：光明正大。遵：遵循。得：得到。道、路：均指正确的治国之道。

扈江离与辟芷兮，纫秋兰以为佩。
清·门应兆

乘骐骥以驰骋兮，来吾道夫先路。
清·门应兆

hé jié zhòu zhī chāng pī xī　fú wéi jié jìng yǐ jiǒng bù
何桀纣之猖披兮，夫唯捷径以窘步。①

wéi fú dǎng rén zhī tōu lè xī　lù yōu mèi yǐ xiǎn yì
惟夫党人之偷乐兮，路幽昧以险隘。②

qǐ yú shēn zhī dàn yāng xī　kǒng huáng yú zhī bài jì
岂余身之惮殃兮，恐皇舆之败绩。③

hū bēn zǒu yǐ xiān hòu xī　jí qián wáng zhī zhǒng wǔ
忽奔走以先后兮，及前王之踵武。④

quán bù chá yú zhī zhōng qíng xī　fǎn xìn chán ér jì nù
荃不察余之中情兮，反信馋而齑怒。⑤

yú gù zhī jiǎn jiǎn zhī wéi huàn xī
余固知謇謇之为患兮，

rěn ér bù néng shù yě
忍而不能舍也！⑥

zhǐ jiǔ tiān yǐ wéi zhèng xī　fú wéi líng xiū zhī gù yě
指九天以为正兮，夫唯灵修之故也。⑦

yuē huáng hūn yǐ wéi qī xī　qiāng zhōng dào ér gǎi lù
曰黄昏已为期兮，羌中道而改路。

注释：①猖披：猖狂邪恶。捷径：斜出的小路，不是正道。窘步：寸步难行。②党人：结党营私的小人。偷乐：苟安享乐。路：国家的前途。隘：狭。一说古音为 yì，与"绩"协韵。按《平水韵》，"隘"处在"去声韵部"的"十卦"，与下面的"绩"押韵。按照王力的《古代汉语》，"隘"与"绩"同处在"锡部"，协韵。今音 ài。③惮殃：害怕灾祸。皇舆：帝王的车辇。这里比喻国家。败绩：作战时战车倾覆，指战争失败，也指事业败坏。④及：追上。前王：指古代贤君。踵武：遗迹。⑤荃：香草名，指楚怀王。中情：内心的感情。齑怒：大怒，暴怒。⑥固：本来。謇謇：尽忠直言的样子。患：祸害。舍：据《楚辞集注》，念 shù，协音韵，叶尸预反。⑦九天：古人认为天有九重。正：同证，证明。灵修：指楚怀王。一本此句下有"曰黄昏以为期兮，羌中道而改路"两句，但疑为后人所加。黄昏：古代婚礼于黄昏举行，新郎于此时将新娘迎来。羌：楚辞中的一种发语词。下同。

指九天以为正兮，夫唯灵修之故也。
清·门应兆

有夏昏德图　清·《钦定书经图说》

初既与余成言兮，后悔遁而有他。①

余既不难夫离别兮，伤灵修之数化。②

● 余既滋兰之九畹兮，又树蕙之百亩。③

畦留夷与揭车兮，杂杜蘅与芳芷。④

冀枝叶之峻茂兮，愿竢时乎吾将刈。⑤

虽萎绝其亦何伤兮，哀众芳之芜秽。⑥

众皆竞进以贪婪兮，凭不厌乎求索。⑦

羌内恕己以量人兮，各兴心而嫉妒。⑧

忽驰骛以追逐兮，非余心之所急。⑨

注释：①成言：有言在先。他：其他的打算。②难：为难，害怕。数化：屡次变化。③滋：种植。畹，古面积单位。树：栽种。亩：同亩，一说古音为 mǐ，协韵。今音 mǔ。④畦：种植。留夷、揭车：均为香草名。杂：参杂种植。杜蘅、芳芷：均为香草名。⑤竢：同俟，等待。刈：收割。⑥萎绝：枯萎花落。芜秽：指所培养的人才（众芳）堕落变节。⑦凭：满。厌：满足。求索：索取追求。索，求。古音一作 sù，与下面的"妒"协韵。今音 suǒ。⑧羌：发语词。兴心：起心。⑨忽：急急忙忙。驰骛：纵马急驰。追逐：此指追名逐利。

余既滋兰之九畹兮，又树蕙之百亩。
清·门应兆

楚屈原像　明·《三才图会》

老<ruby>冉冉<rt>rǎn rǎn</rt></ruby>其将至兮，恐修名之不立。①

朝饮木兰之坠露兮，夕餐秋菊之落英。②

苟余情其信姱以练要兮，③

长颔亦何伤？④

揽木根以结茝兮，贯薜荔之落蕊。⑤

矫菌桂以纫蕙兮，索胡绳之纚纚。⑥

謇吾法夫前修兮，非世俗之所服。⑦

注释：①冉冉:渐渐的样子。修名:美好的名声。②英:《楚辞集注》曰："英，於姜反。"协韵"伤"。③苟：假如。信：果真，确实。姱：美好。练要：精诚专一。④颔：面黄肌瘦的样子。⑤贯：连成串。薜荔：香草名。⑥矫：举起。索：搓成索。胡绳：香草名。纚纚：长长下坠的样子。⑦謇：楚方言，发语词。法：效仿。前修：前代贤人。服：穿着。《楚辞集注》："服，叶蒲北反。"

西邻蒙帕女独汲古井寒　清·任熊

虽不周于今之人兮，①
suī bù zhōu yú jīn zhī rén xī

愿依彭咸之遗则！②
yuàn yī péng xián zhī yí zí

长太息以掩涕兮，哀民生之多艰。③
cháng tài xī yǐ yǎn tì xī   āi mín shēng zhī duō jīn

余虽好修姱以靰羁兮，④
yú suī hào xiū kuā yǐ jī jī xī

謇朝谇而夕替。⑤
jiǎn zhāo suì ér xī tīn

既替余以蕙纕兮，又申之以揽茝。⑥
jì tì yú yǐ huì xiāng xī   yòu shēn zhī yǐ lǎn chǎi

亦余心之所善兮，虽九死其犹未悔！⑦
yì yú xīn zhī suǒ shàn xī   suī jiǔ sǐ qí yóu wèi huǐ

注释：①周：合乎，相容。②彭咸：传说中殷代贤臣，谏君不听，投水而死。遗则：留下的法则。则，江有诰《楚辞韵读》：音稷，之部协韵。③太息：叹息。掩涕：拭泪。"艰""替"协韵，如何协韵未详。或云：艰，居垠反；替，它因反。姑且用此音韵。④好：喜欢。修姱：美好高洁的行为。靰羁：束缚，约束自己。⑤谇：进谏。替：废弃。⑥蕙纕：用蕙草编织的带子。申：加上。⑦善：喜爱。

披头女字骑淫虹　清·任　熊

yuàn líng xiū zhī hào dàng xī zhōng bù chá fú mín xīn
怨灵修之浩荡兮，终不察夫民心。

zhòng nǚ jí yú zhī é méi xī
众女嫉余之蛾眉兮，①

yáo zhuó wèi yú yǐ shàn yín
谣诼谓余以善淫。②

gù shí sú zhī gōng qiǎo xī miǎn guī jǔ ér gǎi cù
固时俗之工巧兮，偭规矩而改错。③

bèi shéng mò yǐ zhuī qū xī jìng zhōu róng yǐ wéi dù
背绳墨以追曲兮，竞周容以为度。④

tún yù yì yú chà chì xī wú dú qióng kùn hū cǐ shí yě
忳郁邑余侘傺兮，吾独穷困乎此时也。⑤

nìng kè sǐ yǐ liú wáng xī yú bù rěn wéi cǐ tài yě
宁溘死以流亡兮，余不忍为此态也！⑥

注释： ①**众女：**指谗佞小人。**蛾眉：**本指女子美丽的眉毛，此处作者自喻其高洁品行。②**谣诼：**造谣诬谤。**淫：**邪乱。③**时俗：**世俗小人。**工巧：**善于投机取巧。**偭：**违反。**错：**通措。旧音 cù，与下面的"度"协韵。今音 cuò。④**背：**违背。**绳墨：**木匠用以取直画线，此喻正路。**周容：**苟合求容。**度：**法度。⑤**忳：**愁闷。**郁邑：**郁闷烦恼。**侘傺：**不得志之状。⑥**溘：**突然，忽然。**态：**一说古音作 tì，与"时"协韵。今音 tài。

余虽好修姱以靰羁兮，謇朝谇而夕替。
清·门应兆

众女嫉余之蛾眉兮，谣诼谓余以善淫。
清·门应兆

鸷鸟之不群兮，自前世而固然。①

何方圜之能周兮，夫孰异道而相安？②

屈心而抑志兮，忍尤而攘诟。

伏清白以死直兮，固前圣之所厚。③

悔相道之不察兮，延伫乎吾将反。④

回朕车以复路兮，及行迷之未远。⑤

步余马于兰皋兮，驰椒丘且焉止息。⑥

进不入以离尤兮，退将复修吾初服。⑦

注释：①鸷鸟：一种猛禽，此处指品行刚正之人。②圜：同圆。③伏：保持。死直：坚守正道而死。厚：看重，嘉许。④相：察看。延伫：长时站立。反：通返。⑤复路：走回头路。⑥皋：水边高地。椒丘：长着椒树的小丘。且：暂且。焉：于此。止息：休息。⑦离：通罹，遭受。尤：罪过。初服：以前的服饰，喻原来的志向。服，古音一作 bì，与上面的"息"协韵。

鸷鸟之不群兮，自前世而固然。

清·门应兆

步余马于兰皋兮，驰椒丘且焉止息。

清·门应兆

制芰荷以为衣兮，集芙蓉以为裳。①
不吾知其亦已兮，苟余情其信芳。②
高余冠之岌岌兮，长余佩之陆离。③
芳与泽其杂糅兮，唯昭质其犹未亏。④
忽反顾以游目兮，将往观乎四荒。⑤
佩缤纷其繁饰兮，芳菲菲其弥章。⑥
民生各有所乐兮，余独好修以为常。
虽体解吾犹未变兮，岂余心之可惩！⑦
● 女媭之婵媛兮，申申其詈予，曰：⑧

注释：①芰荷：菱叶和荷叶。衣：上衣。芙蓉：荷花，亦称芙蕖。裳：下衣。②不吾知：不知吾。亦已：也算了。信：真正。③岌岌：高耸的样子。陆离：色彩光亮的样子。离，一说古音作lí（今音lí），而下面的"亏"古音作kuā（今音kuī），协韵。④昭质：纯洁光辉的品质。亏：亏损，损伤。⑤游目：纵目远眺。四荒：四面八方荒远之地。⑥缤纷：盛多的样子。繁：多。章：同彰，显著。⑦体解：肢解，古代酷刑。惩：惩戒。古音一作cháng，协韵；今音chéng。⑧女媭：楚之女巫名，此处指女伴。婵媛：牵持不舍貌。一说为喘息，情绪激动。申申：反反复复。詈：责骂。

制芰荷以为衣兮，集芙蓉以为裳。

清·门应兆

女媭之婵媛兮，申申其詈予。

清·门应兆

"鯀婞直以亡身兮，终然殀乎羽之野。①
汝何博謇而好修兮，纷独有此姱节？②
薋菉葹以盈室兮，判独离而不服。③
众不可户说兮，孰云察余之中情？④
世并举而好朋兮，夫何茕独而不予听？"⑤
依前圣以节中兮，喟凭心而历兹。⑥
济沅湘以南征兮，就重华而陈词：⑦
"启《九辩》与《九歌》兮，夏康娱以自纵。⑧

注释：①鯀：同鲧，禹的父亲。婞直：倔强刚直。殀：同夭，早亡。野：一说古音作 yǔ，与上面的"予"协韵。今音 yě。②博謇：过多的直言。节：《楚辞集注》："节，叶音，即。"又曰："服，叶，蒲北反。"③薋：草多貌，引申为把草积聚起来。一说通茨，蒺藜。菉、葹：草名，皆为普通的草。判：分别。服：佩带。④户：挨家逐户。⑤并举：互相吹捧。朋：朋聚，结党。茕独：孤独。无兄弟称茕，无子为独。⑥节中：适中，不偏不倚。喟：叹息。凭：愤怒。历：逢。兹：此。⑦重华：舜的名字。⑧启：夏启，禹的儿了。《九辩》《九歌》：均为乐曲名。夏康：指太康。

济沅湘以南征兮，就重华而陈词。

清·门应兆

夏康娱以自纵：五子用失乎家衖。

清·门应兆

不顾难以图后兮，五子用失乎家衖。①

羿淫游以佚畋兮，又好射夫封狐。②

固乱流其鲜终兮，浞又贪夫厥家。③

浇身被服强圉兮，纵欲而不忍。④

日康娱而自忘兮，厥首用夫颠陨。⑤

夏桀之常违兮，乃遂焉而逢殃。⑥

后辛之菹醢兮，殷宗用之不长。⑦

汤禹俨而祗敬兮，周论道而莫差。⑧

注释：①不顾难：不顾后来的患难。五子：启之子武观。一说为启的五个儿子。失：应为夫之误，一说"失"为衍文。用夫，因而。衖：宫中道路。夫乎家衖，指国破家亡。一说衖（巷）通哄或假借为讧，家衖（巷）指家庭内部相互争斗，音 hòng。②羿：有穷国君，善射。淫、佚：过分。畋：打猎。封狐：大狐狸。③鲜终：少有善终。浞：寒浞，羿之相，后杀羿夺其妻。厥：其。家：古代对女子、妇女的尊称。古音 gū，与上面的"狐"协韵。④浇：寒浞之子。强圉：强壮力大，另说"坚甲"。忍：克制。⑤颠陨：坠落。⑥遂焉：终至于此。⑦后辛：纣王，名辛。菹醢：把人剁成肉酱。殷宗：殷朝的宗庙社稷。用：因。⑧汤：商汤。禹：夏禹。俨：庄重严肃。祗：敬畏。周：指周文王、周武王。道：治国之道。差：过。旧音 cuō，与下面的"颇"协韵。

羿淫游以佚畋兮，又好射夫封狐。 清·门应兆

后羿距河图 清·《钦定书经图说》

举贤才而授能兮，循绳墨而不颇。①

皇天无私阿兮，览民德焉错辅。②

夫维圣哲以茂行兮，苟得用此下土。③

瞻前而顾后兮，相观民之计极。④

夫孰非义而可用兮，孰非善而可服？⑤

阽余身而危死兮，览余初其犹未悔。⑥

不量凿而正枘兮，固前修以菹醢。"⑦

曾歔欷余郁邑兮，哀朕时之不当。⑧

揽茹蕙以掩涕兮，沾余襟之浪浪。⑨

● 跪敷衽以陈辞兮，耿吾既得此中正。⑩

驷玉虬以乘鹥兮，溘埃风余上征。⑪

注释：①绳墨：喻法度。颇：偏颇，偏差。②私：偏心不公。阿：迎合，偏袒。无私阿，即公正不偏之意。览：察看。错辅：辅佐。错通措，旧读 cù。③维：同唯。茂行：盛德之行。行，古音 xìng。用：享用，享有。④相观：观察。计极：衡量的标准。一说指愿望、要求。⑤服：与"极"协韵。《楚辞集注》："服，叶蒲北反。"⑥阽：濒临危险。一音 yán。危死：几近于死。⑦凿：安柄的孔洞。旧读 zuò。枘：柄。菹醢：一说古音作 huǐ，与上面的"悔"协韵。今音 hǎi。⑧曾：同增，多次，屡次。歔欷：饮泣声。当：值。不当，没遇上。⑨浪浪：泪水滚滚不止的样子。⑩敷衽：敞开衣服的前襟，以示坦率。耿：明亮的样子。中正：不偏不倚的正道。⑪驷：驾驭。虬：无角之龙。鹥：传说中的鸟。溘：掩盖。一说迅疾。埃风：卷着尘埃的风。

驷玉虬以乘鹥兮，溘埃风余上征。　清·门应兆

同心匡辞图　清·《钦定书经图说》

朝发轫于苍梧兮,夕余至乎县圃。①

欲少留此灵琐兮,日忽忽其将暮。②

吾令羲和弭节兮,望崦嵫而勿迫。③

路曼曼其修远兮,吾将上下而求索。④

饮余马于咸池兮,总余辔乎扶桑。⑤

折若木以拂日兮,聊逍遥以相羊。⑥

前望舒使先驱兮,后飞廉使奔属。⑦

鸾皇为余先戒兮,雷师告余以未具。⑧

注释:①发轫:车辆出发。**苍梧**:九嶷山,相传舜死葬于此。**县圃**:传说中的山名,在昆仑山顶。县通悬。②**灵琐**:宫门上雕刻的花纹,这里指门,因县圃是神仙聚居之地,故称"灵琐"。③**羲和**:传说中太阳的驾车人。**弭节**:停车不进。**崦嵫**:神话中的山名。**迫**:迫近,逼近。④**上下**:可解为上天下地。⑤**饮**:使喝水。**咸池**:神话中日浴之处。**总**:系住。**扶桑**:树名,传说生于太阳升起的旸谷上。⑥**若木**:神话中树名。**拂日**:蔽日,遮住阳光。**相羊**:同徜徉,安闲自在地行走。⑦**望舒**:月神的驾车人。**飞廉**:神话中的人物,风神。⑧**鸾皇**:凤凰。**戒**:警戒。**雷师**:雷公。**未具**:行装未准备好。

饮余马于咸池兮,总余辔乎扶桑。 清·门应兆

前望舒使先驱兮,后飞廉使奔属。 清·门应兆

wú lìng fèng niǎo fēi téng xī　　jì zhī yǐ rì yù
吾令凤鸟飞腾兮，继之以日夜。①

piāo fēng tún qí xiāng lì xī　　shuài yún ní ér lái yù
飘风屯其相离兮，帅云霓而来御。②

fēn zǒng zǒng qí lí hé xī　　bān lù luó qí shàng hù
纷总总其离合兮，斑陆离其上下。③

wú lìng dì hūn kāi guān xī　　yǐ chāng hé ér wàng yú
吾令帝阍开关兮，倚阊阖而望予。④

shí ài ài qí jiāng bà xī　　jié yōu lán ér yán zhù
时暧暧其将罢兮，结幽兰而延伫。⑤

shì hùn zhuó ér bù fēn xī　　hào bì měi ér jí dù
世溷浊而不分兮，好蔽美而嫉妒。⑥

zhāo wú jiāng jì yú bái shuǐ xī　　dēng làng fēng ér xiè mǔ
朝吾将济于白水兮，登阆风而緤马。⑦

hū fǎn gù yǐ liú tì xī　　āi gāo qiū zhī wú nǚ
忽反顾以流涕兮，哀高丘之无女。

注释：①夜：《楚辞集注》："如字，或叶羊茹反。"此处为协韵取 yù 音。②飘风：旋转的风。屯：聚集。离：通丽，附着。帅：率领，统帅。御：通迓，迎接。《楚辞集注》："御，叶音迓，或如字。"此处为协韵，读如字，即 yù。③纷总总：聚集众多的样子。斑：色彩驳杂的样子。陆离：参差。下：古音一作 hù。④阍：守门人。阊阖：天门。⑤时：天色。暧暧：昏暗状。罢：尽，完。⑥溷浊：混浊。⑦阆风：神话中山名。緤：同绁，系。马：一说古音亦作 mǔ。协韵。

吾令帝阍开关兮，倚阊阖而望予。

清·门应兆

朝吾将济于白水兮，登阆风而緤马。

清·门应兆

溘吾游此春宫兮，折琼枝以继佩。①

及荣华之未落兮，相下女之可诒。②

吾令丰隆乘云兮，求宓妃之所在。③

解佩纕以结言兮，吾令蹇脩以为理。④

纷总总其离合兮，忽纬繣其难迁。⑤

夕归次于穷石兮，朝濯发乎洧盘。⑥

保厥美以骄傲兮，日康娱以淫游。⑦

虽信美而无礼兮，来违弃而改求。⑧

注释： ①继：增加，补充。佩：叶音，平秘切。②荣华：鲜花，华即花。下女：下界的女子。诒：通贻，赠予，指聘礼。③丰隆：云神，一说雷神。宓妃：相传为伏羲之女，溺于洛水，遂成洛神。在：《楚辞集注》："在，叶才里反。"或者读zài，则下"理"读lài，协韵。此处取前一说法，即《山带阁注楚辞》的说法。④结言：盟约。蹇脩：传为伏羲之臣。理：提亲人。⑤纬繣：乖戾，不相适合。迁：迁就。⑥次：停留。穷石：神话中山名。洧盘：神话中河名。⑦保：依仗，凭借。⑧违弃：背弃，离弃。改求：改变，另有所求。

折琼枝以继佩；；相下女之可诒。
清·门应兆

吾令丰隆乘云兮，求宓妃之所在。
清·门应兆

31

lǎn xiàng guān yú sì jí xī zhōu liú hū tiān yú nǎi hù
览相观于四极兮，周流乎天余乃下。①

wàng yáo tái zhī yǎn jiǎn xī jiàn yǒu sōng zhī yì nǚ
望瑶台之偃蹇兮，见有娀之佚女。②

wú lìng zhèn wéi méi xī zhèn gào yú yǐ bù hǎo
吾令鸩为媒兮，鸩告余以不好。③

xióng jiū zhī míng shì xī yú yóu wù qí tiāo qiǎo
雄鸠之鸣逝兮，余犹恶其佻巧。④

xīn yóu yù ér hú yí xī yù zì shì ér bù kě
心犹豫而狐疑兮，欲自适而不可。⑤

fèng huáng jì shòu yí xī kǒng gāo xīn zhī xiān wǒ
凤皇既受诒兮，恐高辛之先我。⑥

yù yuǎn jí ér wú suǒ zhǐ xī liáo fú yóu yǐ xiāo yáo
欲远集而无所止兮，聊浮游以逍遥。⑦

jí shào kāng zhī wèi jiā xī liú yǒu yú zhī èr yáo
及少康之未家兮，留有虞之二姚。⑧

注释：①下：古音一作hù，与下面的"女"协韵。②瑶台：以美玉砌成的台。瑶：美玉。此处指华贵的建筑。偃蹇：高耸的样子。有娀：传说中的部落名。佚女：美丽的女子。③鸩：鸟名，其羽有毒，饮鸩可致人死命。④佻巧：轻佻浅薄。⑤适：前往。⑥受诒：接受聘礼（去转送）。高辛：帝喾的别号。⑦集：鸟栖于树。⑧少康：夏朝中兴的国君。家：成家。有虞：传说中上古国名，姚姓。二姚：指有虞国君的两个女儿。

望瑶台之偃蹇兮，见有娀之佚女。 清·门应兆

帝女观刑图 清·《钦定书经图说》

lǐ ruò ér méi zhuō xī　kǒng dǎo yán zhī bù gù
理弱而媒拙兮，恐导言之不固。①

shì hùn zhuó ér jí xián xī　hào bì měi ér chēng wù
世溷浊而嫉贤兮，好蔽美而称恶。

guī zhōng jì yǐ suì yuǎn xī　zhé wáng yòu bù wù
闺中既以邃远兮，哲王又不寤。②

huái zhèn qíng ér bù fā xī　yú yān néng rěn yǔ cǐ zhōng gǔ
怀朕情而不发兮，余焉能忍与此终古！③

suǒ qióng máo yǐ tíng zhuān xī　mìng líng fēn wèi yú zhān zhī
● 索藑茅以筳篿兮，命灵氛为余占之。④

yuē　liǎng měi qí bì hé xī　shú xìn xiū ér mù zhī
曰："两美其必合兮，孰信修而慕之？⑤

sī jiǔ zhōu zhī bó dà xī　qǐ wéi shì qí yǒu nǚ
思九州之博大兮，岂惟是其有女？"⑥

yuē　miǎn yuǎn shì ér wú hú yí xī
曰："勉远逝而无狐疑兮，⑦

shú qiú měi ér shì rǔ
孰求美而释女？"⑧

注释：①理：提亲人。弱：无能。媒：媒人。拙：笨拙。导言：传递双方的话。不固：不可靠。②以：通已，甚。邃：深远。哲王：明君，指楚怀王。寤：通悟，醒悟。③终古：终始，永远。古，始。④索：取。藑茅：灵草名，可用于占卜。以：与。筳：小竹片。篿：用草和竹片占卦。灵氛：作者指占卜者之名。⑤信修：真正美好。慕：一说当读作"念"，与上面的"占"协韵。但按清代蒋骥说法，这里是两个"之"协韵。⑥是：此，这里，指楚国。⑦勉：劝勉。⑧女：通汝。

索藑茅以筳篿兮，命灵氛为余占之。　清·门应兆

帝舜图　清·《钦定书经图说》

何^{hé}所^{suǒ}独^{dú}无^{wú}芳^{fāng}草^{cǎo}兮^{xī}，尔^{ěr}何^{hé}怀^{huái}乎^{hū}故^{gù}宇^{yǔ}？

世^{shì}幽^{yōu}昧^{mèi}以^{yǐ}眩^{xuàn}曜^{yào}兮^{xī}，孰^{shú}云^{yún}察^{chá}余^{yú}之^{zhī}善^{shàn}恶^{wù}？①

民^{mín}好^{hào}恶^{wù}其^{qí}不^{bù}同^{tóng}兮^{xī}，惟^{wéi}此^{cǐ}党^{dǎng}人^{rén}其^{qí}独^{dú}异^{yì}。

户^{hù}服^{fú}艾^{ài}以^{yǐ}盈^{yíng}要^{yāo}兮^{xī}，谓^{wèi}幽^{yōu}兰^{lán}其^{qí}不^{bù}可^{kě}佩^{pì}。②

览^{lǎn}察^{chá}草^{cǎo}木^{mù}其^{qí}犹^{yóu}未^{wèi}得^{dé}兮^{xī}，岂^{qǐ}珵^{chéng}美^{měi}之^{zhī}能^{néng}当^{dàng}？③

苏^{sū}粪^{fèn}壤^{rǎng}以^{yǐ}充^{chōng}帏^{wéi}兮^{xī}，谓^{wèi}申^{shēn}椒^{jiāo}其^{qí}不^{bù}芳^{fāng}。"④

欲^{yù}从^{cóng}灵^{líng}氛^{fēn}之^{zhī}吉^{jí}占^{zhān}兮^{xī}，心^{xīn}犹^{yóu}豫^{yù}而^{ér}狐^{hú}疑^{yí}。

巫^{wū}咸^{xián}将^{jiāng}夕^{xī}降^{jiàng}兮^{xī}，怀^{huái}椒^{jiāo}糈^{xǔ}而^{ér}要^{yāo}之^{zhī}。⑤

百^{bǎi}神^{shén}翳^{yì}其^{qí}备^{bèi}降^{jiàng}兮^{xī}，九^{jiǔ}疑^{yí}缤^{bīn}其^{qí}并^{bìng}迎^{yù}。⑥

注释：①幽昧：昏暗，黑暗。眩曜：阳光强烈令人眼花缭乱。云：语助词。恶：古音一作 wù，与"女""宇"协韵。今音è。②户：家家户户。服：佩。艾：艾草。要：通腰。③珵：美玉。④苏：取。帏：古人佩用的香袋。⑤巫咸：传说中的神巫。降：神仙降临下界。糈：精米。要：同邀。⑥翳：遮天蔽日状。备：齐全，都。九疑：指九嶷山的神。迎：一般音鱼庆反，音 yíng。《楚辞集注》："迎，地音御。"此处音 yù，与下面的"故"协韵。

百神翳其备降兮，九疑缤其并迎。 清·门应兆

巡守南岳图 清·《钦定书经图说》

huáng yǎn yǎn qí yáng líng xī　gào yú yǐ jí gù
皇剡剡其扬灵兮，告余以吉故。①

yuē　miǎn shēng jiàng yǐ shàng xià xī　qiú jǔ yuē zhī suǒ tóng
曰："勉升降以上下兮，求矩矱之所同。②

tāng yǔ yán ér qiú hé xī　zhì gāo yáo ér néng tóng
汤禹严而求合兮，挚咎繇而能调。③

gǒu zhōng qíng qí hào xiū xī　yòu hé bì yòng fú xíng méi
苟中情其好修兮，又何必用夫行媒？④

yuè cāo zhù yú fù yán xī　wǔ dīng yòng ér bù yí
说操筑于傅岩兮，武丁用而不疑。⑤

lǚ wàng zhī gǔ dāo xī　zāo zhōu wén ér dé jǔ
吕望之鼓刀兮，遭周文而得举。⑥

nìng qī zhī ōu gē xī　qí huán wén yǐ gāi fǔ
甯戚之讴歌兮，齐桓闻以该辅。⑦

jí nián suì zhī wèi yàn xī　shí yì yóu qí wèi yāng
及年岁之未晏兮，时亦犹其未央。⑧

注释：①皇：指天。剡剡：闪闪发光的样子。扬灵：显灵。吉故：过去君臣遇合的吉事。②矩矱：量度的工具，比喻法度准则。③挚：伊尹名，相传是商汤的贤相。咎繇：皋陶，相传是夏禹的贤相。调：协调。《楚辞集注》：调，叶音同。④行媒：行走往来做媒。《楚辞集注》："媒，明丕反。"⑤说：傅说，殷高宗时贤臣。操：拿。筑：版筑，砌墙的工具。⑥吕望：姜太公。鼓刀：摆弄刀发出的声响。⑦甯戚：春秋卫国人，曾在齐东门外喂牛并扣牛角而歌，齐桓公闻之用为卿。该：备。该辅：备位于辅佐大臣之列。⑧晏：晚。央：尽。

说操筑于傅岩兮，武丁用而不疑。 清·门应兆

甯戚之讴歌兮，齐桓闻以该辅。 清·门应兆

kǒng tí jué zhī xiān míng xī shǐ fú bǎi cǎo wèi zhī bù fāng
恐鹈鴃之先鸣兮，使夫百草为之不芳。"

hé qióng pèi zhī yǎn jiǎn xī zhòng ài rán ér piē zhī
何琼佩之偃蹇兮，众薆然而蔽之？①

wéi cǐ dǎng rén zhī bù liàng xī kǒng jí dù ér zhé zhī
惟此党人之不谅兮，恐嫉妒而折之。②

shí bīn fēn qí biàn yì xī yòu hé kě yǐ yān liú
时缤纷其变易兮，又何可以淹留？

lán zhǐ biàn ér bù fāng xī quán huì huà ér wéi máo
兰芷变而不芳兮，荃蕙化而为茅。③

hé xī rì zhī fāng cǎo xī jīn zhí wéi cǐ xiāo ài yě
何昔日之芳草兮，今直为此萧艾也。④

qǐ qí yǒu tā gù xī mò hào xiū zhī hài yě
岂其有他故兮，莫好修之害也！

注释：①偃蹇：高卓、突出的样子。薆然：隐蔽遮盖的样子。蔽：古音一作 piē，与下面的"折"协韵。今音 bì。②谅：诚信。③《楚辞集注》："茅，叶莫侯反。"④萧、艾：均为贱草名。

恐鹈鴃之先鸣兮，使夫百草为之不芳。
清·门应兆

说筑傅岩图　清·《钦定书经图说》

yú yǐ lán wéi kě shì xī　qiāng wú shí ér róng cháng
余以兰为可恃兮，羌无实而容长。①

wěi jué měi yǐ cóng sú xī　gǒu dé liè hū zhòng fāng
委厥美以从俗兮，苟得列乎众芳。②

jiāo zhuān nìng yǐ màn tāo xī　shā yòu yù chōng fú pèi wéi
椒专佞以慢慆兮，樧又欲充夫佩帏。③

jì gān jìn ér wù rù xī　yòu hé fāng zhī néng zhī
既干进而务入兮，又何芳之能祗？④

gù shí sú zhī liú cóng xī　yòu shú néng wú biàn huà
固时俗之流从兮，又孰能无变化？

lǎn jiāo lán qí ruò zī xī　yòu kuàng jiē jū yǔ jiāng lá
览椒兰其若兹兮，又况揭车与江离？⑤

wéi zī pèi zhī kě guì xī　wěi jué měi ér lì zī
惟兹佩之可贵兮，委厥美而历兹。

注释：①羌：语助词。容长：外表美丽。②委：抛弃。厥美：他原有的美丽。③椒：指有才而变节的人。慆：傲慢。樧：茱萸一类的恶草。④干进、务入：均指向上钻营。祗：敬，此指保持。⑤离：《楚辞集注》："离，叶音罗化。"

纠修于顶妙华髻　清·任熊

芳菲菲而难亏兮，芬至今犹未沫。①

和调度以自娱兮，聊浮游而求女。②

及余饰之方壮兮，周流观乎上下。③

● <u>灵氛</u>既告余以吉占兮，

历吉日乎吾将行。④

折琼枝以为羞兮，精琼靡以为粮。⑤

注释：①沫：已。《楚辞集注》："沫，叶莫支反。"音 mì，与"兹"协韵。②和：谐协。调：佩玉发出的声响。度：行进的节奏，由车上銮铃的声响显示之。③周流：周游四方。下：古音 hù，与上面的"女"协韵。④历：选择。行：古音 háng，与下面的"粮"协韵。⑤羞：同馐，精美的食物。靡：碎屑。粮：粮。

一妹天人何妙妩，应怜景武是英雄　清·任　熊

为余驾飞龙兮，杂瑶象以为车。①

何离心之可同兮，吾将远逝以自疏。

邅吾道夫昆仑兮，路修远以周流。②

扬云霓之晻蔼兮，鸣玉鸾之啾啾。③

朝发轫于天津兮，夕余至乎西极。④

凤皇翼其承旗兮，高翱翔之翼翼。⑤

忽吾行此流沙兮，遵赤水而容与。⑥

麾蛟龙使梁津兮，诏西皇使涉予。⑦

注释：①杂：兼用。瑶：一种玉石。象：象牙。以为车：用以装饰车辆。车，古音 jū，与下面的"疏"协韵。
②邅：楚方言，转向，转弯。③扬：举。云霓：虹，画在旌旗上。晻蔼：旌旗蔽日貌。鸾：马身上系的铃。
④天津：天河的渡口。⑤旗：画有龙形的旗帜。翼翼：整齐的样子。⑥遵：循着。容与：从容不迫的样子。
⑦麾：指挥。梁津：谓为桥以渡。梁，作动词用，架设。诏：命令。西皇：西方之神。

折琼枝以为羞兮，精琼靡以为粮。

清·门应兆

为余驾飞龙兮，杂瑶象以为车。

清·门应兆

路修远以多艰兮，腾众车使径待。①

路<u>不周</u>以左转兮，指<u>西海</u>以为期。②

屯余车其千乘兮，齐玉轪而并驰。③

驾八龙之蜿蜿兮，载云旗之委蛇。④

抑志而弭节兮，神高驰之邈邈。⑤

奏《九歌》而舞《韶》兮，聊假日以媮乐。⑥

陟升皇之赫戏兮，忽临睨夫旧乡。⑦

注释：①腾：过。径：直。待：等待。一说古音作 dì，与下面的"期"协韵。一作"侍"。②路：路过。不周：山名。指：语。西海：传说中西方的海。期：目的地。③屯：聚集，屯集。轪：楚方言，车轮。④蜿蜿：一作婉婉，义同。龙马前后相连，蜿蜒而行的样子。委蛇：蜷曲、伸展的样子。⑤抑志：平抑自己的情绪。弭节：按辔缓行的意思。刘梦鹏《屈子章句》："弭节，从容缓进也。"邈邈：遥远的样子。⑥假：借。媮：通愉。乐：古音一作 yào。按照一定程度上反映古音的《平水韵》，"邈"与"乐"同属于"入声部"的"三觉"，协韵。按照王力的《古代汉语》，"邈"和"乐"同处"药"部，协韵。⑦陟：登高。皇：皇天。赫戏：光明的样子。戏同曦。睨：旁观。

驾八龙之蜿蜿兮，载云旗之委蛇。　清·门应兆

陟升皇之赫戏兮，忽临睨夫旧乡。　清·门应兆

^{pú fū bēi yú mǎ huái xī   quán jú gù ér bù háng}
仆夫悲余马怀兮,蜷局顾而不行。^①

^{luàn yuē   yǐ yǐ zāi}
● 乱曰:已矣哉!^②

^{guó wú rén mò wǒ zhī xī   yòu hé huái hū gù dū}
国无人莫我知兮,又何怀乎故都?

^{jì mò zú yǔ wéi měi zhèng xī}
既莫足与为美政兮,^③

^{wú jiāng cóng péng xián zhī suǒ jū}
吾将从彭咸之所居!

注释:①仆夫:仆从。马怀:言马亦伤心。蜷局:指马身蜷缩。行:此音 háng,与上面的"乡"协韵。②已矣哉:算了吧。③美政:指作者的政治主张和理想。

沈酗败德图　清·《钦定书经图说》

湘君湘夫人图 明·文徵明

此图画湘君与湘夫人，是根据屈原楚辞·九歌中的湘君湘夫人创作的。湘君和湘夫人为湘水之神，或云为尧的两个女儿。

九歌

屈原

dōng huáng tài yī
东皇太一^①

qū yuán
屈 原

🔴 吉日兮辰良，穆将愉兮上皇。^②
jí rì xī chén liáng　　mù jiāng yú xī shàng huáng

抚长剑兮玉珥，璆锵鸣兮琳琅。^③
fǔ cháng jiàn xī yù ěr　qiú qiāng míng xī lín láng

瑶席兮玉瑱，盍将把兮琼芳。^④
yáo xí xī yù zhèn　hé jiāng bǎ xī qióng fāng

蕙肴蒸兮兰藉，奠桂酒兮椒浆。^⑤
huì yáo zhēng xī lán jiè　diàn guì jiǔ xī jiāo jiāng

扬枹兮拊鼓，疏缓节兮安歌，^⑥
yáng fú xī fǔ gǔ　shū huǎn jié xī ān gē

陈竽瑟兮浩倡。^⑦
chén yú sè xī hào chàng

灵偃蹇兮姣服，芳菲菲兮满堂。^⑧
líng yǎn jiǎn xī jiāo fú　fāng fēi fēi xī mǎn táng

五音纷兮繁会，君欣欣兮乐康。^⑨
wǔ yīn fēn xī fán huì　jūn xīn xīn xī lè kāng

注释：①太一：星名，天之尊神。祠在楚东，以配东帝，故云东皇。②辰良：良辰的倒文，以便与"皇""琅"协韵。穆：《尔雅》："敬也。"愉：乐。上皇：谓东皇太一。③珥：古剑顶端部分，这里指剑柄。璆：美玉名。锵：佩玉相击之音。琳琅：美玉名。④瑶席：以玉饰席。玉瑱：玉做的压镇之物。瑱通镇。盍：何不。⑤蕙肴：以蕙草蒸肉。肴，祭祀用的肉。蒸：进献。藉：衬垫，指垫底用的东西。奠：设酒食以祭。⑥枹：桴，鼓槌。拊：拍，引申为敲击。⑦浩倡：大声唱。倡同唱。⑧灵：巫。偃蹇：舞貌。姣服：美丽的服饰。⑨五音：指宫、商、角、徵、羽五种音阶。君：尊称，指东皇太一。欣欣：喜貌。康：安。

九歌图之东皇太一　南宋·佚名

云中君

屈原

浴兰汤兮沐芳，华采衣兮若英。①

灵连蜷兮既留，烂昭昭兮未央。②

蹇将憺兮寿宫，与日月兮齐光。③

龙驾兮帝服，聊翱游兮周章。④

灵皇皇兮既降，猋远举兮云中。⑤

览冀州兮有馀，横四海兮焉穷。⑥

思夫君兮太息，极劳心兮忡忡。⑦

注释：①浴：洗身体。沐：洗头发。《说文》："沐，濯发也。"若：杜若。英：花。此读古音 yāng，与下面的"央""光""章"协韵。今音 yīng。②灵：巫。连蜷：回环宛曲的样子。此指巫师迎神导引貌。烂：灿烂。昭：光明。③蹇：发语词，楚方言。憺：安。寿宫：供神之处。④聊：姑且。周章：环游往复。⑤灵：谓云神。皇皇：美貌。降：古音 hóng，与"中""穷""忡"协韵。⑥览：望。冀州：两河之间曰冀州。尧所都。猋：迅速，迅疾。举：高飞。⑦太息：叹息。忡忡：同忡忡，忧伤貌。

九歌图之云中君　南　宋·佚　名

45

湘君①

屈原

●君不行兮夷犹,蹇谁留兮中洲?②

美要眇兮宜修,沛吾乘兮桂舟。③

令沅湘兮无波,使江水兮安流。

望夫君兮未来,吹参差兮谁思?④

驾飞龙兮北征,邅吾道兮洞庭。⑤

薜荔柏兮蕙绸,荪桡兮兰旌。⑥

望涔阳兮极浦,横大江兮扬灵。⑦

扬灵兮未极,女婵媛兮为余太息!⑧

横流涕兮潺湲,隐思君兮陫侧。⑨

注释: ①湘君:指舜,传说舜南巡死于苍梧,二妃投水而死化为湘水女神,即湘夫人。②夷犹:犹豫不决。③要眇:美好貌。眇通妙。沛:水势洪大迅急的样子。吾:屈原自指。④来:一说古音作lí,与"思"协韵。参差:原指不齐,此代指排箫。⑤邅:楚地方言,转弯。⑥柏:一作柏,榑壁。音bó。一说通箔,帘子。绸:缚束。一说通帱,帷帐。荪:香草名。桡:船桨。⑦涔阳:洲渚名,在今湖南澧县。极浦:极远处的水边。浦,水涯。灵:精诚。⑧极:已。女:谓女媭,屈原姊。婵媛:犹牵动,此指内心牵挂。⑨潺湲:缓缓流下貌,形容泪流不止。隐:痛。陫侧:同悱恻,悲伤。一说陫意全陋。侧:《楚辞集注》:"侧,叶札力反。"

九歌图之湘君 南宋·佚名

桂櫂兮兰枻，斫冰兮积雪。①

采薜荔兮水中，搴芙蓉兮木末。②

心不同兮媒劳，恩不甚兮轻绝。③

石濑兮浅浅，飞龙兮翩翩。④

交不忠兮怨长，期不信兮告余以不闲。

朝骋骛兮江皋，夕弭节兮北渚。⑤

鸟次兮屋上，水周兮堂下。⑥

捐余玦兮江中，遗余佩兮澧浦。⑦

采芳洲兮杜若，将以遗兮下女。⑧

时不可兮再得，聊逍遥兮容与。⑨

注释： ①櫂：同棹，船桨。枻：船舵。《楚辞集注》："枻，音曳"。斫：砍。②搴：拔。芙蓉：指荷花。③媒劳：男女心意不同，则媒人疲劳。恩不甚：指男女之间感情不深。④石濑：沙石之间的流水。浅浅：水流疾貌。⑤骋骛：疾走。皋：水边高地。弭节：停车。弭，止。节，鞭。渚：水中小块陆地。⑥周：环绕四周。下：此读古音 hù，与"渚""浦""女""与"协韵。⑦玦：圆形有缺口的玉。澧：澧水，在湖南，流入洞庭湖。⑧遗：赠予。下：人间。女：喻臣、贤臣。⑨容与：舒缓安适貌。

九歌图之湘君　元·张渥

湘夫人

屈原

● 帝子降兮北渚，目眇眇兮愁予。①

嫋嫋兮秋风，洞庭波兮木叶下。②

登白蘋兮骋望，与佳期兮夕张。③

鸟何萃兮蘋中？罾何为兮木上？④

沅有茝兮澧有兰，思公子兮未敢言。

荒忽兮远望，观流水兮潺湲。⑤

麋何食兮庭中？蛟何为兮水裔？⑥

朝驰余马兮江皋，夕济兮西澨。⑦

注释：①帝子：这里是对湘夫人（尧二女娥皇、女英）的敬称。古时男女均可称"子"。下文"公子""佳人"均是湘君称湘夫人之词。此帝子喻贤臣。眇眇：远视貌。②嫋嫋：袅袅，细长柔弱。下：古音一作 hù，与上面的"渚""予"协韵。③登：此字原无，后据《楚辞补注》引一本补。白蘋：一种秋草。骋望：极目远望。佳：佳人，谓湘夫人。夕张：傍晚时陈列好见面用的东西。张，古音 zhàng，指陈设帷帐等物。下同。④萃：荟萃聚集。蘋：一种水草。罾：渔网。⑤荒忽：同恍惚，模糊不清。⑥麋：麋鹿，俗名四不像。水裔：水边。⑦澨：水边。

九歌图之湘夫人　南宋·佚名

wén jiā rén xī zhào yú jiāng téng jià xī xié shì
闻佳人兮召予，将腾驾兮偕逝。①

zhù shì xī shuǐ zhōng qì zhī xī hé jì
筑室兮水中，葺之兮荷盖。②

sūn bì xī zǐ shàn bō fāng jiāo xī chéng táng
荪壁兮紫坛，播芳椒兮成堂。③

guì dòng xī lán lǎo xīn yí méi xī yào fáng
桂栋兮兰橑，辛夷楣兮药房。④

wǎng bì lì xī wéi wéi pì huì mián xī jì zhāng
罔薜荔兮为帷，擗蕙櫋兮既张。⑤

bái yù xī wéi zhèn shū shí lán xī wéi fāng
白玉兮为镇，疏石兰兮为芳。⑥

zhǐ qì xī hé wū liáo zhī xī dù háng
芷葺兮荷屋，缭之兮杜衡。⑦

注释：①偕：俱。逝：往。②葺：修建房屋。盖：《楚辞集注》："盖，叶居乂反。"③荪壁：以荪草饰室壁。紫坛：用紫贝叶铺盖庭院。坛，楚人以中庭为坛。成：盛，修饰，涂饰。④橑：屋椽。楣：门顶框横木。药：白芷。房：卧室。⑤罔：同网，编织。擗：析，剖开。櫋：室中的隔扇。张：陈设。⑥疏：分散，陈列。⑦缭：缠绕。衡：一说古音作háng，协韵。

九歌图之湘夫人 元·张渥

合百草兮实庭，建芳馨兮庑门。①
九嶷缤兮并迎，灵之来兮如云。②
捐余袂兮江中，遗余褋兮澧浦。③
搴汀洲兮杜若，将以遗兮远者。④
时不可兮骤得，聊逍遥兮容与。⑤

注释：①实：满。庑：走廊。②九嶷：山名，即湘君死地苍梧山，此指九嶷山的众神。缤：纷纷。迎：旧音 yìng。灵：神仙，指众神。③袂：衣袖，代指衣服。遗：丢下。褋：贴身衣物。④远者：神及君，谓高贤隐士。远，《楚辞集注》："者，叶音渚。又音睹。"这里取 zhǔ 音，协韵。⑤骤：数，屡次，多次。

湘夫人　宋·李公麟

大司命① dà sī mìng

屈原 qū yuán

guǎng kāi xī tiān mén　　fēn wú chéng xī xuán yún
广开兮天门，纷吾乘兮玄云。②

lìng piāo fēng xī xiān qū　　shǐ dōng yǔ xī xǐ chén
令飘风兮先驱，使涷雨兮洒尘。③

jūn huí xiáng xī yǐ hù　　yú kōng sāng xī cóng rǔ
君回翔兮以下，踰空桑兮从女。④

fēn zǒng zǒng xī jiǔ zhōu　　hé shòu yāo xī zài yú
纷总总兮九州，何寿夭兮在予！

gāo fēi xī ān xiáng　　chéng qīng qì xī yù yīn yáng
高飞兮安翔，乘清气兮御阴阳。

wú yǔ jūn xī zhāi sù　　dǎo dì zhī xī jiǔ gāng
吾与君兮斋速，导帝之兮九坑。⑤

líng yī xī pī pī　　yù pèi xī lù lí
灵衣兮被被，玉佩兮陆离。⑥

注释：①大司命：掌管凡人生死寿命的天神。②吾：谓大司命。玄：黑色。③飘风：旋风。涷雨：暴雨。洒：通洗。④空桑：神话中山名。下：古音 hù，与下面的"女""予"协韵。⑤吾：屈原。斋：戒。速：疾。之：往。九坑：指九州之山。坑，音 gāng，山脊。一本作阬。⑥灵衣：神衣。被被：披披，被风吹动的样子。

九歌图之大司命 南 宋·佚 名

壹阴兮壹阳，众莫知兮余所为。

折疏麻兮瑶华，将以遗兮离居。①

老冉冉兮既极，不寖近兮愈疏。②

乘龙兮辚辚，高驰兮冲天。③

结桂枝兮延伫，羌愈思兮愁人。④

愁人兮奈何！愿若今兮无亏。⑤

固人命兮有当，孰离合兮可为？⑥

注释：①疏麻：神麻。瑶华：白玉色的花。华，《楚辞集注》："华，叶芳无反。"亦可读 fū。离居：离别远居的人，此指隐者。②极：穷。寖近：渐渐亲近。寖，同浸。稍。疏：远。③辚辚：车声。天：一说古音作 tīn，协韵。④延伫：长时间地伫立。羌：发语词。⑤何：《楚辞集注》："何，叶音奚。"奚，古音略同 kèi。现今粤语正作 kèi 音。kèi 音正与"亏""为"协韵。王力先生说："粤语中保留了不少古汉语读音。"所言极是，于此可见一斑。亏：歇。⑥当：值，遭。

九歌图之大司命
元·张渥

shào sī mìng
少司命①

qū yuán
屈原

qiū lán xī mí wú luó shēng xī táng hù
● 秋兰兮麋芜,罗生兮堂下。②

lǜ yè xī sù huā fāng fēi fēi xī xí yú
绿叶兮素华,芳菲菲兮袭予。③

fú rén zì yǒu xī měi zǐ sūn hé yǐ xī chóu kǔ
夫人自有兮美子,荪何以兮愁苦?④

qiū lán xī jīng jīng lǜ yè xī zǐ jīng
秋兰兮青青,绿叶兮紫茎。⑤

mǎn táng xī měi rén hū dú yǔ yú xī mù chéng
满堂兮美人,忽独与余兮目成。⑥

rù bù yán xī chū bù cí chéng huí fēng xī zài yún qí
入不言兮出不辞,乘回风兮载云旗。

bēi mò bēi xī shēng bié lí lè mò lè xī xīn xiāng zhī
悲莫悲兮生别离,乐莫乐兮新相知。

注释:①少司命:传说中掌管人的后代子嗣的天神。②麋芜:香草名。罗:罗列,并列。下:古音 hù,与下面的"予""苦"协韵。③素华:白色的花。④夫:语助词。子:子女。荪:香草名,比喻少司命。⑤青青:草木茂盛貌。青,音 jīng。⑥满堂:喻天下。余:屈原自称。目成:眉目传情,两情相悦。

九歌图之少司命 南 宋·佚 名

荷衣兮蕙带，儵而来兮忽而逝。①

夕宿兮帝郊，君谁须兮云之际？②

与女游兮九河，冲风至兮水扬波。③

与女沐兮咸池，晞女发兮阳之阿。④

望美人兮未来，临风怳兮浩歌。⑤

孔盖兮翠旍，登九天兮抚彗星。⑥

竦长剑兮拥幼艾，荪独宜兮为民正。⑦

注释：①带：《楚辞集注》："带，叶丁计反。"儵：同倏，忽然。②须：等待。③女：通汝，谓少司命。下同。
九河：天河。冲风：暴风。古本无此二句，当由《河伯》所窜入，后删。④咸池：星名，盖天池。池，
《楚辞集注》："池，一作沱，并叶音陀。"晞：干。阿：曲隅，曲处。日所行也。⑤美人：指少司命。怳：
同恍，失意貌。浩：大。⑥孔盖：用孔雀羽毛做的车盖。旍：通旌，旗帜。⑦竦：持，举起。幼艾：美好
的孩童。艾，美好。一说艾，长也。荪：香草，谓神，以喻君。正：主宰。古音一作 zhēng，叶韵。

九歌图之少司命　元·张渥

东君 dōng jūn ①

屈原 qū yuán

● 暾将出兮东方，照吾槛兮扶桑。② tūn jiāng chū xī dōng fāng zhào wú jiàn xī fú sāng

抚余马兮安驱，夜皎皎兮既明。③ fǔ yú mǎ xī ān qū yè jiǎo jiǎo xī jì máng

驾龙辀兮乘雷，载云旗兮委蛇。④ jià lóng zhōu xī chéng léi zài yún qí xī wēi yí

长太息兮将上，心低佪兮顾怀。⑤ cháng tài xī xī jiāng shàng xīn dī huí xī gù huí

羌声色兮娱人，观者憺兮忘归。⑥ qiāng shēng sè xī yú rén guān zhě dàn xī wàng guī

縆瑟兮交鼓，箫钟兮瑶簴。⑦ gēng sè xī jiāo gǔ xiāo zhōng xī yáo jù

鸣篪兮吹竽，思灵保兮贤姱。⑧ míng chí xī chuī yú sī líng bǎo xī xián hù

注释：①东君：日神。②暾：初升的太阳。吾：谓日。槛：栏杆。③明：《楚辞集注》："明，叶音芒。"④辀：车辕，此指代车。蛇：古音大略一作ŋei（也有标作ŋgei的），略同现今粤语中"蚂蚁"之"蚁"的读音。是故这里"雷""蛇""怀""归"四字古音协韵。⑤低佪：留恋不舍的样子。怀：《楚辞集注》："怀，叶胡威反。"⑥憺：安。⑦縆：粗绳索，此处作细紧（瑟弦）解。交鼓：对击鼓。箫钟：敲钟。箫，当作摏，敲打。瑶：摇。簴：同虡。悬挂钟的木架。一说箫钟为与箫声相应之钟，瑶为美玉。⑧灵保：神巫。姱：美好。本音kuā，美，好。古音一作hù，又作kǔ，与"鼓""簴""竽""姱""舞"协韵。

九歌图之东君 南宋·佚名

xuān fēi xǐ cuì zēng zhǎn shī xǐ huì wǔ
翾飞兮翠曾,展诗兮会舞。①

yìng lǜ xǐ hé jí líng zhī lái xǐ bì rì
应律兮合节,灵之来兮蔽日。②

qīng yún yī xǐ bái ní cháng jǔ cháng shǐ xǐ shè tiān láng
青云衣兮白霓裳,举长矢兮射天狼。③

cāo yú hú xǐ fǎn lún hāng yuán běi dǒu xǐ zhuó guì jiāng
操余弧兮反沦降,援北斗兮酌桂浆。④

zhuàn yú pèi xǐ gāo chí xiáng yǎo míng míng xǐ yǐ dōng háng
撰余辔兮高驰翔,杳冥冥兮以东行。⑤

注释:①翾飞:鸟滑翔轻飞状。曾:举起翅膀。展诗:犹陈诗。展开诗篇演唱。会舞:合舞。节:《楚辞集注》:"节,叶音即。"②灵:指日神。③天狼:星名,比喻贪残。④弧:弧矢,星名,状似弓,又名为天弓,这里代指木弓。沦:没。降:下也。此音hāng,协韵。援:拿起。北斗:北斗七星,大熊星座的一部分恒星,七颗亮星在北天排列成斗(或勺)形。斗,古代一种酒器。⑤撰:抓住。行:古音一作háng,与"裳""狼""降""浆""翔"协韵。

九歌图之东君 元·张渥

河伯①

屈 原

与女游兮九河，冲风起兮横波。②

乘水车兮荷盖，驾两龙兮骖螭。③

登昆仑兮四望，心飞扬兮浩荡。

日将暮兮怅忘归，惟极浦兮寤怀。④

鱼鳞屋兮龙堂，紫贝阙兮朱宫。⑤

灵何为兮水中？乘白鼋兮逐文鱼，⑥

与女游兮河之渚，流澌纷兮将来下。⑦

子交手兮东行，送美人兮南浦。⑧

波滔滔兮来迎，鱼邻邻兮媵予。⑨

注释：①河伯：传说中黄河之神。②女：通汝。下同。冲风：隧风。疾风，暴风。横波：大波浪。③骖：古时四马并驾，中间二马叫服，旁二马叫骖。螭：传说中没有角的龙。《楚辞集注》："螭，丑知反。一音离，叶丑歌反。"此处作 chuō，与"河""波"协韵。今音 chī。④惟：思。寤：醒悟。怀：一说古音作 huí，与"归"协韵。⑤堂：《楚辞集注》："堂，叶同同。"⑥灵：指河伯。鼋：大鳖。文鱼：有花纹的鱼。⑦澌：解冻时流动的水。下：古音一作 hù，与"鱼""渚""浦""予"协韵。⑧子：谓河伯。美人：屈原自谓。⑨邻邻：一个挨一个的样子。媵：古代陪嫁的女子叫媵，这里是送的意思。

南宋·佚名

九歌图之河伯

山　鬼①

shān guǐ

屈　原
qū yuán

ruò yǒu rén xī shān zhī ē　pī bì lì xī dài nǚ luó
若有人兮山之阿，被薜荔兮带女萝。②

jì hán dì xī yòu yí xiào　zǐ mù yú xī shàn yǎo tiǎo
既含睇兮又宜笑，子慕予兮善窈窕。③

chéng chì bào xī cóng wén lí　xīn yí chē xī jié guì qí
乘赤豹兮从文狸，辛夷车兮结桂旗。④

pī shí lán xī dài dù héng　zhé fāng xīn xī wèi suǒ sī
被石兰兮带杜衡，折芳馨兮遗所思。⑤

yú chǔ yōu huáng xī zhōng bù jiàn tiān
余处幽篁兮终不见天，⑥

lù xiǎn nán xī dú hòu lí
路险难兮独后来。⑦

biǎo dú lì xī shān zhī shàng　yún róng róng xī ér zài hù
表独立兮山之上，云容容兮而在下。⑧

注释： ①山鬼：山中的女神，因非正神，故名鬼。②阿：山中转弯的地方。**带女萝：** 以女萝为带。女萝，一种蔓生植物。③含睇：含情流盼。睇，倾视。**宜笑：** 笑容美丽且自然。**子：** 指山鬼。**予：** 屈原。**窈窕：** 娇媚美丽状。④赤豹、文狸：皆奇兽。辛夷：香草。⑤石兰、杜衡：皆香草。**遗：** 赠。**所思：** 谓清洁之士。一说指君。⑥幽篁：幽深的竹林。⑦来：《楚辞集注》："来，叶音釐。"古音一作lí，与上面的"狸""旗""思"协韵。⑧表：突出，醒目。**容容：** 同溶溶，形容云彩游动的样子。**下：** 古音一作hù，与下面的"雨""予"协韵。

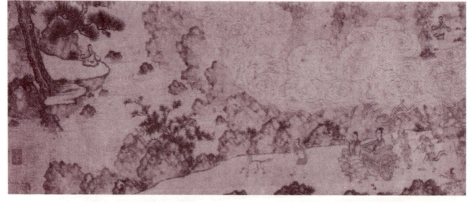

九歌图之山鬼　南　宋·佚　名

杳冥冥兮羌昼晦，东风飘兮神灵雨。①
留灵修兮憺忘归，岁既晏兮孰华予？②
采三秀兮於山间，石磊磊兮葛蔓蔓。③
怨公子兮怅忘归，君思我兮不得闲。
山中人兮芳杜若，饮石泉兮荫松柏。④
君思我兮然疑作。⑤
雷填填兮雨冥冥，猿啾啾兮狖夜鸣。⑥
风飒飒兮木萧萧，思公子兮徒离忧。⑦

注释：①羌：语助词。昼晦：白日昏暗。②灵修：谓怀王。晏：晚。孰华予：谁能让我变得年轻。③三秀：灵芝草，一年三次开花，故得名。於：通巫，"於山"即"巫山"。磊磊：乱石堆积状。蔓蔓：藤蔓长且相互缠绕状。④山中人：屈原自称。柏：《楚辞集注》："柏，叶音博。"⑤然疑：半信半疑。然，不疑。作：兴，起。⑥填填：雷声。猿：同猿。狖：长尾猿。⑦离：借作罹，遭受。

九歌图之山鬼 元·张渥

国 殇①
guó shāng

屈 原
qū yuán

操吴戈兮披犀甲，车错毂兮短兵接。②
cāo wú gē xī pī xī jiǎ jū cuò gǔ xī duǎn bīng jiā

旌蔽日兮敌若云，矢交坠兮士争先。③
jīng bì rì xī dí ruò yún shǐ jiāo zhuì xī shì zhēng xūn

凌余阵兮躐余行，左骖殪兮右刃伤。④
líng yú zhèn xī liè yú háng zuǒ cān yì xī yòu rèn shāng

霾两轮兮絷四马，援玉枹兮击鸣鼓。⑤
mái liǎng lún xī zhí sì mǔ yuán yù fú xī jī míng gǔ

天时怼兮威灵怒，严杀尽兮弃原野。⑥
tiān shí duì xī wēi líng nù yán shā jìn xī qì yuán shù

出不入兮往不反，平原忽兮路超远。⑦
chū bù rù xī wǎng bù fǎn píng yuán hū xī lù chāo yuǎn

带长剑兮挟秦弓，首身离兮心不惩。⑧
dài cháng jiàn xī xié qín jīng shǒu shēn lí xī xīn bù chéng

诚既勇兮又以武，终刚强兮不可凌。
chéng jì yǒng xī yòu yǐ wǔ zhōng gāng qiáng xī bù kě líng

身既死兮神以灵，魂魄毅兮为鬼雄。⑨
shēn jì sǐ xī shén yǐ líng hún pò yì xī wéi guǐ xióng

注释：①国殇：指为国捐躯的将士。人未成年而死谓殇。②错：交。毂：车轮。短兵：刀剑。接：《楚辞集注》："接，叶音匝。"③先：《楚辞集注》："先，叶音询。"④凌：侵犯。躐：践踏。行：行列，队伍。殪：死。⑤霾：通埋。絷：绊住。马：《楚辞集注》："马，叶满补反。"援：引，拿着。玉枹、鸣鼓：均为宫中乐器。⑥怼：怨怒。一作"坠"。威灵：神灵。严杀尽：士兵伤亡殆尽。野：古音一作 shù，此处与"鼓"协韵。⑦超远：遥远。⑧弓：《楚辞集注》："弓，叶音经。"惩：惩治。一说古音作 cóng，而下面的"凌"古音作 lóng，协韵。⑨神以灵：精神强壮。末句一作"子魂魄兮为鬼雄"。雄：《楚辞集注》："雄，叶音形。"按：以 ing 协韵，与"弓""惩""凌""灵""雄"协韵。

九歌图之国殇 南 宋佚名

九歌图之国殇 元·张渥

礼 魂①

屈 原

● 成礼兮会鼓,传芭兮代舞。②

婷女倡兮容与。③

春兰兮秋菊,长无绝兮终古。④

注释:①礼魂:祭礼完成后送神。魂:神。②成礼:指祭礼完成。芭:香草名。代舞:轮番跳舞。③婷:好貌。倡:同唱。容与:从容不迫的样子。④古:始。

九歌图之礼魂 明·杜 堇

玉骨冰肌吴彩鸾 开拓俦韵瓣朝餐天明跨涥猗

山去手墨淋漓尚未乾

两峰子罗聘

山鬼图 清·罗聘

山鬼旧注皆认为是山中之鬼怪，后人则认为是巫山神女，今人多认为是女性山神。

此图中的山鬼不同于张渥九歌中的半裸野女形象，而是一位仪态万千的秀美女子，若不是身上绘有薜荔，身后随有猛虎，几乎被认为是一位大家闺秀。

天问①

屈原

曰：遂古之初，谁传道之？①

上下未形，何由考之？

冥昭瞢闇，谁能极之？②

冯翼惟像，何以识之？③

明明闇闇，惟时何为？

阴阳三合，何本何化？④

圆则九重，孰营度之？⑤

注释：①遂古：远古。传道：传说。②冥：代夜。昭：代昼。冥昭即昼夜。瞢闇：昏暗不明。闇，同暗。极：穷究。③冯翼：大气弥漫的样子。冯，满。惟像：未像之误，即无形。④化：《楚辞集注》："化，叶虎为反。"⑤营：经营。

日月三合九重八柱十二分图　明·萧云从

女岐九子图　明·萧云从

惟兹何功？孰初作之？①

斡维焉系？天极焉加？②

八柱何当？东南何亏？③

九天之际，安放安属？④

隅隈多有，谁知其数？⑤

天何所沓？十二焉分？⑥

日月安属？列星安陈？

出自汤谷，次于蒙汜。⑦

注释：①兹：此。功：同工。②斡：转轴，枢纽。一说音 guǎn。维：系物的大绳。加：犹架。③八柱：传说中撑天的八根柱子。当：承担。亏：《楚辞集注》："叶苦家反。"④九天：谓天之中央与八方。际：边。放：至。属：连接。⑤隅：角落。隈：弯曲的地方。⑥沓：合。⑦汤谷：旸谷。次：止息。蒙：水名。汜：水涯。

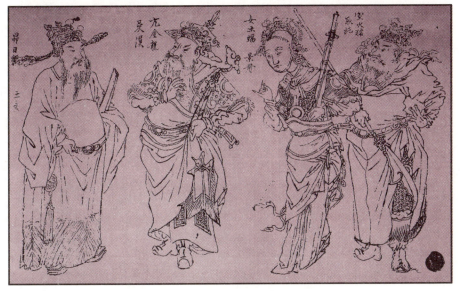

二十八宿神形图·佚 名

zì míng jí huì　　suǒ xíng jǐ lǐ
自明及晦，所行几里？

yè guāng hé dé　　sǐ zé yòu yù
夜光何德，死则又育？①

jué lì wéi hé　　ér gù tù zài fù
厥利维何，而顾菟在腹？②

nǚ qí wú hé　　fú yān qǔ jiǔ zǐ
女歧无合，夫焉取九子？③

bó qiáng hé chǔ　　huì qì ān zǐ
伯强何处，惠气安在？④

hé hé ér huì　　hé kāi ér máng
何阖而晦？何开而明？⑤

注释：①夜光：月亮的别称。育：生。②厥：其，此指月亮。菟：通兔。③女歧：也作女岐。传说中的女子，无夫而生九子。合：交合。④伯强：风神。一说为疫鬼。在：《楚辞集注》："在，叶音紫。"⑤明：古音作máng。与下面的"藏""尚""行（古音一作háng）"协韵。

伯强图　明·萧云从

角宿耀灵图　明·萧云从

jiǎo xiù wèi dàn　　yào líng ān cáng
角宿未旦，曜灵安藏？①

bù rèn gǔ hóng　　shī hé yǐ shàng zhī
不任汩鸿，师何以尚之？②

qiān yuē　　hé yōu　　hé bù kè ér háng zhī
佥曰"何忧"，何不课而行之？③

chī guī yè xián　　gǔn hé tīng yān
鸱龟曳衔，鲧何听焉？④

shùn yù chéng gōng　　dì hé xíng yān
顺欲成功，帝何刑焉？⑤

yǒng è zài yǔ shān　　fú hé sān nián bù shā
永遏在羽山，夫何三年不施？⑥

注释：①角宿：星宿名。曜灵：太阳。②不任：不能胜任。汩鸿：治理洪水。鸿，借作"洪"。师：众人。尚：崇尚，推举。③佥：全，都。课：考，试。④曳衔：牵引连接。⑤顺欲：顺从众人的意愿。帝：谓尧。⑥遏：绝。施：通弛，解除。施：《楚辞集注》："施，叶所加反。"

鸱龟曳衔，永遏羽山图　明·萧云从

bó yǔ bì gǔn fú hé yǐ biàn huà
伯禹愎鲧，夫何以变化？①

zuǎn jiù qián xù suì chéng kǎo gōng
纂就前绪，遂成考功。②

hé xù chū jì yè ér jué móu bù tóng
何续初继业，而厥谋不同？③

hóng quán jí shēn hé yǐ tián zhī
洪泉极深，何以窴之？④

dì fāng jiǔ zé hé yǐ fán zhī
地方九则，何以坟之？⑤

hé hǎi yīng lóng hé jìn hé lì
河海应龙，何尽何历？⑥

注释：①愎：背戾。一作腹。②纂：继承。绪：事业。考：父死称考。③谋：此指治水之方。④窴：同填。⑤九则：九等。坟：区分。《楚辞集注》："坟，叶敷连反。"⑥应龙：有翼的龙。历：过。此二句后改作"应龙何画？河海何历？"

应龙画河海图 明·萧云从

gǔn hé suǒ yíng　yǔ hé suǒ chéng
鲧何所营？禹何所成？

kāng huí píng nù　dì hé gù yǐ dōng nán qīng
康回冯怒，地何故以东南倾？①

jiǔ zhōu ān cù　chuān gǔ hé wū
九州安错？川谷何洿？②

dōng liú bù yì　shú zhī qí gù
东流不溢，孰知其故？

dōng xī nán běi　qí xiū shú duō
东西南北，其修孰多？③

nán běi shùn tuǒ　qí yǎn jǐ hé
南北顺椭，其衍几何？④

kūn lún xuán pǔ　qí jū ān zì
昆仑县圃，其尻安在？⑤

zēng chéng jiǔ chóng　qí gāo jǐ lǐ
增城九重，其高几里？

注释：①康回：共工名。冯怒：大怒。冯，大，盛。②错：通厝，放置。古音一作 cù，与"洿""故"协韵。洿：低洼的地方。③修：长。④椭：椭圆，古人认为地为椭长形。衍：广大。⑤尻：一作居。一说为尻的误字，尾部（臀部），作根基讲。

康回冯怒东南倾，增城九重西北辟。明·萧云从

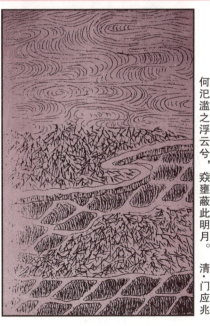

何氾滥之浮云兮，焱壅蔽此明月。清·门应兆

sì fāng zhī mén   qí shuí cóng yān
四方之门，其谁从焉？

xī běi pì qǐ   hé qì tōng yān
西北辟启，何气通焉？①

rì ān bù dào   zhú lóng hé zhào
日安不到？烛龙何照？②

xī hé zhī wèi yáng   ruò huā hé guāng
羲和之未扬，若华何光？③

hé suǒ dōng nuǎn   hé suǒ xià hán
何所冬暖？何所夏寒？

yān yǒu shí lín   hé shòu néng yán
焉有石林？何兽能言？

yān yǒu lóng qiú   fù xióng yǐ yóu
焉有龙虬，负熊以游？

注释：①辟：开。②烛龙：传说中人面蛇身的神，睁眼为白昼，闭眼为黑夜。③羲和：为太阳驾车的神。扬：扬鞭起程。若华：若木的花。

烛龙华光图　明·萧云从

石林兽言图　明·萧云从

雄虺九首，儵忽焉在？①
xióng huǐ jiǔ shǒu　shū hū yān zì

何所不死？长人何守？②
hé suǒ bù sǐ　cháng rén hé shǒu

靡莽九衢，枲华安居？③
mí píng jiǔ qú　xǐ huā ān jū

灵蛇吞象，厥大何如？④
líng shé tūn xiàng　jué dà hé rú

黑水玄趾，三危安在？⑤
hēi shuǐ xuán zhǐ　sān wēi ān zì

● 延年不死，寿何所止？
yán nián bù sǐ　shòu hé suǒ zhǐ

注释：①虺：神话中的独角龙。一说蛇别名。在：《楚辞集注》："在，叶音紫。此以'首'叶'守'，以'在'叶'死'。"②长人：传说指防风氏，其人长三丈。③靡：蔓。莽：通萍，草名。衢：路，此处喻枝杈。枲：麻。华：花。④灵蛇：亦作一蛇。⑤黑水：神话中水名。玄趾、三危：神话中山名。趾，一作沚。

虺龙负熊图　明·萧云从

长人枲华图　明·萧云从

líng yú hé suǒ qí duī yān chǔ
鲮鱼何所？魓堆焉处？①

yì yān bì rì wū yān jiě yǔ
羿焉彃日？乌焉解羽？②

yǔ zhī lì xiàn gōng jiàng xǐng xià tǔ sì fāng
禹之力献功，降省下土四方。③

yān dé bǐ tú shān nǚ ér tōng zhī yú tái sāng
焉得彼涂山女，而通之于台桑？④

mǐn fēi pǐ hé jué shēn shì jì
闵妃匹合，厥身是继。⑤

hú wèi shì bù tóng wèi ér kuài zhāo bì
胡为嗜不同味，而快朝饱？⑥

注释：①鲮鱼：传说中人面鱼身的怪鱼。魓堆：奇兽。一说当作魓雀，传说中一种会吃人的猛禽。堆系雀之误。
②彃：射。乌：金乌，传说太阳中有三足神鸟。③省：视察。④涂山：古国名。传禹治水途中娶涂山女为
妻。⑤闵：忧。妃：配偶。匹合：婚配。⑥快：满足。朝饱：疑为朝饥之误。朝饥，隐喻男女交合。
饱：《楚辞集注》："饱，与'继'叶，疑有'备'音。"备，古音一作 bì。现今粤语即音 bì，保留了
古音。

黑水延年，鲮鱼魓堆。 明·萧云从

弹乌解羽图 明·萧云从

qǐ dài yì zuò hòu　zú rán lí niè
启代益作后，卒然离蠥。①

hé qǐ wéi yōu　ér néng jū shì dé
何启惟忧，而能拘是达？②

jiē guī shè jū　ér wú hài jué gōng
皆归射鞠，而无害厥躬。③

hé hòu yì zuò gé　ér yǔ bō hóng
何后益作革，而禹播降？④

qǐ jí bīn shāng　jiǔ biàn　jiǔ gē
启棘宾商，《九辩》《九歌》。⑤

hé qín zǐ tú mǔ　ér shī fēn jìng dì
何勤子屠母，而死分竟地？⑥

dì jiàng yí yì　gé niè xià mín
帝降夷羿，革孽夏民。

注释：①启：禹之子。益：禹之臣。后：国君。卒然：终于。离：借作罹，遭遇。蠥：忧。②惟：思。一说惟读罹，惟忧犹罹忧，遭难。达：变通。一说指逃脱。《楚辞集注》："达，他折反。"③射鞠：穷恶。射，行。鞠，穷。一说当作"鞠躬"，意为敬谨。④作革：更替，变革。播降：播下种子。此指王位传于子孙。降，古音一作 hóng，与上面的"躬"协韵。一说为繁荣昌隆。闻一多《天问疏证》："播读为蕃（fán），降读为隆（lóng）。"⑤棘：陈。一说通急。宾：列。⑥勤：厚待。屠母：传禹之妻涂山氏生启时化为石，禹呼："归我子！"石破而得启。死：通尸。革：更。孽：忧。

献功得女，鼋饱离蠥，作革播降，《九辩》《九歌》。 明·萧云从

益奏鲜食图　清·《钦定书经图说》

胡射夫河伯，而妻彼雒嫔？①

冯珧利决，封豨是射。②

何献蒸肉之膏，而后帝不若？③

浞娶纯狐，眩妻爰谋。④

何羿之射革，而交吞揆之？⑤

阻穷西征，岩何越焉？⑥

化为黄熊，巫何活焉？⑦

注释：①胡：何。雒嫔：水神，谓宓妃。②冯：同凭。珧：蚌壳，此指饰有贝壳的弓。决：通玦，弓上的扳机。封豨：大野猪。豨一作狶。射：《楚辞集注》："叶时若反。"③蒸：祭。膏：脂。若：顺。④浞：羿相。眩：惑。爰：于。⑤射革：射穿皮革，喻力大。交吞：联合吞灭。交，合力。揆：估量，引申为暗算。⑥阻：险。越：度。古音一作huó，与下面的"活"协韵。⑦活：使……活。

羿射河伯，妻彼雒嫔。　明·萧云从

岩越黄熊，鲦疾修盈。　明·萧云从

咸播秬黍，莆雚是营。①

何由并投，而鲧疾修盈？②

白蜺婴茀，胡为此堂？③

安得夫良药，不能固臧？④

天式从横，阳离爰死。⑤

大鸟何鸣，夫焉丧厥体？⑥

萍号起雨，何以兴之？⑥

撰体胁鹿，何以膺之？⑦

注释：①秬：黑黍子。莆：蒲草。雚：通萑，芦苇。营：耕。②由：用。并：一并。疾：罪恶。修盈：极言其多。修，长。盈，满。③白蜺：亦作白霓。白色的副虹。霓，雌虹。茀：应为霠字。云貌。白云逶移若蛇。一说婴茀指女子的首饰。④臧：善。⑤式：规则，法则。从：同纵。阳：阳气。⑥萍：同萍，神话中雨师名。⑦撰：具。胁：身躯两侧自腋下至腰身的部分。鹿：指风神。风神飞廉传说为鹿身。膺：承。此句一作"撰体协胁，鹿何膺之"。

白蜺婴茀，天式从横。明·萧云从

萍号胁鹿，鳌戴陵行。明·萧云从

áo dài shān biàn hé yǐ ān zhī
鳌戴山抃，何以安之？①

shì zhōu líng xíng hé yǐ qiān zhī
释舟陵行，何以迁之？②

wéi ào zài hù hé qiú yú sǒu
惟浇在户，何求于嫂？③

hé shào kāng zhú quǎn ér diān yǔn jué shǒu
何少康逐犬，而颠陨厥首？④

nǚ qí féng cháng ér guǎn tóng yuán zhǐ
女歧缝裳，而馆同爰止。⑤

hé diān yì jué shǒu ér qīn yǐ féng dì
何颠易厥首，而亲以逢殆？⑥

tāng móu yì lǚ hé yǐ hòu zhī
汤谋易旅，何以厚之？⑦

fù zhōu zhēn xún hé dào cǒu zhī
覆舟斟寻，何道取之？⑧

注释：①鳌：大龟。戴：一作载。抃：鼓掌、拍手表示欢欣。此指龟四肢划动状。②释：放弃。陵行：指在陆地上行走。迁：徙。③浇：寒浞的儿子，与嫂淫乱。嫂：《楚辞集注》："嫂，叶音叟。"④少康：传说是夏君相之子。浇杀相，后少康又杀浇。颠陨：掉落，此指砍掉。⑤女歧：浇之嫂。馆同：指同宿。⑥颠易厥首：少康夜袭得女歧头，以为浇，因断之，故言易首。逢：遇。殆：危。《楚辞集注》："叶当以反。"⑦旅：众。此句言殷汤欲变易夏众，使之从己。⑧斟寻：古国名。取：《楚辞集注》："叶此苟反。"

少康逐犬图　明·萧云从

汤谋易旅图　明·萧云从

桀伐蒙山，何所得焉？①
jié fá méng shān hé suǒ dé yān

妹嬉何肆，汤何殛焉？②
mò xǐ hé sì tāng hé jí yān

● 舜闵在家，父何以鳏？③
shùn mǐn zài jiā fù hé yǐ jīn

尧不姚告，二女何亲？④
yáo bù yáo gào èr nǚ hé qīn

厥萌在初，何所亿焉？⑤
jué méng zài chū hé suǒ yì yān

璜台十成，谁所极焉？⑥
huáng tái shí céng shuí suǒ jí yān

登立为帝，孰道尚之？⑦
dēng lì wéi dì shú dǎo shàng zhī

注释：①蒙山：古国名。传桀攻蒙山后得美女妹嬉。②妹嬉：妹喜。人名，有施氏之女，桀的爱妃。殛：杀死。③闵：忧虑。家：成家。鳏：男人无妻谓之鳏。古音一作 jīn，与"亲"协韵。今音 guān。④姚：舜姓，指舜之父。二女：指尧的两个女儿娥皇、女英。⑤亿：通臆，预料。⑥璜台：玉台。成：通层。⑦道：开导。尚：尊尚。

舜闵，尧女。　明·萧云从

女娲图　明·萧云从

女娲有体，孰制匠之？①
nǚ wā yǒu tǐ，shú zhì jiàng zhī

舜服厥弟，终然为害。②
shùn fú jué dì，zhōng rán wéi hài

何肆犬体，而厥身不危败？③
hé sì quǎn tǐ，ér jué shēn bù wēi bài

吴获迄古，南岳是止。④
wú huò qì gǔ，nán yuè shì zhǐ

孰期去斯，得两男子？⑤
shú qī qù sī，dé liǎng nán zǐ

缘鹄饰玉，后帝是飨。⑥
yuán hú shì yù，hòu dì shì xiǎng

何承谋夏桀，终以灭丧？⑦
hé chéng móu xià jié，zhōng yǐ miè sàng

注释：①制匠：犹制造。②服：服从，顺服。③肆犬体：言象无道，肆其犬豕之心，烧廪填井，欲以杀舜，然终不能危败舜身。④获：得到。迄：至。古：谓古公亶父。⑤两男子：指太伯、仲雍。⑥缘：凭借，借助。此句言伊尹凭借烹鹄鸟之羹，修玉鼎以事于汤。汤贤之，遂以为相。后帝：殷汤。⑦承谋：接受伊尹攻伐夏桀的谋略。

舜害不危图　明·萧云从

南岳两男子图　明·萧云从

dì nǎi jiàng guān　xià féng yī zhè
帝乃降观，下逢伊挚。①

hé tiáo fàng zhì fá　ér lí fú dà yuè
何条放致罚，而黎服大说？②

jiǎn dí zài tái　kù hé yí
简狄在台，喾何宜？③

xuán niǎo zhì yí　nǚ hé xǐ
玄鸟致贻，女何喜？④

gāi bǐng jì dé　jué fù shì zāng
该秉季德，厥父是臧。⑤

hú zhōng bì yú yǒu hù　mù fú niú yáng
胡终弊于有扈，牧夫牛羊？⑥

gān xié shí wǔ　hé yǐ huái zhī
干协时舞，何以怀之？⑦

注释：①帝：谓汤。挚：伊尹名。②条：鸣条，地名。放：放逐。致罚：致天之罚。黎：众。③简狄：有娀国美女，帝喾之妃。喾：传说中上古帝王名。宜：通仪，配偶。此作动词用，求偶。④玄鸟：燕。贻：遗。此句言简狄侍帝喾于台上，有飞燕坠遗其卵，喜而吞之，因生契。⑤该：苞，一说即亥，殷人的祖先。秉：持。季：末。一说即亥之父亲。父：谓契。臧：善，好。⑥弊：通毙，死。有扈：浇国名。⑦干：求。一说为盾牌。协：和。舞：务。怀：来。《楚辞集注》："叶胡威反。"

缘鹄饰帝，降观罚黎。　明·萧云从

玄鸟贻喜图　明·萧云从

píng xié màn fū　hé yǐ féi zhī
平胁曼肤，何以肥之？①

yǒu hù mù shù　yún hé ér féng
有扈牧竖，云何而逢？②

jī chuáng xiān chū　qí mìng hé cóng
击床先出，其命何从？③

héng bǐng jì dé　yān dé fú pǔ ní
恒秉季德，焉得夫朴牛？④

hé wǎng yíng bān lù　bù dàn huán lái
何往营班禄，不但还来？⑤

hūn wēi zūn jì　yǒu dí bù níng
昏微遵迹，有狄不宁。⑥

注释：①平胁：胸部丰满。曼肤：肤色润泽。曼，细润，柔美。肥：肥硕壮美。②有扈：有扈氏。牧竖：牧童。③击床：指在床上刺杀。④恒：常。一说指王亥之弟。季：末。朴牛：大牛。⑤营：得。班禄：以所获禽兽，遍施禄惠于百姓。班，遍。牛："牛"与"来"，按《山带阁注楚辞》协韵。《楚辞集注》："牛，叶鱼奇反；来，叶力之反。"⑥遵：循。迹：道。

干协时舞图　明·萧云从

秉德得牛，往营班禄。　明·萧云从

何繁鸟萃棘，负子肆情？①
hé mǐn niǎo cuì jí fù zǐ sì qíng

眩弟并淫，危害厥兄。②
xuàn dì bìng yín wēi hài jué xiāng

何变化以作诈，而后嗣逢长？③
hé biàn huà yǐ zuò zhà ér hòu sì féng cháng

成汤东巡，有莘爰极。④
chéng tāng dōng xún yǒu shēn yuán jí

何乞彼小臣，而吉妃是得？⑤
hé qǐ bǐ xiǎo chén ér jí fēi shì dí

水滨之木，得彼小子。⑥
shuǐ bīn zhī mù dé bǐ xiǎo zǐ

夫何恶之，媵有莘之妇？⑦
fú hé wù zhī yìng yǒu shēn zhī fù

注释：①繁鸟：枭，俗称夜猫子。肆情：放纵情欲。解居父聘吴，过陈之墓门，见妇人负其子，欲与之淫泆，肆其情欲。妇人则引《诗》刺之。曰：墓门有棘，有鸮萃止。②眩弟：昏乱的弟弟，指舜弟象。兄：《楚辞集注》："叶虚良反。"③逢长：兴盛长久。④有莘：古国名。极：至。⑤小臣：谓伊尹。⑥小子：谓伊尹。⑦媵：陪嫁之人。这里作动词用，送。按《山带阁注楚辞》，"子"与"妇"协韵。《楚辞集注》："妇，叶芳尾反。"但现今汉语（准确说是普通话）已不协韵。

繁鸟萃棘图 明·萧云从

眩弟图 明·萧云从

tāng chū chóng quán　　fú hé zuì yí
汤出重泉，夫何罪尤？①

bù shēng xīn fá dì　　fú shuí shǐ tiǎo zhī
不胜心伐帝，夫谁使挑之？②

● huì zhāo zhēng méng　　hé jiàn wú qī
会鼂争盟，何践吾期？③

cāng niǎo qún fēi　　shú shǐ cuì zhī
苍鸟群飞，孰使萃之？④

liè jī zhòu gōng　　shū dàn bù jiā
列击纣躬，叔旦不嘉。⑤

hé qīn kuí fā zú　　zhōu zhī mìng yǐ zī jiā
何亲揆发足，周之命以咨嗟？⑥

shòu yīn tiān xià　　qí wèi ān shā
授殷天下，其位安施？

fǎn chéng nǎi wáng　　qí zuì yī hé
反成乃亡，其罪伊何？⑦

注释：①重泉：地名，传桀囚汤之地。尤：叶于其反。②胜：忍得住，禁得起。古读 shēng。帝：谓桀。③鼂：朝，早晨。践：履行，实现。④苍鸟：鹰。萃：集。⑤列：同裂。一作到。躬：身体。叔旦：即周公，武王之弟。嘉：嘉许，赞成。嘉：按《山带阁注楚辞》，"嘉""嗟""施""何"四字协韵。前三字《楚辞集注》给出了叶韵读法。"何"字，未标明如何协韵，但如今有的方言还是 hɑ 音，保留了古音。⑥揆：揣测，估量。亲揆发足言周公于孟津揆度天命，发足还师而归。一说"发"为周武王之名，"足"字应下属。足，有的版本作"定"，亦应下属。⑦何：按《山带阁注楚辞》，"嘉""嗟""施""何"四字协韵。前三字有叶韵读法，"何"字未标明如何协韵，但如今的方言还有 hɑ 音，保留了古音。

有莘吉妃，水滨小子。 明·萧云从

会鼂争盟，苍鸟群飞。 明·萧云从

zhēng qiǎn fá qì　hé yǐ háng zhī
争遣伐器，何以行之？①

bìng qū jī yì　hé yǐ jiàng zhī
并驱击翼，何以将之？

zhāo hòu chéng yóu　nán tǔ yuán zhī
昭后成游，南土爰底。②

jué lì wéi hé　féng bǐ bái zhì
厥利惟何，逢彼白雉？③

mù wáng qiǎo méi　fú hé wèi zhōu liú
穆王巧梅，夫何为周流？④

huán lǐ tiān xià　fú hé suǒ qiú
环理天下，夫何索求？⑤

yāo fū yè xuàn　hé háo yú shì
妖夫曳衒，何号于市？⑥

zhōu yōu shuí zhū　yān dé fú bāo sì
周幽谁诛？焉得夫褒姒？⑦

注释：①伐器：攻伐之器。行：古音一作háng，与下面的"将"协韵。②昭后：周昭王。成游：成南征之游。底：同厎（zhǐ）。到，至。③逢：迎。④巧梅：巧于贪求。梅，理应作"悔"，"梅"当为传写讹误。一说巧梅为善于驾驭马车。梅通枚，马鞭。⑤环：旋。⑥曳衒：谓夫妇二人牵引过市叫卖。⑦褒姒：周厉王时一宫女无夫而孕，生一女，被弃宫外，有人收留后将此女带到褒国，长大后就是褒姒，后成周幽王后。

昭王逢白雉图　明·萧云从

穆王环理图　明·萧云从

tiān mìng fǎn cè hé fá hé yì
天命反侧，何罚何佑？①

qí huán jiǔ huì zú rán shēn shì
齐桓九会，卒然身杀。②

bǐ wáng zhòu zhī gōng shú shǐ luàn huò
彼王纣之躬，孰使乱惑？

hé wù fǔ bì chán chǎn shì fú
何恶辅弼，谗谄是服？③

bǐ gān hé nì ér yì chén zhī
比干何逆，而抑沉之？④

léi kāi hé shùn ér cì fēn zhī
雷开何顺，而赐封之？⑤

hé shèng rén zhī yì dé zú qí yì fāng
何圣人之一德，卒其异方？⑥

méi bó shòu hǎi jī zǐ yáng kuáng
梅伯受醢，箕子详狂？⑦

注释：①反侧：反复无常。佑：《楚辞集注》："叶于忌反。"②杀：通弑，被杀。③服：采用。按《楚辞韵读》："服，音 bì。"上一句"惑"，叶胡逼反。这样与上下文协韵。④抑沉：压制埋没。⑤雷开：纣时奸臣。何：一作阿。阿须即阿谀媚顺。封：读音协韵。⑥圣人：谓文王。卒：终。异方：表现方式不同。⑦梅伯：纣臣，屡谏被杀。醢：肉酱。箕子：纣叔父，谏诤不听，披发装疯。详：通佯。

齐桓身杀图　明·萧云从

箕狂梅醢图　明·萧云从

稷维元子，帝何竺之？①
tóu zhī yú bīng shàng niǎo hé yù zhī
投之于冰上，鸟何燠之？②
hé píng gōng xié shǐ shū néng jiàng zhī
何冯弓挟矢，殊能将之？③
jì jīng dì qiè jī hé féng cháng zhī
既惊帝切激，何逢长之？④
bó chāng hào shuāi bǐng biān zuò mì
伯昌号衰，秉鞭作牧。⑤
hé lìng chè bǐ qí shè mìng yǒu yīn guó
何令彻彼岐社，命有殷国？⑥
qiān zàng jiù qí hé néng yī
迁藏就岐，何能依？⑦
yīn yǒu huò fù hé suǒ jī
殷有惑妇，何所讥？⑧

注释：①稷：后稷，周部落始祖。维：是。元子：长子。竺：通笃，厚。一说竺、笃在此皆解为毒义。②燠：暖热。③冯：大。挟：持。④帝：指纣。切激：激烈。⑤伯昌：西伯侯姬昌，周文王。号：(纣的)号令。衰：殷朝衰败。秉鞭：执政。牧：地方官。江有浩《楚辞韵读》："牧，明道反。"⑥彻：通撤，撤换。岐社：位于岐山的社庙。命：天命。有：占有，享有。《楚辞韵读》："国，占通反。"⑦藏：宝藏，财产。⑧惑妇：指妲己。讥：谏。

元子挟矢，伯昌捷鞭作牧，
依，醢，上帝罚殷。 明·萧云从

迁殷莫居图 清·《钦定书经图说》

受赐兹醢，西伯上告。①
shòu cì zī hǎi xī bó shàng gòu

何亲就上帝罚，殷之命以不救？②
hé qīn jiù shàng dì fá yīn zhī mìng yǐ bù jiù

师望在肆，昌何识？③
shī wàng zài sì chāng hé shí

鼓刀扬声，后何喜？④
gǔ dāo yáng shēng hòu hé xǐ

武发杀殷，何所悒？⑤
wǔ fā shā yīn hé suǒ yì

载尸集战，何所急？⑥
zài shī jí zhàn hé suǒ jí

伯林雉经，维其何故？⑦
bó lín zhì jīng wéi qí hé gù

何感天抑地，夫谁畏惧？
hé gǎn tiān yì dì fú shuí wèi jù

注释：①兹：此。醢：文王之子被纣杀后做成肉饼。告：《楚辞集注》："叶古后反。"②就：受到。③师望：指姜尚。师，太师。望，又名吕望，号太公望。肆：店铺。昌：文王名。④鼓刀扬声：此句指姜太公曾开肉铺，在肉铺里磨刀。后：谓文王。⑤武发：指周武王，名发。悒：抑郁，忧愤。⑥载尸：载着父亲（文王）的灵位。集：会。⑦伯林：长君。谓晋太子申生为后母骊姬所潜，遂雉经而自杀。一说即柏林，传纣王自焚的鹿台在柏树林之中。雉经：吊死。

鼓刀图 明·萧云从

伯林雉经图 明·萧云从

皇天集命，惟何戒之？^①
huáng tiān jí mìng wéi hé gài zhī

受礼天下，又使至代之？
shòu lǐ tiān xià yòu shǐ zhì dài zhī

初汤臣挚，后兹承辅。^②
chū tāng chén zhì hòu zī chéng fǔ

何卒官汤，尊食宗绪？^③
hé zú guān tāng zūn shí zōng xù

勋阖梦生，少离散亡。^④
xūn hé mèng shēng shào lí sàn wáng

何壮武厉，能流厥严？^⑤
hé zhuàng wǔ lì néng liú jué yán

彭铿斟雉，帝何飨？^⑥
péng kēng zhēn zhì dì hé xiǎng

注释： ①集命：降传令命。戒：古音一作 gài，现粤语即此音。一说"戒"音 jì，则下句"代"音 dì（参见江有诰《楚辞韵读》）。②臣挚：以挚（伊尹）为凡臣。兹：乃。承辅：承担辅相之职。③卒：终。官汤：犹言相汤。尊食：享祭祀。绪：业。④勋：功。阖：吴王阖庐。梦：阖庐的祖父寿梦。生：古时同"姓"字，指长孙。⑤严：《楚辞集注》："叶五良下反。"⑥彭铿：彭祖，名铿。帝颛顼之玄孙，善养性，能调鼎，进雉羹于尧，尧封于彭城。历夏经殷至周，年七百六十七岁而不衰。斟：烹煮。帝：此指帝尧。

集命承辅图　明·萧云从

勋阖壮武图　明·萧云从

受寿永多，夫何久长？
shòu shòu yǒng duō　fú hé jiǔ cháng

中央共牧，后何怒？①
zhōng yāng gòng mù　hòu hé nù

蠭蛾微命，力何固？②
fēng yǐ wēi mìng　lì hé gù

惊女采薇，鹿何祐？③
jīng nǚ cǎi wēi　lù hé yì

北至回水，萃何喜？④
běi zhì huí shuǐ　cuì hé xǐ

兄有噬犬，弟何欲？⑤
xiōng yǒu shì quǎn　dì hé yù

易之以百两，卒无禄。⑥
yì zhī yǐ bǎi liàng　zú wú lù

薄暮雷电，归何忧？
bó mù léi diàn　guī hé yōu

注释：①牧：草名，有实。后：君。此句言中央之州，有歧首之蛇，争共食牧草之实，自相啄啮。以喻夷狄相与忿争，君上何故当怒之乎。牧，一作枚。②蠭：古蜂字。蛾：古蚁字，蚂蚁。③"惊女"二句：言昔者有女子采薇菜，有所惊而走，因获得鹿，其家遂昌炽，乃天祐之。祐：《楚辞集注》："祐，叶于忌反。"④萃：止。⑤兄：指秦景公。噬犬：謷犬。弟：指景公弟鍼。⑥两：通辆，指百辆马车。

彭铿斟雉，飨帝寿长。 明·萧云从

惊女图 明·萧云从

厥严不奉，帝何求？①
jué yán bù fèng dì hé qiú

伏匿穴处，爰何云？②
fú nì xué chù yuán hé yún

荆勋作师，夫何长？③
jīng xūn zuò shī fú hé cháng

悟过改更，我又何言？
wù guò gǎi gēng wǒ yòu hé yín

吴光争国，久余是胜。④
wú guāng zhēng guó jiǔ yú shì shàng

何环穿自闾社丘陵，爰出子文？⑤
hé huán chuān zì lú shè qiū líng yuán chū zǐ wén

吾告堵敖以不长。⑥
wú gào dǔ áo yǐ bù cháng

何试上自予，忠名弥彰？⑦
hé shì shàng zì yǔ zhōng míng mí zhāng

注释：①严：尊严。奉：保持。②爰：乃。"云"与"言"隔句协韵。③荆勋作师：指楚国大兴兵戈。荆，楚。勋，功。④吴光：指吴公子光，即吴王阖庐。久余是胜：多次战胜我国。"胜"与"长""彰"隔句协韵。⑤子文：楚令尹。鄬公女未婚时与表兄斗伯比交合于丘陵，生子文，弃之云梦泽中，有虎乳之，以为神异，乃取收养焉。长而有贤仁之才。⑥堵敖：又作杜敖，即熊艰，楚文王长子，在位仅五年即被其弟熊恽所弑。⑦试：尝试。上：君。

噬犬，百两。 明·萧云从

环闾穿社，爰出子文。 明·萧云从

琴高乘鲤图　明·李　在

此图绘古代琴高乘鲤而去的神话，表现琴高辞别众弟子乘鲤而去的情景。

九章

屈原

惜诵①

xī sòng

屈原 qū yuán

🔴 惜诵以致愍兮，发愤以抒情。②
xī sòng yǐ zhì mǐn xī fā fèn yǐ shū qíng

所非忠而言之兮，指苍天以为正。③
suǒ fēi zhōng ér yán zhī xī zhǐ cāng tiān yǐ wéi zhèng

令五帝以折中兮，戒六神与向服。④
lìng wǔ dì yǐ zhé zhòng xī jiè liù shén yǔ xiàng bì

俾山川以备御兮，命咎繇使听直。⑤
bǐ shān chuān yǐ bèi yù xī mìng gāo yáo shǐ tīng zhí

竭忠诚以事君兮，反离群而赘肬。⑥
jié zhōng chéng yǐ shì jūn xī fǎn lí qún ér zhuì yí

忘儇媚以背众兮，待明君其知之。⑦
wàng xuān mèi yǐ bèi zhòng xī dài míng jūn qí zhī zhī

言与行其可迹兮，情与貌其不变。
yán yǔ xíng qí kě jì xī qíng yǔ mào qí bù biàn

注释： ①惜诵：惜其君而诵之。②愍：同悯，忧愁。一说病。③非：一作"作"，为也。正：通证，证明。④折：断。中：当。洪兴祖补注："言欲折断其物而用之，与度相中当。故言折中也。"一作枚，同析，分。枚中谓判明是非。戒：请，令。向服：质对事情以判定其有无罪过。服，读音协韵。⑤俾：使，让。备御：陪侍，此有陪审意。咎繇：皋陶。听直：裁断曲直。⑥赘肬：多余的肉瘤，意为累赘。肬，《楚辞集注》："叶於其反。"⑦儇媚：轻佻谄媚。

皋陶图　清·《钦定书经图说》

皋陶明刑图　清·《钦定书经图说》

gù xiàng chén mò ruò jūn xī　suǒ yǐ zhèng zhī bù yuǎn
故相臣莫若君兮,所以证之不远。①

wú yì xiān jūn ér hòu shēn xī　qiāng zhòng rén zhī suǒ chóu
吾谊先君而后身兮,羌众人之所仇。②

zhuān wéi jūn ér wú tā xī　yòu zhòng zhào zhī suǒ chóu
专惟君而无他兮,又众兆之所雠。③

yī xīn ér bù yù xī　qiāng bù kě bǎo yě
壹心而不豫兮,羌不可保也。④

jí qīn jūn ér wú tā xī　yǒu zhāo huò zhī dào yě
疾亲君而无他兮,有招祸之道也。⑤

sī jūn qí mò wǒ zhōng xī　hū wàng shēn zhī jiàn pín
● 思君其莫我忠兮,忽忘身之贱贫。

shì jūn ér bù èr xī　mí bù zhī chǒng zhī mén
事君而不贰兮,迷不知宠之门。⑥

zhōng hé zuì yǐ yù fá xī　yì fēi yú xīn zhī suǒ zhì
忠何罪以遇罚兮,亦非余心之所志。⑦

注释:①相:视。②谊:同义。羌:发语词。③众兆:许多人,指朝廷中的小人。雠:同仇。④豫:犹豫。保:知。言君心不可知。⑤疾:急迫,极力。一说恶。⑥门:《楚辞集注》:"叶弥贫反。"⑦志:预计,预想。

禹拜昌言图　清·《钦定书经图说》

一日万机图　清·《钦定书经图说》

xíng bù qún yǐ diān yuè xī　　yòu zhòng zhào zhī suǒ xī
行不群以巅越兮，又众兆之所哈。①

fēn féng yóu yǐ lí bàng xī　　jiǎn bù kě shì
纷逢尤以离谤兮，謇不可释。②

qíng chén yì ér bù dá xī　　yòu bì ér mò zhī bí
情沉抑而不达兮，又蔽而莫之白。③

xīn yù yì yú chà chì xī　　yòu mò chá yú zhī zhōng qíng
心郁邑余侘傺兮，又莫察余之中情。④

gù fán yán bù kě jié yí xī　　yuàn chén zhì ér wú lù
固烦言不可结诒兮，愿陈志而无路。⑤

tuì jìng mò ér mò yú zhī xī　　jìn háo hū yòu mò wú wén
退静默而莫余知兮，进号呼又莫吾闻。

shēn chà chì zhī fán huò xī　　zhōng mèn mào zhī tún tún
申侘傺之烦惑兮，中闷瞀之忳忳。⑥

xī yú mèng dēng tiān xī　　hún zhōng dào ér wú háng
昔余梦登天兮，魂中道而无杭。⑦

注释：①巅越：摔跤，跌落。哈：楚方言，讥讽嘲笑。古音作呼其反，与上一句"志"协韵。《楚辞韵读》："哈，音嘻。"②纷：乱貌，众貌。尤：过错。离：遭。謇：发语词。③白：表白。④侘傺：失意的样子。⑤结诒：诉说，用书信沟通之意。结，古人将话写在竹帛上，系绳打结，近似书信封口。诒，送，寄。⑥闷瞀：心中烦闷。忳忳：愁苦状。⑦杭：通航，指渡船。

吾使厉神占之兮图　清·门应兆

泣思直臣图　清·《养正图解》

吾使厉神占之兮，
日："有志极而无旁。"①
终危独以离异兮，日君可思而不可恃。②
故众口其铄金兮，初若是而逢殆。③
惩于羹者而吹齑兮，何不变此志也？④
欲释阶而登天兮，犹有曩之态也。⑤
众骇遽以离心兮，又何以为此伴也？⑥
同极而异路兮，又何以为此援也？⑦

注释：①旁：帮助，辅佐。②恃：依靠。③铄：销。殆：危急，危险。《楚辞集注》："叶徒系反。"④者：一无此字。齑：切成细末的腌菜或酱菜。此句讲被热汤烫过嘴的人见了凉菜也吹气的意思。⑤阶：梯。曩：以前。态：替，协音。⑥伴：古音一作 pàn，与下面的援（古音一作 huàn）协韵。郭沫若《屈原赋今译》："'伴'与'援'系连绵字析用。……有强项傲岸之意。"⑦同极：言众人共事一君。援：接援，救助。

羽山图　清·《方舆汇编山川典》

jìn shēn shēng zhī xiào zǐ xī　　fù xìn chán ér bù hào
晋申生之孝子兮，父信谗而不好。①

xíng xìng zhí ér bù yù xī　　gǔn gōng yòng ér bù jiù
行婞直而不豫兮，鲧功用而不就。②

● wú wén zuò zhōng yǐ zào yuàn xī　　hū wèi zhī guò yán
吾闻作忠以造怨兮，忽谓之过言。③

jiǔ zhé bì ér chéng yī xī　　wú zhì jīn ér zhī qí xìn rán
九折臂而成医兮，吾至今而知其信然。

zēng yì jī ér zài shàng xī　　wèi luó zhāng ér zài hù
矰弋机而在上兮，罻罗张而在下。④

shè zhāng bì yǐ yú jūn xī　　yuàn cè shēn ér wú suǒ
设张辟以娱君兮，愿侧身而无所。⑤

yù chán huí yǐ gān chì xī　　kǒng chóng huàn ér lí yí
欲僔佪以干傺兮，恐重患而离尤。⑥

yù gāo fēi ér yuǎn jí xī　　jūn wǎng wèi rǔ hé zhī
欲高飞而远集兮，君罔谓女何之？⑦

注释：①申生：晋献公之子。献公听信谗言逼死了他。好：爱。《楚辞集注》："叶呼斗反。"②婞直：刚愎。婞，刚强。豫：厌，满足。用而：因之，因而。③过言：言过其实。④矰、弋：均为系着绳子的箭。机：机括，此指发射。罻、罗：均为捕鸟的网。下：古音 hù，与下面的"所"协韵。⑤张辟：捕鸟兽的工具。娱：使欢乐。⑥僔佪：徘徊。干傺：寻找时机进取。干，求。傺，停止。离：遭。尤：过。⑦罔：诬。

试鲧治水图　清·《钦定书经图说》

骊姬巧计杀申生图

yù héng bēn ér shī lù xī   jiān zhì ér bù rěn
欲横奔而失路兮，坚志而不忍。

bèi yīng pàn yǐ jiāo tòng xī   xīn yù jié ér yū zhěn
背膺牉以交痛兮，心郁结而纡轸。①

dǎo mù lán yǐ jiāo huì xī   zuò shēn jiāo yǐ wéi liáng
擣木兰以矫蕙兮，檕申椒以为粮。②

bō jiāng lí yǔ zī jú xī   yuàn chūn rì yǐ wéi qiū fāng
播江离与滋菊兮，愿春日以为糗芳。③

kǒng qíng zhì zhī bù shēn xī   gù zhòng zhù yǐ zì máng
恐情质之不信兮，故重著以自明。④

jiǎo zī mèi yǐ sī chǔ xī   yuàn zēng sī ér yuǎn shāng
矫兹媚以私处兮，愿曾思而远身。⑤

注释：①膺：胸。牉：分，裂。纡轸：绞结疼痛。②擣：通捣。矫：揉碎。檕：春米。申椒：香木名，即大椒。③播、滋：种植。糗：干粮。④情：志。质：性。信：通伸，伸张。著：显明。⑤矫：举。兹媚：这样一些美德。曾思：反复思考。远身：抽身远去。

乘舟弗济图　清·《钦定书经图说》

荡析离居图　清·《钦定书经图说》

涉 江
shè jiāng

屈 原
qū yuán

● 余幼好此奇服兮，年既老而不衰。①
yú yòu hào cǐ qí fú xī nián jì lǎo ér bù cuī

带长铗之陆离兮，冠切云之崔嵬。②
dài cháng jiá zhī lù lí xī guàn qiè yún zhī cuī wéi

被明月兮珮宝璐，世溷浊而莫余知兮。
pī míng yuè xī pèi bǎo lù shì hùn zhuó ér mò yú zhī xī

吾方高驰而不顾，驾青虬兮骖白螭。
wú fāng gāo chí ér bù gù jià qīng qiú xī cān bái chī

吾与重华游兮瑶之圃，
wú yǔ chóng huá yóu xī yáo zhī pǔ

登昆仑兮食玉英。③
dēng kūn lún xī shí yù yāng

注释：①奇服：异于常人的服饰。衰：古音一作 cuī，与"嵬"协韵。②长铗：剑名。切云：冠名，古时一种高冠。③玉英：玉树的花。

驾青虬兮骖白螭。 清·门应兆

与天地兮同寿，与日月兮齐光。

哀南夷之莫吾知兮，旦余济乎江湘。

乘鄂渚而反顾兮，欸秋冬之绪风。①

步余马兮山皋，邸余车兮方林。②

乘舲船余上沅兮，齐吴榜以击汰。③

船容与而不进兮，淹回水而凝滞。

朝发枉陼兮，夕宿辰阳。④

苟余心其端直兮，虽僻远之何伤！

注释： ①乘：登上。鄂渚：江中洲渚名，今武汉附近长江之中。欸：叹。绪风：余风。风，古音叶孚金反，与下一句"林"协韵。②邸：舍。方林：地名。③舲船：有窗户的船。吴榜：大桨。汰：水波。④枉陼：地名，今湖南常德市南。辰阳：地名，在今湖南辰溪县。

隐居十六观图之味象 明·陈洪绶

楚辞

● 入溆浦余儃徊兮，迷不知吾所如。①
rù xù pǔ yú chán huí xī   mí bù zhī wú suǒ rú

深林杳以冥冥兮，乃猿狖之所居。
shēn lín yǎo yǐ míng míng xī   nǎi yuán yòu zhī suǒ jū

山峻高以蔽日兮，下幽晦以多雨。
shān jùn gāo yǐ bì rì xī   xià yōu huì yǐ duō yǔ

霰雪纷其无垠兮，云霏霏而承宇。②
xiàn xuě fēn qí wú yín xī   yún fēi fēi ér chéng yǔ

哀吾生之无乐兮，幽独处乎山中。
āi wú shēng zhī wú lè xī   yōu dú chǔ hū shān zhōng

吾不能变心而从俗兮，
wú bù néng biàn xīn ér cóng sú xī

固将愁苦而终穷。
gù jiāng chóu kǔ ér zhōng qióng

● 接舆髡首兮，桑扈臝行。③
jiē yú kūn shǒu xī   sāng hù luǒ xíng

注释： ①溆浦：地名，在今湖南溆浦县。如：往。②承宇：指云霞承天接地。③接舆：楚国隐士。髡：古代剃去男子头发的一种刑罚。首：头。桑扈：古代隐士。臝：同裸。

临溪水阁图　明·仇 英

100

zhōng bù bì yòng xī   xián bù bì yǐ
忠不必用兮，贤不必以。①

wǔ zǐ féng yāng xī   bǐ gān zū xī
伍子逢殃兮，比干菹醢。②

yǔ qián shì ér jiē rán xī   wú yòu hé yuàn hū jīn zhī rén
与前世而皆然兮，吾又何怨乎今之人！

yú jiāng dǒng dào ér bù yù xī   gù jiāng chóng hūn ér zhōng shēn
余将董道而不豫兮，固将重昏而终身。③

luàn yuē   luán niǎo fèng huáng   rì yǐ yuǎn xī
乱曰：鸾鸟凤皇，日以远兮。

yàn què wū què   cháo táng shàn xī
燕雀乌鹊，巢堂坛兮。④

lù shēn xīn yí   sǐ lín bó xī
露申辛夷，死林薄兮。⑤

xīng sāo bìng yù   fāng bù dé bó xī
腥臊并御，芳不得薄兮。⑥

yīn yáng yì wèi   shí bù dāng xī
阴阳易位，时不当兮。⑦

huái xìn chà chì   hū hū wú jiāng háng xī
怀信侘傺，忽乎吾将行兮。⑧

注释： ①以：用。②伍子：指伍子胥，被吴王夫差逼得自杀。醢：《楚辞集注》："醢，叶呼彼反。"③董道：正道。豫：犹豫。重昏：朱熹解之为"重复暗昧，终不复见光明也"。昏，乱。④坛：庭院。⑤露申、辛夷：均为香草名。林薄：草木丛生之地。⑥御：用。薄：附。⑦阴：臣。阳：君。⑧行：古音一作 háng，与"当"协韵。

杀子胥夫差争歃·《东周列国志》

斮胫剖心图　清·《钦定书经图说》

哀 郢①

屈 原

● 皇天之不纯命兮，何百姓之震愆？②

民离散而相失兮，方仲春而东迁。

去故乡而就远兮，遵江夏以流亡。③

出国门而轸怀兮，甲之鼂吾以行。④

发郢都而去闾兮，怊荒忽其焉极？⑤

楫齐扬以容与兮，哀见君而不再得。

注释：①哀郢：一解悼念郢都被秦所陷，另解作者哀伤地离开郢都，似后说更准确。②不纯命：天命失常。愆：错乱。③遵：循着。江：长江。夏：夏水，长江的支流。④轸：痛。怀：思。甲之鼂：甲日的早晨。鼂通朝。行：古音一作 háng，与"亡"协韵。⑤怊：悲伤。此字原无，后据《楚辞补注》引一本补。

楚昭王弃郢西奔·《东周列国志》

伍子胥掘墓鞭尸·《东周列国志》

望长楸而太息兮，涕淫淫其若霰。①
过夏首而西浮兮，顾龙门而不见。②
心婵媛而伤怀兮，眇不知其所蹠。③
顺风波以从流兮，焉洋洋而为客。④
凌阳侯之泛滥兮，忽翱翔之焉薄？⑤
心绖结而不解兮，思蹇产而不释。⑥
将运舟而下浮兮，上洞庭而下江。
去终古之所居兮，今逍遥而来东。

注释：①楸：木名。淫淫：过其谓之淫，此指涕泪交流状。②夏首：夏水注入长江处。浮：船独流为浮。龙门：楚东门。③婵媛：牵持不舍貌。眇：远。蹠：脚踏。④洋洋：水流貌。此句说自己到处飘荡。⑤凌：乘。阳侯：大波涛。薄：靠近，引申为停止。⑥绖结：心情郁结。绖，阻碍，绊住。蹇产：弯曲纠折。

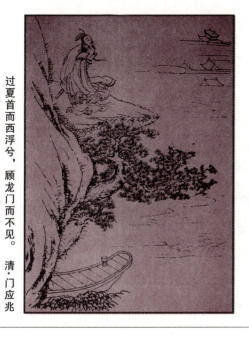

过夏首而西浮兮，顾龙门而不见。

清·门应兆

屈原像

羌灵魂之欲归兮，何须臾而忘反！

背夏浦而西思兮，哀故都之日远。

登大坟以远望兮，聊以舒吾忧心。①

哀州土之平乐兮，悲江介之遗风。②

当陵阳之焉至兮，淼南渡之焉如？③

曾不知夏之为丘兮，孰两东门之可芜？④

心不怡之长久兮，忧与愁其相接。⑤

惟郢路之辽远兮，江与夏之不可涉。

忽若去不信兮，至今九年而不复。⑥

惨郁郁而不通兮，蹇侘傺而含慼。⑦

注释：①坟：水边高地。②江介：江边。介，界。风：古音叶孚金反，与"心"协韵。③陵阳：地名，在今安徽境内。淼：大水茫无边际貌。④夏：通厦，高大的屋宇。丘：墟。两东门：指郢都的新、旧两东门。芜：田地荒废，长满野草。⑤怡：乐貌。⑥去：此字据《楚辞补注》引本补。信：信任，任用。⑦慼：忧郁悲伤。

潇湘烟雨图

清·袁耀

外承欢之汋约兮，谌荏弱而难持。①
忠湛湛而愿进兮，妒被离而鄣之。②
尧舜之抗行兮，瞭杳杳而薄天。③
众谗人之嫉妒兮，被以不慈之伪名。
憎愠恰之修美兮，好夫人之忼慨。④
众蹀蹀而日进兮，美超远而逾迈。⑤
乱曰：曼余目以流观兮，冀壹反之何时？⑥
鸟飞反故乡兮，狐死必首丘。⑦
信非吾罪而弃逐兮，何日夜而忘之？

注释：①承欢：邀取欢心。汋约：同绰约，姿态柔美的样子。谌：诚实。荏弱：柔弱，软弱。②湛湛：忠厚诚实的样子。鄣：通障，阻隔。③抗行：高尚的行为。抗，借作亢，高亢。行，古读 xìng。瞭：目明。杳杳：远貌。④愠恰：诚实而出言迟钝的样子。忼慨：同慷慨，意气风发，或心情激动。⑤蹀蹀：碎步快走状。逾迈：越来越远。⑥曼：伸展。⑦首丘：头向山丘。传狐死时必将头对向出生的山丘，喻不忘本。丘，《楚辞集注》："丘，叶音欺。"

九歌图之大司命　南宋·佚名

抽思^①

chōu sī

屈原

qū yuán

心郁郁之忧思兮，独永叹乎增伤。
xīn yù yù zhī yōu sī xī　dú yǒng tàn hū zēng shāng

思蹇产之不释兮，曼遭夜之方长。^②
sī jiǎn chǎn zhī bù shì xī　màn zāo yè zhī fāng cháng

悲秋风之动容兮，何回极之浮浮！^③
bēi qiū fēng zhī dòng róng xī　hé huí jí zhī fú fú

数惟荪之多怒兮，伤余心之忧忧。^④
shǔ wéi sūn zhī duō nù xī　shāng yú xīn zhī yōu yōu

愿摇起而横奔兮，览民尤以自镇。^⑤
yuàn yáo qǐ ér héng bēn xī　lǎn mín yóu yǐ zì zhèn

结微情以陈辞兮，矫以遗夫美人。^⑥
jié wēi qíng yǐ chén cí xī　jiǎo yǐ wèi fú měi rén

注释：①抽思：抒写愁思。②曼：漫长。③回：邪。极：中。浮浮：行貌。一说回极当四极之误，四极浮浮应指天体运转。浮，古音一作fóu。④数：计。惟：思。荪：香草名，此指楚怀王。⑤摇起：疾起。尤：苦难。镇：止。⑥美人：喻楚怀王。

月上柳梢头　清·钱吉生

昔君与我成言兮，曰"黄昏以为期"。

羌中道而回畔兮，反既有此他志。①

憍吾以其美好兮，览余以其修姱。②

与余言而不信兮，盖为余而造怒。③

●愿承闲而自察兮，心震悼而不敢。④

悲夷犹而冀进兮，心怛伤之憺憺。⑤

兹历情以陈辞兮，荪详聋而不闻。⑥

固切人之不媚兮，众果以我为患。⑦

初吾所陈之耿著兮，岂至今其庸亡？⑧

注释：①回畔：反悔。②憍：同骄。姱：好。今音 kuā。古音一作 hù，与下面的"怒"协韵。③盖：通盍，何。④承闲：一作"承间（jiàn）"。⑤夷犹：犹豫。怛：悲伤，悲痛。憺憺：安静。⑥详：通佯，假装。⑦切人：正直恳切的人。⑧耿著：明白。庸：乃。亡：通忘。一说疑为"光"之误。

九歌图之东君

南 宋·佚 名

何独乐斯之謇謇兮？愿荪美之可完。①

望三五以为像兮，指彭咸以为仪。②

夫何极而不至兮，故远闻而难亏。③

善不由外来兮，名不可以虚作。

孰无施而有报兮，孰不实而有获？

● 少歌曰：与美人抽怨兮，
并日夜而无正。

憍吾以其美好兮，敖朕辞而不听。④

● 倡曰：有鸟自南兮，来集汉北。⑤

注释：①謇謇：直言不讳貌。完：叶胡光反。疑为光之误，光大。②三五：指三王五伯。三王即禹、汤、周文王，五伯即齐桓公、晋文公、秦穆公、宋襄公、楚庄王。像：榜样。仪：法则。《楚辞集注》："仪，音俄。"③闻：名声。古音 wèn。④敖：通傲。⑤倡：同唱。

九歌图之湘夫人　南　宋·佚　名

好姱佳丽兮，牂独处此异域。①

既惸独而不群兮，又无良媒在其侧。②

道卓远而日忘兮，愿自申而不得。③

望北山而流涕兮，临流水而太息。

望孟夏之短夜兮，何晦明之若岁！

惟郢路之辽远兮，魂一夕而九逝。

曾不知路之曲直兮，南指月与列星。

愿径逝而不得兮，魂识路之营营。④

何灵魂之信直兮，人之心不与吾心同！

注释：①牂：分离。②惸：同茕，孤单，孤独。③申：申诉。④径逝：径直而去。营营：往来不息。

望北山而流涕兮，临流水而太息。

清·门应兆

九歌图之湘君　南宋·佚名

理弱而媒不通兮,尚不知余之从容。①

● 乱曰:长濑湍流,沂江潭兮。②

狂顾南行,聊以娱心兮。

轸石崴嵬,蹇吾愿兮。③

超回志度,行隐进兮。④

低徊夷犹,宿北姑兮。⑤

烦冤瞀容,实沛徂兮。⑥

愁叹苦神,灵遥思兮。⑦

路远处幽,又无行媒兮。⑧

道思作颂,聊以自救兮。

忧心不遂,斯言谁告兮!

注释:①从容:举动。②濑:浅滩上的流水。湍:急流。沂:同溯。潭:古音一作xín,与下面的"心"协韵。今音tán。③轸石:方石。轸,方。崴嵬:高貌。④志度:心怀疑虑,徘徊不前貌。进:郭沫若认为当为"难"之误。疑当是。⑤夷犹:犹豫。北姑:地名。⑥瞀:心烦意乱。沛徂:此言颠沛流离之苦。徂,去。⑦苦神:伤神。⑧行媒:往来做媒约的人。

九歌图之山鬼 南 宋·佚 名

110

怀 沙①

屈原 (qū yuán)

● 滔滔孟夏兮，草木莽莽。②
(tāo tāo mèng xià xī，cǎo mù mǔ mǔ)

伤怀永哀兮，汩徂南土。③
(shāng huái yǒng āi xī，yù cú nán tǔ)

眴兮杳杳，孔静幽默。④
(shùn xī yǎo yǎo，kǒng jìng yōu mò)

郁结纡轸兮，离愍而长鞠。⑤
(yù jié yū zhěn xī，lí mǐn ér cháng guō)

抚情效志兮，冤屈而自抑。⑥
(fǔ qíng xiào zhì xī，yuān qū ér zì wò)

● 刓方以为圆兮，常度未替。⑦
(wán fāng yǐ wéi yuán xī，cháng dù wèi tì)

注释：①怀沙：沙指今长沙之地，怀沙即怀念祖国故地之意。朱熹的解释则不同，他说："言怀抱沙石以自沉也。"②滔滔：本指水势浩大，此指夏季阳气盛发的样子。莽：古音一作 mǔ，与下面的"土"协韵。③汩：水流迅疾貌。徂：往，去。④眴：同瞬，看。孔：很，甚。幽默：幽寂无声。⑤离：遭。愍：痛。鞠：困窘，贫苦。⑥抚情效志：犹言扪心自省。⑦刓：削，刻。度：法。替：废。

江天楼阁图　南　宋·佚　名

易初本迪兮，君子所鄙。①
zhāng huà zhì mò xī　qián tú wèi jǐ
章画志墨兮，前图未改。②

内厚质正兮，大人所晟。③
qiǎo chuí bù zhuó xī　shú chá qí bō zhèng
巧倕不斫兮，孰察其拨正。④

玄文处幽兮，蒙瞍谓之不章。⑤
lí lóu wēi dì xī　gǔ yǐ wéi wú máng
离娄微睇兮，瞽以为无明。⑥

变白以为黑兮，倒上以为下。
fèng huáng zài nú xī　jī wù xiáng wǔ
凤皇在笯兮，鸡鹜翔舞。⑦

注释：①**本**：疑为卞之误。卞，变古通。**迪**：古通道。②**章画志墨**：犹言明确规划法度。章，明。志，念。图：法。③**大人**：指君子。**晟**：同盛，称赞。④**倕**：传为尧时的巧匠。**拨正**：犹言曲直。⑤**玄文**：黑色的花纹。**蒙**：有眼珠而失明。**瞍**：有眼无珠。章：明。⑥**离娄**：传说中视力极强之人。**睇**：斜视。**瞽**：眼瞎。⑦**笯**：竹做的笼。**鹜**：野鸭。**翔舞**：自由地飞翔。

凤皇在笯兮，鸡鹜翔舞。清·门应兆

山坡论道图 南宋·佚名

tóng róu yù shí xī　yí gài ér xiāng liáng
同糅玉石兮，一概而相量。①

fú　wéi dǎng rén bǐ gù xī　qiāng bù zhī yú zhī suǒ zāng
夫惟党人鄙固兮，羌不知余之所臧。②

rèn zhòng zài shèng xī　xiàn zhì ér bù jì
任重载盛兮，陷滞而不济。③

huái jǐn wò yú xī　qióng bù zhī suǒ shì
怀瑾握瑜兮，穷不知所示。④

yì quǎn zhī qún fèi xī　fèi suǒ guài yě
邑犬之群吠兮，吠所怪也。

fēi jùn yí jié xī　gù yōng tì yě
非俊疑杰兮，固庸态也。⑤

wén zhì shū nè xī　zhòng bù zhī yú zhī yì cǐ
文质疏内兮，众不知余之异采。⑥

cái pǔ wěi jī xī　mò zhī yú zhī suǒ yǒu
材朴委积兮，莫知余之所有。⑦

chóng rén xí yì xī　jǐn hòu yǐ wéi fēng
● 重仁袭义兮，谨厚以为丰。⑧

> 注释：①糅：杂。②鄙固：卑陋固执。臧：善。③盛：多。④瑾、瑜：美玉。⑤非：非难。疑：怀疑。庸态：庸俗的态度。⑥文质：文华与质朴。疏内：迂阔而木讷。内通讷。朱熹《楚辞集注》："内，木讷也。"⑦材朴：条直为材，壮大为朴。一说朴为未加工的原木。⑧袭：重复。

九歌图之河伯　南　宋·佚　名

113

chóng huá bù kě wù xī　shú zhī yú zhī cōng róng
重华不可遌兮，孰知余之从容！①

gǔ gù yǒu bù bìng xī　qǐ zhī qí hé gù
古固有不并兮，岂知其何故？②

tāng yǔ jiǔ yuǎn xī　miǎo ér bù kě mù
汤禹久远兮，邈而不可慕。

chéng lián gǎi fèn xī　yì xīn ér zì qiǎng
惩连改忿兮，抑心而自强。③

lí mǐn ér bù qiān xī　yuàn zhì zhī yǒu xiàng
离闵而不迁兮，愿志之有像。④

jìn lù běi cì xī　rì mèi mèi qí jiāng mù
进路北次兮，日昧昧其将暮。⑤

shū yōu yú āi xī　xiàn zhī yǐ dà gù
舒忧娱哀兮，限之以大故。⑥

luàn yuē　hào hào yuán xiāng　fēn liú gǔ xī
乱曰：浩浩沅湘，分流汩兮。⑦

注释：①遌：同迕，遇，遇到。从容：举动。②不并：指君、臣不遇。③惩连：止己流连之心。惩，止。忿：恨。抑：按。强：勉强。④离：遭。闵：病。像：效法，榜样。⑤次：舍。昧：冥。⑥限：度。大故：死的婉称。⑦汩：水声。

虞舜孝感动天　清·王素

修路幽蔽，道远忽兮。①
xiū lù yōu bì dào yuǎn hū xī

怀质抱情，独无匹兮。②
huái zhì bào qíng dú wú pǐ xī

伯乐既没，骥焉程兮？③
bó lè jì mò jì yān chéng xī

民生禀命，各有所错兮。④
mín shēng bǐng mìng gè yǒu suǒ cù xī

定心广志，余何畏惧兮！
dìng xīn guǎng zhì yú hé wèi jù xī

曾伤爰哀，永叹喟兮。⑤
zēng shāng yuán āi yǒng tàn kuì xī

世溷浊莫吾知，人心不可谓兮。⑥
shì hùn zhuó mò wú zhī rén xīn bù kě wèi xī

知死不可让，愿勿爱兮。⑦
zhī sǐ bù kě ràng yuàn wù ài xī

明告君子，吾将以为类兮。⑧
míng gào jūn zǐ wú jiāng yǐ wéi lèi xī

注释：①修：长。一本此句下据《史记》补入了四句："曾吟恒悲兮，永慨叹兮。世既莫吾知兮，人心不可谓兮。"②匹：双。《楚辞集注》："匹，当作'正'，字之误也。"疑当是。③没：通殁，死去。程：衡量。④错：通措，安置。错，古音一作 cù，与下面的"惧"协韵。⑤爰：于。⑥谓：犹说。⑦让：辞让。⑧告：郭沫若认为当读作皓（hào）。明皓，光明磊落。类：法。谓宜以我为法度。

伯乐相马 清·吴友如

思美人①

sī měi rén

屈 原

qū yuán

思美人兮，揽涕而伫眙。②

媒绝路阻兮，言不可结而诒。③

蹇蹇之烦冤兮，陷滞而不发。

申旦以舒中情兮，志沉菀而莫达。④

愿寄言于浮云兮，遇丰隆而不将。⑤

因归鸟而致辞兮，羌迅高而难当。⑥

高辛之灵盛兮，遭玄鸟而致诒。⑦

欲变节以从俗兮，愧易初而屈志。⑧

注释：①思美人：思念楚王，此处以美人喻楚怀王。②眙：直视，注视。③诒：同贻，赠予。④申旦：再三表白。沉菀：沉闷郁结。⑤丰隆：云神。将：送。⑥羌：发语词。迅：一作宿。当：遇。⑦高辛：帝喾。灵盛：喻德行美好且多。⑧志：意志。音 zhì，协韵。

寒食归宁图
清·袁江

独历年而离愍兮，羌冯心犹未化。①

宁隐闵而寿考兮，何变易之可为。②

● 知前辙之不遂兮，未改此度。③

车既覆而马颠兮，蹇独怀此异路。

勒骐骥而更驾兮，造父为我操之。④

迁逡次而勿驱兮，聊假日以须时。⑤

指嶓冢之西隈兮，与繻黄以为期。⑥

● 开春发岁兮，白日出之悠悠。

注释：①冯：同凭，愤怒。化：《楚辞集注》："化，叶音扬。"②隐闵：忍忧。寿考：年老。③遂：遂心顺愿，顺利。④更：再，又。造父：周穆王时人，善驾。⑤逡次：逡巡，犹豫不前的样子。须：等待。⑥嶓冢：山名，在今甘肃境内。繻黄：黄昏。

勒骐骥而更驾兮，造父为我操之。　清·门应兆

柳阴高士图　南　宋·佚　名

吾将荡志而愉乐兮，遵江夏以娱忧。①

揽大薄之芳茝兮，搴长洲之宿莽。②

惜吾不及古人兮，吾谁与玩此芳草？

解萹薄与杂菜兮，备以为交佩。③

佩缤纷以缭转兮，遂萎绝而离异。④

吾且僤佪以娱忧兮，观南人之变态。⑤

窃快在中心兮，扬厥凭而不俟。⑥

芳与泽其杂糅兮，羌芳华自中出。⑦

纷郁郁其远蒸兮，满内而外扬。⑦

注释：①荡志：纵情。②薄：草木杂生之地。茝：白芷，一种芳草。搴：拔取。宿莽：草名。③萹：萹蓄，草名。交佩：指左右佩带。④缭转：缠绕。⑤变态：异状。⑥窃快：暗喜。凭：愤懑。俟：一作娭，等待。⑦蒸：一作承。

临流抚琴图　南宋·佚名

qíng yǔ zhì xìn kě bǎo xī qiāng jū bì ér wèn zhāng
情与质信可保兮，羌居蔽而闻章。①

lìng bì lì yǐ wéi lǐ xī dàn jǔ zhǐ ér yuán mù
令薜荔以为理兮，惮举趾而缘木。②

yīn fú róng ér wéi méi xī dàn qiān cháng ér rú zú
因芙蓉而为媒兮，惮褰裳而濡足。③

dēng gāo wú bù yuè xī rù xià wú bù ní
登高吾不说兮，入下吾不能。

gù zhèn xíng zhī bù fú xī rán róng yǔ ér hú yí
固朕形之不服兮，然容与而狐疑。④

guǎng suì qián huà xī wèi gǎi cǐ dù yě
广遂前画兮，未改此度也。⑤

mìng zé chǔ yōu wú jiāng pí xī
命则处幽，吾将罢兮，

yuàn jí bái rì zhī wèi mù yě
愿及白日之未暮也。⑥

dú qióng qióng ér nán xíng xī sī péng xián zhī gù yě
独茕茕而南行兮，思彭咸之故也。⑦

注释：①居蔽：处境恶劣。闻章：声名彰著。闻古音 wèn。②理：提亲人。惮：害怕。③褰：撩起。④服：顺从。
⑤广遂：全面完成。画：计策。⑥及：趁着。⑦茕茕：孤单的样子。

松下闲吟图 南 宋·佚 名

119

惜往日

屈原

惜往日之曾信兮，受命诏以昭时。①
奉先功以照下兮，明法度之嫌疑。②
国富强而法立兮，属贞臣而日娭。③
秘密事之载心兮，虽过失犹弗治。④
心纯庞而不泄兮，遭谗人而嫉之。⑤
君含怒而待臣兮，不清澈其然否。⑥
蔽晦君之聪明兮，虚惑误又以欺。

注释：①昭时：使时代光明。时原误为诗字。②嫌疑：含混不清之处。③属：同嘱，托付。娭：同嬉，快乐。④治：治罪。⑤纯庞：纯朴忠厚。庞同厖。泄：漏。意谓素性敦厚，慎语言。⑥清澈：作动词用，即弄清真相。澈，义同澄。否：古音一作 pǐ，与上下几句协韵。

小殿柳风图 清·袁江

弗参验以考实兮，远迁臣而弗思。
信谗谀之溷浊兮，盛气志而过之。
何贞臣之无罪兮，被离谤而见尤？
惭光景之诚信兮，身幽隐而备之。①
临沅湘之玄渊兮，遂自忍而沉流。②
卒没身而绝名兮，惜壅君之不昭。③
君无度而弗察兮，使芳草为薮幽。④
焉舒情而抽信兮，恬死亡而不聊。⑤
独鄣壅而蔽隐兮，使贞臣为无由。⑥

注释：①备：闻一多在《楚辞校补》中说："案：'备'字无义，疑当为'避'。"②沉流：沉入流水中，喻自杀。③壅君：昏君。壅，壅塞，堵塞。④薮幽：长着深草的幽深处。⑤抽信：抒发真情。抽，抒。信，真情。恬：坦然。不聊：不苟且偷生。⑥鄣壅：障碍重重。鄣，同障。壅，堵塞。无由：无从。

临沅湘之玄渊兮。 清·门应兆

溪桥幽兴图 元·方从义

121

楚辞

闻百里之为虏兮，伊尹烹于庖厨。①

吕望屠于朝歌兮，甯戚歌而饭牛。②

不逢汤武与桓缪兮，世孰云而知之！③

吴信谗而弗味兮，子胥死而后忧。④

介子忠而立枯兮，文君寤而追求。⑤

封介山而为之禁兮，报大德之优游。⑥

思久故之亲身兮，因缟素而哭之。⑥

或忠信而死节兮，或訑谩而不疑。⑦

注释：①百里：百里奚，秦穆公用五张羊皮赎其奴身，任为大夫。伊尹：商汤大臣，助汤灭夏，曾为奴隶，做过厨师。②吕望：姜尚，曾在朝歌卖肉，晚年被周文王重用，助武王灭商。甯戚：春秋时卫国人，夜晚喂牛，讴歌被齐桓公听到，任为上卿，后迁国相。甯同宁。③桓：齐桓公。缪：通穆，指秦穆公。④味：作动词解，辨味，玩味。⑤立枯：指介子推抱着树站立被烧死一事。文君：指晋文公。⑥久故：故旧，老朋友。⑦訑谩：欺骗。

人物山水图之甯戚放牛　清·任熊

122

fú xǐng chá ér àn shí xī tīng chán rén zhī xū cí
弗省察而按实兮，听谗人之虚辞。

fāng yǔ zé qí zá róu xī shú shēn dàn ér bié zhī
芳与泽其杂糅兮，孰申旦而别之？

hé fāng cǎo zhī zǎo yāo xī wēi shuāng jiàng ér xià jiè
何芳草之早殀兮，微霜降而下戒。①

liàng cōng bù míng ér bì yōng xī shǐ chán yú ér rì dé
谅聪不明而蔽壅兮，使谗谀而日得。②

zì qián shì zhī jí xián xī wèi huì ruò qí bù kě pì
自前世之嫉贤兮，谓蕙若其不可佩。

dù jiā yě zhī fēn fāng xī mó mǔ jiāo ér zì xì
妒佳冶之芬芳兮，嫫母姣而自好。③

suī yǒu xī shī zhī měi róng xī chán dù rù yǐ zì dì
虽有西施之美容兮，谗妒入以自代。

注释：①**下：**疑“不”之误。②**谅：**诚然，实在。**聪：**听觉，听力。③**嫫母：**传为黄帝次妃，貌丑。**姣：**妖媚。

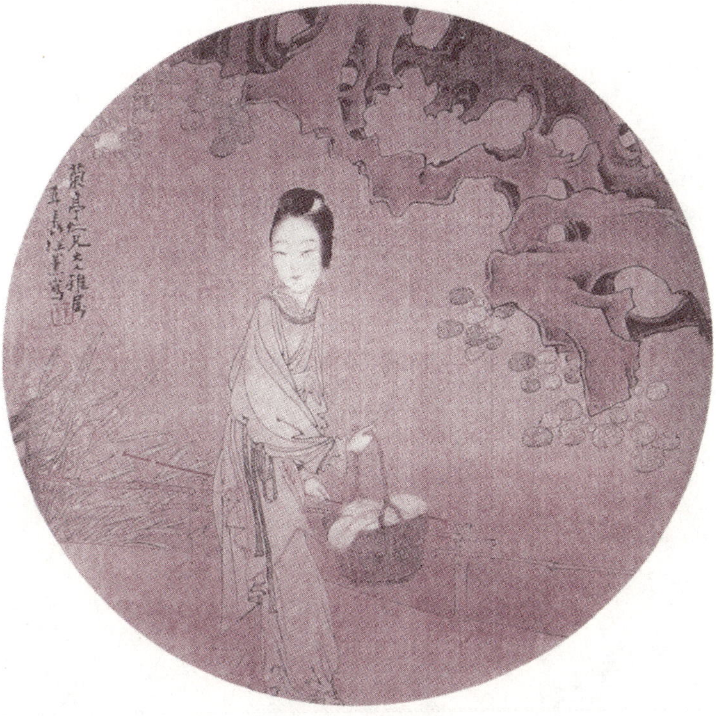

美女西施图·佚 名

楚辞

愿陈情以白行兮，得罪过之不意。

情冤见之日明兮，如列宿之错置。

乘骐骥而驰骋兮，无辔衔而自载。

乘泛泭以下流兮，无舟楫而自备。①

背法度而心治兮，辟与此其无异。②

宁溘死而流亡兮，恐祸殃之有再。③

不毕辞而赴渊兮，惜壅君之不识。④

注释：①泭：同桴，竹筏或木筏。②辟：通譬。③溘：忽然，突然。④识：明白。此为协韵，音 shì 或 zhì 皆可。

高山流水图 明·仇英

橘 颂 ①

_{jú sòng}

屈 原

后皇嘉树，橘徕服兮。②

受命不迁，生南国兮。

深固难徙，更壹志兮。

绿叶素荣，纷其可喜兮。③

曾枝剡棘，圆果抟兮。④

青黄杂糅，文章烂兮。⑤

精色内白，类任道兮。⑥

注释：①橘颂：歌颂橘树。②后：后土。皇：皇天。徕：同来。服：适应，习惯。③素荣：白色小花。④曾：通层。剡棘：锋利的刺。抟：同团，圆圆的。⑤文章：花纹，指橘子表皮的纹理。烂：灿烂。⑥精：明。类任道兮：一本作"类可任兮"，意可托重任之类。类，犹貌。

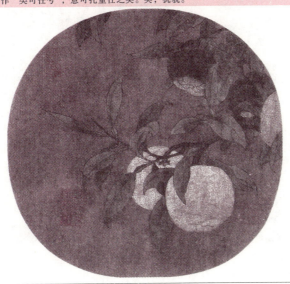

橘绿图 南 宋·马 麟

fēn yūn yí xiū　　kuā ér bù chǒu xī
纷缊宜修，　　夸而不丑兮。①

jiē ěr yòu zhì　　yǒu yǐ yì xī
嗟尔幼志，　　有以异兮。②

dú lì bù qiān　　qǐ bù kě xǐ xī
独立不迁，　　岂不可喜兮。

shēn gù nán xǐ　　kuò qí wú qiú xī
深固难徙，　　廓其无求兮。③

sū shì dú lì　　héng ér bù liú xī
苏世独立，　　横而不流兮。④

注释：①纷缊：茂盛浓密。夸：好貌。②幼：小。③廓：指胸怀坦荡。④苏世：醒世。不流：不随波逐流。

农户小桥图　清·袁　耀

bì xīn zì shèn　　zhōng bù guò shī xī
闭心自慎，终不过失兮。①

bǐng dé wú sī　　cān tiān dì xī
秉德无私，参天地兮。

yuàn suì bìng xiè　　yǔ cháng yǐ xī
愿岁并谢，与长友兮。②

shū lí bù yín　　gěng qí yǒu lǐ xī
淑离不淫，梗其有理兮。③

nián suì suī shào　　kě shī zhǎng xī
年岁虽少，可师长兮。

xìng bǐ bó yí　　zhì yǐ wéi xiàng xī
行比伯夷，置以为像兮。④

注释：①过失：与下文"地"协韵。"过"为衍文。②并谢：一同死去。③淑离：谓独善。淑，善。淫：过分。梗：强硬，挺直。④行：品行。像：榜样。

愿岁并谢，与长友兮。 清·门应兆

悲回风①

屈原

悲回风之摇蕙兮，心冤结而内伤。

物有微而陨性兮，声有隐而先倡。②

夫何<u>彭咸</u>之造思兮，暨志介而不忘！③

万变其情岂可盖兮，孰虚伪之可长！④

鸟兽鸣以号群兮，草苴比而不芳。⑤

鱼葺鳞以自别兮，蛟龙隐其文章。⑥

故荼荠不同亩兮，兰茝幽而独芳。⑦

注释：①回风：旋风。②物：指蕙。有：语助词，无义。性：通生，指生机。声：指秋风。倡：同唱。一说倡，始也。③造思：思念追忆。暨：与。介：节操。④盖：掩藏，掩盖。⑤号：呼。苴：枯草。生曰草，枯曰苴。比：合。古音 bì。⑥葺：重叠。文章：纹理。⑦荼：苦菜。荠：甜菜。

扁舟傲睨图 元·佚名

惟佳人之永都兮，更统世而自贶。①
眇远志之所及兮，怜浮云之相羊。②
介眇志之所惑兮，窃赋诗之所明。③
◉ 惟佳人之独怀兮，折若椒以自处。④
曾歔欷之嗟嗟兮，独隐伏而思虑。⑤
涕泣交而凄凄兮，思不眠以至曙。
终长夜之曼曼兮，掩此哀而不去。
寤从容以周流兮，聊逍遥以自恃。
伤太息之愍怜兮，气於邑而不可止。⑥

注释：①佳人：谓怀王、襄王。都：邑有先君之庙曰都。自贶：犹言自许。贶通况。②相羊：同徜徉。③介：节操。眇志：高远的心志。窃：私下。明：表明。古音一作máng，与上面的句子协韵。④若：一作芳。⑤歔欷：哽咽。嗟嗟：叹息声。⑥於邑：同郁邑，气结。

百尺梧桐轩图　元·佚　名

jiū sī xīn yǐ wéi xiāng xī　　biān chóu kǔ yǐ wéi yīng

紃思心以为纕兮，编愁苦以为膺。　①

zhé ruò mù yǐ bì guāng xī　　suí piāo fēng zhī suǒ réng

折若木以蔽光兮，随飘风之所仍。　②

cún fǎng fú ér bù jiàn xī　　xīn yǒng yuè qí ruò tāng

存仿佛而不见兮，心踊跃其若汤。　③

fǔ pèi rèn yǐ àn zhì xī　　chāo wǎng wǎng ér suì háng

抚珮袵以案志兮，超惘惘而遂行。　④

suì hū hū qí ruò tuí xī　　shí yì rǎn rǎn ér jiāng zhì

岁曶曶其若颓兮，时亦冉冉而将至。　⑤

fán héng gǎo ér jié lí xī　　fāng yǐ xiē ér bù bǐ

蘩蘅槁而节离兮，芳以歇而不比。　⑥

lián sī xīn zhī bù kě chéng xī

怜思心之不可惩兮，

zhèng cǐ yán zhī bù kě liú

证此言之不可聊。

注释：①紃：同纠，缠绕。纕：佩带。编：结。膺：原意为胸，此喻护胸的内衣。②仍：因，循。这里作"随"解。③仿佛：形似。汤：水开谓之汤。④珮袵：饰物，衣襟。案：同按。惘惘：怅然若失的样子。行：古音一作 háng，与上面的"汤"协韵。⑤曶：同忽。曶曶，迅疾。颓：下坠。⑥槁：枯萎。节离：茎节离断。

山水图　元·佚名

nìng kè sǐ ér liú wáng xī　　bù rěn cǐ xīn zhī cháng chóu
宁溘死而流亡兮，不忍此心之常愁。①

gū zǐ yín ér wěn lèi xī　　fàng zǐ chū ér bù hún
孤子吟而抆泪兮，放子出而不还。②

shú néng sī ér bù yǐn xī　　zhào péng xián zhī suǒ wén
孰能思而不隐兮？照彭咸之所闻。③

dēng shí luán yǐ yuǎn wàng xī　　lù miǎo miǎo zhī mì mì
● 登石峦以远望兮，路眇眇之默默。④

rù yǐng xiǎng zhī wú yìng xī　　wén xǐng xiǎng ér bù kě dí
入景响之无应兮，闻省想而不可得。⑤

chóu yù yù zhī wú kuài xī　　jū qī qī ér bù kě jǐ
愁郁郁之无快兮，居戚戚而不可解。⑥

xīn jī jī ér bù xíng xī　　qì liáo zhuǎn ér zì dì
心鞿羁而不形兮，气缭转而自缔。⑥

mù miǎo miǎo zhī wú yín xī　　mǎng máng máng zhī wú yí
穆眇眇之无垠兮，莽芒芒之无仪。⑦

shēng yǒu yǐn ér xiāng gǎn xī　　wù yǒu chún ér bù kě wéi
声有隐而相感兮，物有纯而不可为。⑧

注释：①此心之常愁：一作"为此之常愁"。②吟：叹。抆：拭。放子：被放逐的人。③隐：忧。闻：郭沫若《屈原赋今译》："当是'闻'字之误，'闻'与'闲'通。"④峦：山少而锐曰峦。⑤景：同影。省：审，察。⑥鞿羁：约束，拘束。缔：缔结，缔合。⑦穆：静穆。芒芒：广大貌。仪：匹。⑧纯：本性，纯朴。

松斋静坐图 元·佚 名

131

miǎo màn màn zhī bù kě liáng xī　　piāo mián mián zhī bù kě yū
邈蔓蔓之不可量兮，缥绵绵之不可纡。①

chóu qiǎo qiǎo zhī cháng bēi xī　　piān míng míng zhī bù kě yú
愁悄悄之常悲兮，翩冥冥之不可娱。②

líng dà bō ér liú fēng xī　　tuō péng xián zhī suǒ jū
凌大波而流风兮，托彭咸之所居。

shàng gāo yán zhī qiào àn xī　　chǔ cí ní zhī biāo diān
上高岩之峭岸兮，处雌蜺之标颠。③

jù qīng míng ér shū hóng xī　　suì shū hū ér mén tiān
据青冥而摅虹兮，遂倏忽而扪天。④

xī zhàn lù zhī fú yuán xī　　shù níng shuāng zhī fān fān
吸湛露之浮源兮，漱凝霜之雰雰。⑤

yī fēng xué yǐ zì xī xī　　hū qīng wù yǐ chán yuán
依风穴以自息兮，忽倾寤以婵媛。⑥

píng kūn lún yǐ kàn wù xī　　yǐn mín shān yǐ qīng gōng
冯昆仑以瞰雾兮，隐岷山以清江。⑦

dàn yǒng tuān zhī kē kē xī　　tīng bō shēng zhī xiōng xiōng
惮涌湍之磕磕兮，听波声之汹汹。⑧

注释：①缥绵绵：愁思缥缈绵长。纡：萦。②翩：神思飞翔。③蜺：古人谓雄虹雌蜺。蜺，霓虹。标颠：顶点。④摅：同抒。扪：抚，摸。⑤湛：厚。浮源：轻微的凉气。源一作凉。漱：漱口。雰雰：霜雪很盛的样子。⑥风穴：神山名，在昆仑山上，传说是寒风之出处。倾寤：醒悟。⑦冯：登。瞰：视。⑧磕磕：水石相撞声。

九歌图之河伯　元·佚名

fēn róng róng zhī wú jīng xī wǎng máng máng zhī wú jì
纷容容之无经兮，罔芒芒之无纪。①

yà yáng yáng zhī wú cóng xī chí wēi yí zhī yān zhǐ
轧洋洋之无从兮，驰委移之焉止？②

piāo fān fān qí shàng xià xī yì yáo yáo qí zuǒ yì
漂翻翻其上下兮，翼遥遥其左右。

fàn jué jué qí qián hòu xī bàn zhāng shǐ zhī xìn qī
泛潏潏其前后兮，伴张弛之信期。③

guān yán qì zhī xiāng réng xī kuī yān yè zhī suǒ jī
观炎气之相仍兮，窥烟液之所积。④

bēi shuāng xuě zhī jù xià xī tīng cháo shuǐ zhī xiāng jī
悲霜雪之俱下兮，听潮水之相击。

jiè guāng yǐng yǐ wǎng lái xī shī huáng jí zhī wǎng cì
借光景以往来兮，施黄棘之枉策。⑤

qiú jiè zǐ zhī suǒ cún xī jiàn bó yí zhī fàng jì
求介子之所存兮，见伯夷之放迹。⑥

xīn tiáo dù ér fú qù xī kè zhù zhì zhī wú shì
心调度而弗去兮，刻著志之无适。

注释：①**容容**：变动之貌。**经**：常道。**纪**：条理。②**轧**：指波涛相撞击。**无从**：无所适从。**委移**：同逶迤，水流弯曲漫长貌。③**潏潏**：水流涌出状。**张弛**：亦作张弛，张施。谓弓弦拉紧和放松，因以喻事物之进退、起落、兴废等。④**仍**：连接。**烟液**：指水汽凝结的水珠。⑤**黄棘**：古地名，战国时属楚。一说为神话中木名。**枉策**：弯曲的马鞭。⑥**介子**：介子推。**放迹**：遗迹。

九歌图之东皇太一 元·佚 名

● 曰：吾怨往昔之所冀兮，
悼来者之惕惕。①

浮江淮而入海兮，从子胥而自适。

望大河之洲渚兮，悲申徒之抗迹。②

骤谏君而不听兮，任重石之何益！③

心絓结而不解兮，思蹇产而不释。④

注释：①惕：同惕，忧惧。一说惕惕，欲利貌。惕，劳。②申徒：申徒狄，谏纣不听而怀石自沉。抗：同亢，高尚。③骤：多次。④絓结：牵挂，悬念。蹇产：屈曲貌。此两句与《哀郢》中的两句完全一样，疑为误窜入。

望大河之洲渚兮，悲申徒之抗迹。
清·门应兆

九歌图之司命　元·佚　名

远游

屈原

悲时俗之迫阨兮，愿轻举而远游。①

质菲薄而无因兮，焉托乘而上浮？②

遭沉浊而污秽兮，独郁结其谁语！

夜耿耿而不寐兮，魂营营而至曙。③

惟天地之无穷兮，哀人生之长勤。

往者余弗及兮，来者吾不闻。

步徙倚而遥思兮，怊惝恍而乖怀。④

意荒忽而流荡兮，心愁凄而增悲。

神倏忽而不反兮，形枯槁而独留。

注释：①迫阨：逼迫，威胁。②因：依靠，凭靠。托乘：比喻得人援引。③耿耿：烦躁不安貌。营营：往来不绝貌。一作茕茕。④徙倚：犹徘徊，逡巡。怊：悲伤。惝恍：失意不高兴的样子。乖：违反。

悲时俗之迫阨兮，愿轻举而远游。 清·门应兆

九歌图之大司命 元·佚名

内惟省以端操兮，求正气之所由。

漠虚静以恬愉兮，澹无为而自得。

● 闻赤松之清尘兮，愿承风乎遗则。①

贵真人之休德兮，美往世之登仙。②

与化去而不见兮，名声著而日延。③

奇傅说之托辰星兮，羡韩众之得一。④

形穆穆以浸远兮，离人群而遁逸。

因气变而遂曾举兮，忽神奔而鬼怪。⑤

时仿佛以遥见兮，精皎皎以往来。⑥

注释：①赤松：赤松子，相传为上古时神仙。②休：美。登仙：得道登天成仙。③化：仙化。④傅说：殷武丁时的贤相。韩众：齐人韩终，传说中服药得道升天之人。⑤气变：精气变化。曾举：高举。⑥精：精灵。

揭钵图　元·佚　名

绝氛埃而淑尤兮，终不反其故都。①

免众患而不惧兮，世莫知其所如。

● 恐天时之代序兮，耀灵晔而西征。②

微霜降而下沦兮，悼芳草之先零。

聊仿佯而逍遥兮，永历年而无成！③

谁可与玩斯遗芳兮？长向风而舒情。④

高阳邈以远兮，余将焉所程？⑤

● 重曰：春秋忽其不淹兮，奚久留此故居？

轩辕不可攀援兮，吾将从王乔而娱戏！⑥

注释：①氛埃：秽浊尘世。淑：善。尤：过。一说淑尤即荡除忧患之意。淑，读若"涤"，荡去也。尤，"离尤"之尤，忧患也。②耀灵：日的别称。晔：闪光的样子。③仿佯：徘徊。④长：一作晨。⑤以：一作已。焉所程：从何得到法度。⑥轩辕：黄帝号。王乔：王子乔，传说是周灵王太子晋，后得道成仙。戏：古音一作 xū，协韵。

春台明月 清·袁耀

餐六气而饮沆瀣兮，漱正阳而含朝霞。①

保神明之清澄兮，精气入而粗秽除。

顺凯风以从游兮，至南巢而壹息。②

见王子而宿之兮，审壹气之和德。③

● 曰："道可受兮，不可传；

其小无内兮，其大无垠；

毋滑而魂兮，彼将自然；④

壹气孔神兮，于中夜存；⑤

注释：①六气：指神话中所说的六种自然之气。沆瀣：夜间的水气。正阳：南方日中之气。②凯风：南风。壹息：稍事休息。③王子：上文"王乔"。审：询问。壹气、和德：均为道家术语，得道的意思。④滑：乱。⑤壹：专。孔：甚。

长门夜月 清·袁耀

139

xū　yǐ　dài　zhī　xī　　　wú　wéi　zhī　xūn
虚以待之兮，无为之先；①

shù　lèi　yǐ　chéng　xī　　cǐ　dé　zhī　mén
庶类以成兮，此德之门。"②

wén　zhì　guì　ér　suì　cú　xī　　　hū　hū　wú　jiāng　háng
●闻至贵而遂徂兮，忽乎吾将行。③

réng　yǔ　rén　yú　dān　qiū　xī　　liú　bù　sǐ　zhī　jiù　xiāng
仍羽人于丹丘兮，留不死之旧乡。④

zhāo　zhuó　fà　yú　yáng　gǔ　xī　　xī　xī　yú　shēn　xī　jiǔ　yáng
朝濯发于汤谷兮，夕晞余身兮九阳。⑤

xī　fēi　quán　zhī　wēi　yè　xī　　huái　wǎn　yǎn　zhī　huá　yāng
吸飞泉之微液兮，怀琬琰之华英。⑥

yù　sè　pīng　yǐ　wàn　yán　xī　　jīng　chún　cuì　ér　shǐ　zhuàng
玉色頩以脕颜兮，精醇粹而始壮。⑦

zhì　xiāo　shuò　yǐ　chuò　yuē　xī　　shén　yāo　miǎo　yǐ　yín　fàng
质销铄以汋约兮，神要眇以淫放。⑧

jiā　nán　zhōu　zhī　yán　dé　xī　　lì　guì　shù　zhī　dōng　róng
嘉南州之炎德兮，丽桂树之冬荣。⑨

注释：①先：一说古音作 xūn，协韵。②庶类：指万物。③至贵：指王子乔。行：古音一作 háng，协韵。④仍：追随。羽人：飞仙。⑤晞：晒干。⑥琬、琰：均为美玉。英：古音一作 yāng，协韵。⑦玉色：指面色如玉。頩：美貌。脕颜：脸美丽丰润。醇粹：纯粹。⑧质销铄：形销体解，脱离凡胎。汋约：同绰约，姿态柔美。要眇：同要妙，精深微妙。淫放：放纵，无约束。淫，游。⑨炎德：道家五行中南方属火，故称炎德。荣：协韵，王力《楚辞韵读》拼音为 hiueng。

林下鸣琴图　元·朱德润

山萧条而无兽兮，野寂漠其无人。
shān xiāo tiáo ér wú shòu xī　　yě jì mò qí wú rén

载营魄而登霞兮，掩浮云而上征。①
zài yíng pò ér dēng xiá xī　　yǎn fú yún ér shàng zhēng

命天阍其开关兮，排阊阖而望予。②
mìng tiān hūn qí kāi guān xī　　pái chāng hé ér wàng yú

召丰隆使先导兮，问太微之所居。③
zhào fēng lóng shǐ xiān dǎo xī　　wèn tài wēi zhī suǒ jū

集重阳入帝宫兮，造旬始而观清都。④
jí chóng yáng rù dì gōng xī　　zào xún shǐ ér guān qīng dū

● 朝发轫于太仪兮，夕始临乎於微闾。⑤
zhāo fā rèn yú tài yí xī　　xī shǐ lín hū yī wēi lú

屯余车之万乘兮，纷溶与而并驰。
tún yú chē zhī wàn shèng xī　　fēn róng yǔ ér bìng chí

驾八龙之婉婉兮，载云旗之逶蛇。
jià bā lóng zhī wǎn wǎn xī　　zài yún qí zhī wēi yí

建雄虹之采旄兮，五色杂而炫耀。⑥
jiàn xióng hóng zhī cǎi máo xī　　wǔ sè zá ér xuàn yào

注释：①营魄：指魂魄、精神。②排：推。阊阖：天门。③丰隆：云师。太微：仙宫名、古代星官（星座）名。④重阳：指天。造：至。旬始：星名。一说皇天名。清都：天帝所居处。⑤太仪：天庭。於微闾：神话中仙山名。⑥采旄：彩旗，旗杆上饰有牛尾。

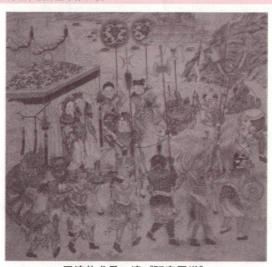

四渎牧龙君　清·《聊斋图说》

服偃蹇以低昂兮，骖连蜷以骄骜。①
fú yǎn jiǎn yǐ dī áng xī　cān lián quán yǐ jiāo ào

骑胶葛以杂乱兮，斑漫衍而方行；②
jì jiāo gé yǐ zá luàn xī　bān màn yǎn ér fāng háng

撰余辔而正策兮，吾将过乎句芒。③
zhuàn yú pèi ér zhèng cè xī　wú jiāng guò hū gōu máng

⬤ 历太皓以右转兮，前飞廉以启路。④
lì tài hào yǐ yòu zhuǎn xī　qián fēi lián yǐ qǐ lù

阳杲杲其未光兮，凌天地以径度。⑤
yáng gǎo gǎo qí wèi guāng xī　líng tiān dì yǐ jìng dù

风伯为余先驱兮，氛埃辟而清凉。⑥
fēng bó wèi yú xiān qū xī　fēn āi bì ér qīng liáng

凤凰翼其承旂兮，遇蓐收乎西皇。⑦
fèng huáng yì qí chéng qí xī　yù rù shōu hū xī huáng

揽彗星以为旍兮，举斗柄以为麾。⑧
lǎn huì xīng yǐ wéi jīng xī　jǔ dǒu bǐng yǐ wéi huō

注释：①服：四马为一驾，中间两马叫服，左右两马名骖。偃蹇：高壮矫健貌。连蜷：屈曲貌。骄骜：马匹任意奔跑的样子。②胶葛：车马喧杂。斑：通班，班列，队列。漫衍：无极貌。方行：并行。行，古音一作háng，与"芒"协韵。③句芒：神话中的木神。④太皓：伏羲氏，东方天帝。飞廉：风神。⑤杲杲：很明亮的样子。天地：疑为天池之误。径：直。⑥辟：除。⑦蓐收：西方之神。⑧麾：指挥军队的旗帜。

前飞廉以启路。　清·门应兆

临李龙眠九歌图　元·张渥

叛陆离其上下兮，游惊雾之流波。①

时暧曃其曭莽兮，召玄武而奔属。②

后文昌使掌行兮，选署众神以并毂。③

路曼曼其修远兮，徐弭节而高厉。④

左雨师使径侍兮，右雷公以为卫。⑤

欲度世以忘归兮，意恣睢以担挢。⑥

内欣欣而自美兮，聊媮娱以自乐。⑦

涉青云以泛滥游兮，忽临睨夫旧乡。⑧

注释：①叛：纷杂繁茂。②暧曃：昏暗的样子。曭：阴晦。玄武：古代神话中的北方之神，其形为龟，或龟蛇合体。③文昌：星名。署：置。④弭节：驻车。弭，止。节，行车进退之节。高厉：上升，高高腾起。⑤径侍：在道路旁侍候。⑥恣睢：放纵。睢，古音 huī。担挢：高举，放纵。引申为所愿高远。担同揭，举。⑦媮：乐。乐：古音一作 yào，与上面的"挢"协韵。⑧泛滥：广博，广泛。

左雨师使径侍兮，右雷公以为卫。 清·门应兆

临李龙眠九歌图之东皇太一 元·张渥

143

仆夫怀余心悲兮，边马顾而不行。①

思旧故以想像兮，长太息而掩涕。

泛容与而遐举兮，聊抑志而自弭。②

指炎神而直驰兮，吾将往乎南疑。③

览方外之荒忽兮，沛涷瀁而自浮。④

祝融戒而跸御兮，腾告鸾鸟迎宓妃。⑤

张《咸池》奏《承云》兮，⑥

二女御《九韶》歌。⑦

注释：①边：旁。行：古音一作 háng，与"乡"协韵。②遐：远。抑志、自弭：均指压抑自己的感情。③炎神：指掌火之神祝融。南疑：指九嶷山。④沛：水势盛大。涷瀁：水盛貌。瀁同瀁。浮：叶扶田比反。⑤跸：古君王出行之前戒严清道。御：止。跸御一作还衡。⑥《咸池》《承云》：古乐曲名。⑦二女：指娥皇、女英。御：侍奉。《九韶》：乐曲名。

龙窝君检查各部舞伎 清·《聊斋图说》

使湘灵鼓瑟兮，令海若舞冯夷。①
shǐ xiāng líng gǔ sè xī   lìng hǎi ruò wǔ féng yí

玄螭虫象并出进兮，形蟉虬而逶蛇。②
xuán chī chóng xiàng bìng chū jìn xī   xíng liú qiú ér wēi yí

雌蜺便娟以增挠兮，鸾鸟轩翥而翔飞。③
cí ní pián juān yǐ céng rào xī   luán niǎo xuān zhù ér xiáng fēi

音乐博衍无终极兮，焉乃逝以徘徊。④
yīn yuè bó yǎn wú zhōng jí xī   yān nǎi shì yǐ pái huí

舒并节以驰骛兮，逴绝垠乎寒门。⑤
shū bìng jié yǐ chí wù xī   chuò jué yín hū hán mín

轶迅风于清源兮，从颛顼乎增冰。⑥
yì xùn fēng yú qīng yuán xī   cóng zhuān xū hū zēng bīng

历玄冥以邪径兮，乘间维以反顾。⑦
lì xuán míng yǐ xié jìng xī   chéng jiān wéi yǐ fǎn gù

召黔嬴而见之兮，为余先乎平路。⑧
zhào qián yíng ér jiàn zhī xī   wèi yú xiān hū píng lù

注释：①湘灵：湘水之神。海若：北海之神。冯夷：黄河之神。②玄螭：黑色无角龙。虫象：水中神物。蟉虬：盘旋回曲状。③便娟：轻盈美丽貌。增挠：层层缠绕。增通层，挠通绕。轩翥：高飞。④博衍：形容音乐舒缓和谐。焉：发语词。⑤舒：放松。并节：缰绳。逴：远。绝垠：天极。寒门：北极天门。⑥轶：超越。增冰：厚厚冰层。⑦玄冥：北方的水神、冬神。间维：古代神话计算空间距离的单位名称。⑧黔嬴：传说中的造化神。

使湘灵鼓瑟兮，令海若舞冯夷。 清·门应兆

召黔嬴而见之兮，为余先乎平路。 清·门应兆

jīng yíng sì huāng xī　　zhōu liú liù mò
经营四荒兮，周流六漠。①

shàng zhì liè quē xī　　jiàng wàng dà hè
上至列缺兮，降望大壑。②

xià zhēng róng ér wú dì xī　　shàng liáo kuò ér wú tīn
下峥嵘而无地兮，上寥廓而无天。③

shì shū hū ér wú jiàn xī　　tīng chǎng huǎng ér wú wén
视倏忽而无见兮，听惝恍而无闻。

chāo wú wéi yǐ zhì qīng xī　　yǔ tài chū ér wéi lín
超无为以至清兮，与泰初而为邻。④

注释：①六漠：谓六合。②列缺：高空。③峥嵘：高峻。天：古音一作 tīn，与"闻""邻"协韵。④至清：最清虚的境界。泰初：精气产生之初，宇宙处于无形无象的混沌状态，指天地未分之前的状态。

沧江横笛图 元·盛 懋

卜居①

屈原

注释：①卜居：卜问自己的处世之道。

屈原既放，三年不得复见，竭知尽忠，而蔽鄣于谗，①心烦虑乱，不知所从。乃往见太卜郑詹尹曰：②"余有所疑，愿因先生决之。"詹尹乃端策拂龟，曰："君将何以教之？"③屈原曰：

● "吾宁悃悃款款，朴以忠乎？④
将送往劳来，斯无穷乎？⑤
宁诛锄草茅，以力耕乎？
将游大人，以成名乎？⑥

注释：①知：通智。鄣：同障。②太卜：官名，掌管占卜的事。③策、龟：均为占卜用工具。④悃悃款款：忠诚勤奋的样子。⑤送往劳来：应酬从俗。劳，慰劳。古音 lào。⑥游：游说。大人：权贵显要。

三闾大夫卜居渔父　明·萧云从

宁正言不讳，以危身乎？

将从俗富贵，以婾生乎？①

宁超然高举，以保真乎？

将哫訾栗斯，喔咿嚅唲，以事妇人乎？②

宁廉洁正直，以自清乎？

将突梯滑稽，如脂如韦，以絜楹乎？③

宁昂昂若千里之驹乎？

将泛泛若水中之凫乎？④

注释：①婾：通偷，苟且，顾眼前。一说婾音 yú，乐也。②哫訾：阿谀奉承。栗斯：战栗惊恐貌，形容献媚的丑态。喔咿嚅唲：强作欢颜以奉欢之貌。嚅唲一作儒儿。妇人：指楚怀王宠妃郑袖。③突梯：圆滑。韦：熟牛皮。絜楹：比喻圆滑谄谀，善于揣度人之所好。一本作潔（洁）楹。④泛泛：漂浮不定状。凫：野鸭。一本删凫后的"乎"字，与下句连为一句。

人马图 元·赵孟頫

149

与波上下，偷以全吾躯乎？

宁与骐骥亢轭乎？将随驽马之迹乎？①

宁与黄鹄比翼乎？将与鸡鹜争食乎？

此孰吉孰凶？何去何从？

世溷浊而不清：

蝉翼为重，千钧为轻；

黄钟毁弃，瓦釜雷鸣；②

谗人高张，贤士无名。③

注释：①亢轭：犹言并驾齐驱。驽马：跑不快的马。②黄钟毁弃，瓦釜雷鸣：黄钟，黄铜铸的钟。瓦釜，泥土烧成的锅。黄钟被弃置一旁，瓦锅却发出雷鸣般的声响。比喻贤才不为重用而庸才却居于高位。③高张：谓居高位而嚣张跋扈。张，自夸大。古音 zhàng。

秋林高士图 元·盛懋

xū jiē mò mò xī   shuí zhī wú zhī lián zhēn
吁嗟默默兮，谁知吾之廉贞？"

zhān yǐn nǎi shì cè ér xiè yuē
詹尹乃释策而谢，曰：^①

fú chǐ yǒu suǒ duǎn   cùn yǒu suǒ cháng
"夫尺有所短，寸有所长，

wù yǒu suǒ bù zú   zhì yǒu suǒ bù máng
物有所不足，智有所不明，

shù yǒu suǒ bù dài   shén yǒu suǒ bù tōng
数有所不逮，神有所不通，^②

yòng jūn zhī xīn   xíng jūn zhī yì
用君之心，行君之意。

guī cè chéng bù néng zhī shì
龟策诚不能知事。"

注释：①谢：辞谢。②逮：达到。

仙山楼阁 明·仇英

洞天问道图 明·戴 进

此图拟写皇帝至崆峒山向广成子问道的故事。图中山谷险道通往洞天，左侧峰突兀，右边苍松茂蔚。

渔父

屈原

屈原既放，游于江潭，行吟泽畔，颜色憔悴，形容枯槁。

渔父见而问之曰：

"子非三闾大夫与？何故至于斯！"①

屈原曰："举世皆浊我独清，众人皆醉我独醒，是以见放！"

渔父曰："圣人不凝滞于物，而能与世推移。

世人皆浊，何不淈其泥而扬其波？②

众人皆醉，何不铺其糟而歠其醨？③

何故深思高举，自令放为？"

注释：①与：同欤，语气助词。②淈：搅动。③铺：吃。歠：喝。醨：薄酒。

渔樵问答图　元·盛懋

154

屈原曰：“吾闻之，新沐者必弹冠，新浴者必振衣；①

安能以身之察察，受物之汶汶者乎！②

宁赴湘流，葬于江鱼之腹中。

安能以皓皓之白，而蒙世俗之尘埃乎！”

渔父莞尔而笑，鼓枻而去，乃歌曰：③

“沧浪之水清兮，可以濯吾缨；④

沧浪之水浊兮，可以濯吾足。”

遂去，不复与言。

注释：①沐：洗发。浴：洗身，可引申为修养道德。②察察：洁净的样子。汶汶：污浊的样子，与"衣"协韵。③枻：船桨。乃：一本无此字。④沧浪：青苍色，指水色。濯：洗去污垢。

幽居乐事图之渔父图　明·陆　治

秋江晚棹图 清·禹之鼎

图中峭壁悬崖上枝蔓横生，绝壁下一叶小舟泛波江上。秋风阵阵，江水微凌，舟上长者闲坐观景，身旁一小几，上摆笔墨书籍。一妇旁侍，舟夫扬篙撑船。远处杨柳依依，山色空濛。岸边繁花丛丛，草蔓飞舞，一幅秋江傍晚的绝美景致。

九辩

宋 玉

● 悲哉秋之为气也！①

萧瑟兮，草木摇落而变衰。

憭慄兮，若在远行。②

登山临水兮，送将归。

泬寥兮，天高而气清；③

寂寥兮，收潦而水清。④

憯凄增欷兮，薄寒之中人；⑤

怆怳懭悢兮，去故而就新；⑥

注释：①气：秋天的气氛。②憭慄：凄凉。③泬寥：形容天空空旷而晴朗。④寂寥：形容水平静而清澈。收潦：泛滥的水流归河道。潦，雨水。清：屈复《楚辞新注》："清，当作'澄'。断未有连句重韵理。"⑤憯凄：悲伤。薄寒：深秋时节轻微的寒意。一说薄，迫也。⑥怆怳懭悢：失意惆怅的样子。

憭慄兮，若在远行。登山临水兮，送将归。清·门应兆

临李龙眠九歌图之山鬼 元·张渥

坎廩兮，贫士失职而志不平；①

廓落兮，羁旅而无友生；②

惆怅兮，而私自怜。③

燕翩翩其辞归兮，蝉寂漠而无声。

雁廱廱而南游兮，鹍鸡啁哳而悲鸣。④

独申旦而不寐兮，哀蟋蟀之宵征。⑤

时亹亹而过中兮，蹇淹留而无成。⑥

●悲忧穷戚兮独处廓，⑦

有美一人兮心不绎；⑧

注释：①坎廩：坎坷不平，喻贫困而不得志。廩通壈。②廓落：空虚孤独。③怜：读音协韵。④廱廱：形容鸟鸣声和谐。啁哳：形容杂乱的鸟鸣声。⑤申旦：通宵达旦。申，至。宵征：夜里行走，本处指蟋蟀在夜间的活动。⑥亹亹：不断前进变化。过中：时已过半，谓渐衰。蹇：发语词。淹留：久留。⑦廓：空。⑧有美一人：谓怀王。绎：解。

携瓶醉归图　清·袁　耀

去乡离家兮徕远客，超逍遥兮今焉薄！①

专思君兮不可化，君不知兮可奈何！

蓄怨兮积思，心烦憺兮忘食事。②

愿一见兮道余意，君之心兮与余异。

车既驾兮朅而归，不得见兮心伤悲。③

倚结軨兮长太息，涕潺湲兮下沾轼。④

慷慨绝兮不得，中瞀乱兮迷惑。⑤

私自怜兮何极？心怦怦兮谅直。⑥

●皇天平分四时兮，窃独悲此廪秋。⑦

注释：①焉：何。薄：止。②憺：通惔。《说文》："惔，忧也。"食事：食与事。③朅：离去。④结軨：车箱。潺湲：水流不断，此处形容泪流不止。⑤瞀：昏乱。⑥怦怦：忠谨貌。谅：真诚，忠诚。⑦廪秋：寒冷的秋天。

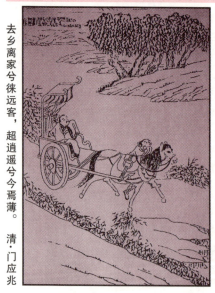

去乡离家兮徕远客，超逍遥兮今焉薄。 清·门应兆

临李龙眠九歌图之河伯 元·张渥

白露既下百草兮,奄离披此梧楸。①

去白日之昭昭兮,袭长夜之悠悠。②

离芳蔼之方壮兮,余萎约而悲愁。③

秋既先戒以白露兮,冬又申之以严霜。④

收恢台之孟夏兮,然欲傺而沉藏。⑤

叶菸邑而无色兮,枝烦挐而交横。⑥

颜淫溢而将罢兮,柯仿佛而萎黄。⑦

萷櫹槮之可哀兮,形销铄而瘀伤。⑧

惟其纷糅而将落兮,恨其失时而无当。⑨

注释:①奄:忽。离披:分散,指树木枝叶稀疏。②昭昭:明亮的样子。袭:继承,沿袭。③蔼:繁茂的样子。萎约:病困潦倒。④戒:告诫。申:重复,加上。⑤恢台:生机盎然的样子。台即胎。欲傺:枯萎,凋零。⑥菸邑:枯萎的样子。烦挐:杂乱。⑦淫溢:过分。这里指人走向衰老。罢:古通"疲",这里指憔悴。柯:树枝。仿佛:犹模糊,指颜色不鲜明。⑧萷:萧疏的样子。櫹槮:树木高耸的样子。销铄:指树木受到损伤。⑨纷糅:众多而错杂的样子。当:值。

葵阳图 明·文徵明

161

lǎn fēi pèi ér xià jié xī　　liáo xiāo yáo yǐ xiāng yáng
揽骓辔而下节兮，聊逍遥以相伴。①

suì hū hū ér dào jìn xī　　kǒng yú shòu zhī fú jiāng
岁忽忽而遒尽兮，恐余寿之弗将。②

dào yú shēng zhī bù shí xī　　féng cǐ shì zhī kuāng rǎng
悼余生之不时兮，逢此世之伥攘。③

dàn róng yǔ ér dú yǐ xī　　xī shuài míng cǐ xī táng
澹容与而独倚兮，蟋蟀鸣此西堂。④

xīn chù tì ér zhèn dàng xī　　hé suǒ yōu zhī duō fāng
心怵惕而震荡兮，何所忧之多方。⑤

yǎng míng yuè ér tài xī xī　　bù liè xīng ér jí máng
卬明月而太息兮，步列星而极明。⑥

● qiè bēi fú huì huā zhī céng fū xī　　fēn yǐ nǐ hū dū fáng
窃悲夫蕙华之曾敷兮，纷旖旎乎都房。⑦

hé céng huā zhī wú shí xī　　cóng fēng yǔ ér fēi yáng
何曾华之无实兮，从风雨而飞飏！⑧

注释：①骓辔：骓，驾车的马。辔，缰绳。下节：按节。节，马鞭。聊：暂时，姑且。相伴：通徜徉，徘徊。
②遒尽：即将完结。将：长。③伥攘：纷扰不定的样子。④容与：闲散的样子。⑤怵惕：惊惧而警惕。
⑥卬：通仰，即仰望。步：散步，徘徊。极明：到天明。明，旧音 máng，协韵。⑦蕙华：蕙草的花。敷：
开放。旖旎：盛貌。都：大。房：花房。⑧曾华：曾通层，即繁花朵朵之意。

卬明月而太息兮，步列星而极明。 清·门应兆

临李龙眠九歌图之东君 元·张渥

以为君独服此蕙兮，羌无以异于众芳。①

闵奇思之不通兮，将去君而高翔。②

心闵怜之惨凄兮，愿一见而有明。③

重无怨而生离兮，中结轸而增伤。④

岂不郁陶而思君兮？君之门以九重！⑤

猛犬狺狺而迎吠兮，关梁闭而不通。⑥

皇天淫溢而秋霖兮，后土何时而得漧？⑦

块独守此无泽兮，仰浮云而永叹！⑧

注释： ①服：佩戴。②闵：伤。奇思：谓忠信。③有明：表明心迹。④重：念。中结轸：心中十分悲伤。中，心中。轸通诊，指心如扭绞。⑤郁陶：忧思郁于心中。⑥狺狺：狗叫声。⑦霖：久下不停的雨。后土：地。⑧块：块然，孤独的样子。

皇天淫溢而秋霖兮，后土何时
而得漧？ 清·门应兆

临李龙眠九歌图之湘君 元·张 渥

163

◉ 何时俗之工巧兮？背绳墨而改错！①

却骐骥而不乘兮，策驽骀而取路。②

当世岂无骐骥兮，诚莫之能善御。

见执辔者非其人兮，故跼跳而远去。③

凫雁皆唼夫梁藻兮，凤愈飘翔而高举。④

圜凿而方枘兮，吾固知其铻锯而难入。⑤

众鸟皆有所登栖兮，

凤独遑遑而无所集。⑥

注释：①工巧：善于投机取巧。背：背弃。错：置。古音一作 cù，协韵。②却：拒绝。骐骥：骏马，此处喻有才能的人。驽骀：劣马，比喻无能之辈。③执辔者：驾车的人，比喻执政者。跼跳：一作骟跳。④凫：野鸭。唼：指水鸟或鱼类的吞食动作。梁：一作粱，米。藻：水草。高举：高高飞起。⑤枘：榫头。铻锯：同龃龉，相互抵触。⑥遑遑：往来不定的样子。

凫雁皆唼夫梁藻兮，凤愈飘翔而高举。　清·门应兆

临李龙眠九歌图之湘夫人　元·张渥

愿衔枚而无言兮,尝被君之渥洽。①

太公九十乃显荣兮,诚未遇其匹合。

谓骐骥兮安归?谓凤皇兮安栖?

变古易俗兮世衰,今之相者兮举肥。②

骐骥伏匿而不见兮,凤皇高飞而不下。

鸟兽犹知怀德兮,何云贤士之不处?③

骥不骤进而求服兮,④

凤亦不贪餧而妄食。⑤

君弃远而不察兮,虽愿忠其焉得?⑥

注释:①衔枚:闭口不言。原指行军时士兵以枚衔于口中,以防喧哗。渥洽:深厚的恩泽。渥,厚。洽,泽。②变古易俗:改变古代的习俗。举肥:挑选肥壮的马,比喻只看表面现象挑选人才。③云:说,此处指责怪。处:留下。④骤:急速,快速。服:御。⑤餧:通喂。⑥察:明辨善恶。

坐看云起图 元·盛懋

欲寂漠而绝端兮，窃不敢忘初之厚德。①

独悲愁其伤人兮，冯郁郁其何极？②

霜露惨凄而交下兮，心尚幸其弗济。③

霰雪雰糅其增加兮，乃知遭命之将至。④

愿徼幸而有待兮，泊莽莽与野草同死。⑤

愿自往而径游兮，路壅绝而不通。

欲循道而平驱兮，又未知其所从。⑥

然中路而迷惑兮，自压桉而学诵。⑦

性愚陋以褊浅兮，信未达乎从容。⑧

注释：①绝端：断绝联系，指不思念楚王。②冯：充满。一说楚国方言，愤懑。郁郁：忧闷。极：穷。③霜露：比喻诬陷，迫害。幸：希望。④雰：形容雪下得很大。⑤徼幸：通侥幸。泊：止。莽莽：荒野。⑥循道：沿着大道。从：追随。⑦自压桉：自我克制。桉通按。⑧褊浅：浅薄狭隘。

霜露惨悽而交下兮；霰雪雰糅其增加兮。

清·门应兆

临李龙眠九歌图之大司命　元·张渥

● 窃美申包胥之气晟兮，恐时世之不固。①
qiè měi shēn bāo xū zhī qì shèng xī　kǒng shí shì zhī bù gù

何时俗之工巧兮？灭规矩而改凿！②
hé shí sú zhī gōng qiǎo xī　miè guī jǔ ér gǎi záo

独耿介而不随兮，愿慕先圣之遗教。③
dú gěng jiè ér bù suí xī　yuàn mù xiān shèng zhī yí jiào

处浊世而显荣兮，非余心之所乐。④
chǔ zhuó shì ér xiǎn róng xī　fēi yú xīn zhī suǒ yào

与其无义而有名兮，宁穷处而守高。
yǔ qí wú yì ér yǒu míng xī　nìng qióng chǔ ér shǒu gāo

食不媮而为饱兮，衣不苟而为温。⑤
shí bù tōu ér wéi bǎo xī　yī bù gǒu ér wéi wēn

窃慕诗人之遗风兮，愿托志乎素餐。⑥
qiè mù shī rén zhī yí fēng xī　yuàn tuō zhì hū sù cān

蹇充倔而无端兮，泊莽莽而无垠。⑦
jiǎn chōng qū ér wú duān xī　bó mǎng mǎng ér wú yín

无衣裘以御冬兮，
wú yī qiú yǐ yù dōng xī

注释：①申包胥：楚大夫。昔伍子胥对他说必亡郢，他答"子能亡之，我能存之"。后吴破郢，他果请秦救楚。②灭规矩、改凿：取消或改变常用的规矩或措施。闻一多《楚辞校补》："'凿'当为'错'，声之误也。"③不随：不随波逐流。④乐：喜爱。⑤媮：通偷。苟：随便。⑥诗人：专指《诗经·魏风·伐檀》的作者，因诗的第三章有："彼君子兮，不素餐兮！"素餐：朴素的饮食，作者以此表明自己的志气和操守。⑦充倔：得意忘形貌。倔通诎。洪兴祖补注："充倔，喜失节貌。"

真赏斋图　明·文徵明

kǒng kè sǐ bù dé jiàn hū yáng chūn
恐溘死不得见乎阳春。①

jìng miǎo qiū zhī yáo yè xī xīn liáo lì ér yǒu yī
靓杪秋之遥夜兮，心缭悷而有哀。②

chūn qiū chuò chuò ér rì gāo xī rán chóu chàng ér zì bī
春秋逴逴而日高兮，然惆怅而自悲。③

sì shí dì lái ér zú suì xī yīn yáng bù kě yǔ lì xí
四时递来而卒岁兮，阴阳不可与俪偕。④

bái rì wǎn wǎn qí jiāng rù xī míng yuè xiāo shuò ér jiǎn huǐ
白日晼晚其将入兮，明月销铄而减毁。⑤

suì hū hū ér qiú jìn xī lǎo rǎn rǎn ér yù chí
岁忽忽而遒尽兮，老冉冉而愈弛。⑥

xīn yáo yuè ér rì xìng xī rán chāo chàng ér wú jì
心摇悦而日幸兮，然怊怅而无冀。⑦

zhōng cǎn cè zhī qī chuàng xī cháng tài xī ér zēng xī
中憯恻之凄怆兮，长太息而增欷。⑧

nián yáng yáng yǐ rì wǎng xī lǎo liáo kuò ér wú chǔ
年洋洋以日往兮，老嵺廓而无处。⑨

注释： ①溘死：突然死去。②靓：通静，安静。杪秋：秋末。杪，树梢。缭悷：缠绕曲折，形容心中悲忧缭绕。③逴逴：遥远的样子。④递来：一个接一个到来。俪：偶。⑤晼晚：夕阳西下，比喻暮年。销铄：本处指损蚀。⑥遒：迫近，尽。⑦日幸：指每天都有侥幸心理。⑧憯恻：悲伤。⑨洋洋：广大的样子。嵺廓：通寥廓，空旷。

年洋洋以日往兮，老嵺廓而无处。 清·门应兆

临李龙眠九歌图之少司命 元·张渥

事亹亹而觊进兮，蹇淹留而踌躇。①

● 何泛滥之浮云兮？猋壅蔽此明月。②

忠昭昭而愿见兮，然霠曀而莫达。③

愿皓日之显行兮，云蒙蒙而蔽之。④

窃不自料而愿忠兮，或黱点而污之。⑤

尧舜之抗行兮，瞭冥冥而薄天。⑥

何险巇之嫉妒兮，被以不慈之伪名？⑦

彼日月之照明兮，尚黯黮而有瑕。⑧

注释：①亹亹：形容不断变化。觊：企图。②泛滥：此处指云彩满天。猋：犬奔貌，引申为迅疾貌。③霠曀：乌云蔽日，天气阴暗的样子。④皓日：明亮的太阳，比喻君主。⑤料：考虑。黱点：被污垢玷污。点，动词，玷污。⑥抗行：高尚的行为。瞭：明。薄天：接近天，形容尧舜德行之高尚。⑦险巇：艰难，此处指险恶小人。被：加在身上。伪名：捏造的罪名。⑧黯黮：昏暗的样子。

隐居十六观图之寒沽 明·陈洪绶

169

何况一国之事兮，亦多端而胶加。①

● 被荷裯之晏晏兮，然潢洋而不可带。②

既骄美而伐武兮，负左右之耿介。

憎愠愉之修美兮，好夫人之慷慨。③

众蹀蹀而日进兮，美超远而逾迈。④

农夫辍耕而容与兮，恐田野之芜秽。⑤

事绵绵而多私兮，窃悼后之危败。⑥

世雷同而炫曜兮，何毁誉之昧昧！⑦

注释： ①多端：头绪多。胶加：乖戾，缠绕无绪。胶，戾。②裯：一种短衣。晏晏：轻柔鲜艳的样子。潢洋：空荡荡的样子，比喻衣服不贴身。③愠愉：心有所蕴积而不善表达。一说愠音 wěn。④蹀蹀：小步行走。逾迈：远离。⑤容与：徘徊犹豫，踌躇不前。芜秽：杂草丛生，形容田园荒芜。⑥绵绵：微弱。⑦炫曜：日光强烈，此处形容目光迷乱，是非不分。昧昧：昏暗的样子。

湘夫人 宋·李公麟

今修饰而窥镜兮，后尚可以窜藏。①

愿寄言夫流星兮，羌倏忽而难当。②

卒壅蔽此浮云兮，下暗漠而无光。

尧舜皆有所举任兮，故高枕而自适。③

谅无怨于天下兮，心焉取此怵惕？④

乘骐骥之浏浏兮，驭安用夫强策？⑤

谅城郭之不足恃兮，虽重介之何益？⑥

邅翼翼而无终兮，忳惛惛而愁约。⑦

生天地之若过兮，功不成而无效。

注释：①修饰：用修饰外貌比喻克服自身缺点。窜藏：逃过劫难，得以自保。②倏忽：快速的样子。③举任：选拔、任用有才能之人。④谅：确实。⑤浏浏：水流的样子，形容顺畅。强策：强力的鞭策。⑥重介：厚重的盔甲。⑦邅翼翼：难以前进的样子。忳惛惛：忧郁烦闷的样子。

临溪水阁图 明·仇英

yuàn chén zhì ér bù jiàn xī shàng yù bù míng hū tiān hù
愿沉滞而不见兮,尚欲布名乎天下。①

rán huǎng yáng ér bù yù xī zhí kòu mào ér zì kǔ
然潢洋而不遇兮,直怐愗而自苦。②

mǎng yáng yáng ér wú jí xī hū áo xiáng zhī yān bó
莽洋洋而无极兮,忽翱翔之焉薄?③

guó yǒu jì ér bù zhī chéng xī yān huáng huáng ér gēng suǒ
国有骥而不知乘兮,焉皇皇而更索?④

nìng qī ōu yú chē xià xī huán gōng wén ér zhī zhī
甯戚讴于车下兮,桓公闻而知之。⑤

wú bó lè zhī shàn xiàng xī jīn shuí shǐ hū yù zhī
无伯乐之善相兮,今谁使乎誉之?⑥

wǎng liú tì yǐ liáo lǜ xī wéi zhù yì ér dé zhī
罔流涕以聊虑兮,惟著意而得之。⑦

fēn zhūn zhūn zhī yuàn zhōng xī dù pī lí ér zhàng zhī
纷纯纯之愿忠兮,妒被离而鄣之。⑧

yuàn cì bù xiào zhī qū ér bié lí xī
愿赐不肖之躯而别离兮,

fàng yóu zhì hū yún zhōng
放游志乎云中。

注释:①沉滞:埋没。下:古音 hù,叶韵。②潢洋:指没有着落,以示不遇。怐愗:愚昧。③薄:到,至。④皇皇:通遑遑。⑤讴:唱歌。⑥誉:称赞。⑦罔:不可。著:表明。⑧纯纯:借为忳忳,很诚挚的样子。被离:通披离,纷乱的样子。鄣:同障,阻碍。

龙舟竞渡图(局部) 清·佚 名

乘精气之抟抟兮，骛诸神之湛湛。①
骖白霓之习习兮，历群灵之丰丰。②
左朱雀之茇茇兮，右苍龙之躍躍。③
属雷师之阗阗兮，通飞廉之衙衙。④
前轻辌之锵锵兮，后辎乘之从从。⑤
载云旗之委蛇兮，扈屯骑之容容。⑥
计专专之不可化兮，愿遂推而为臧。⑦
赖皇天之厚德兮，还及君之无恙。⑧

注释：①抟抟：聚集成团的样子。骛：追求。湛湛：聚集貌。湛，古音 yóng，与"中""丰"协韵。②骖：犹驾。霓：虹。习习：飞动的样子。丰丰：众多的样子。③茇茇：飞舞飘动的样子。躍躍：行进的样子。④属：跟随。阗阗：鼓声。飞廉：风伯之名，神话中的风神。衙衙：行进的样子。⑤轻辌：有窗的轻便卧车。辎乘：古代有帷盖的车子，既可载物，又可坐卧。从从：车铃声。⑥委蛇：形容旌旗随风飘扬的样子。扈：侍从。屯骑：众多的随从骑兵。容容：盛多貌。⑦计：心志。专专：专一。臧：善、好。⑧恙：忧、病。

左朱雀之茇茇兮，右苍龙之躍躍。属雷师之阗阗兮，通飞廉之衙衙。 清·门应兆

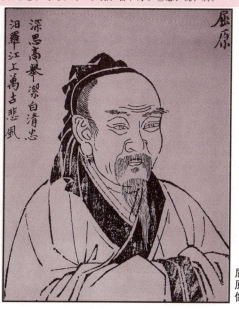

屈原像

鸿蒙奇遇图　明·谢时臣

招魂①

屈原

● 朕幼清以廉洁兮，身服义而未沫。①

主此盛德兮，牵于俗而芜秽。②

上无所考此盛德兮，长离殃而愁苦。③

帝告巫阳曰："有人在下，我欲辅之。④

魂魄离散，汝筮予之。"⑤

巫阳对曰："掌梦。上帝其难从。⑥

若必筮予之，恐后之谢，⑦

不能复用巫阳焉。"⑧

● 乃下招曰：魂兮归来！

注释：①朕：我。清：不求曰清。沫：终止。②牵：牵累。③离：同罹，遭遇。殃：祸。④帝：天帝。巫阳：神话中的巫神。人：贤人，指屈原。下：古音 hù，与"苦""辅""予"协韵。⑤筮：用蓍草占卦。予：同与，给予。⑥掌梦：主管占梦之官。⑦谢：死去。⑧一说"若必筮予之，恐后之谢，不能复用"二句为上帝言语，"巫阳焉"属下句。

竹涧焚香图 南 宋·佚 名

去君之恒干，何为四方些？①
shě jūn zhī lè chù ér lí bǐ bù xiáng suò
舍君之乐处，而离彼不祥些。

魂兮归来！东方不可以托些。

长人千仞，惟魂是索些。②

十日代出，流金铄石些。③

彼皆习之，魂往必释些。④

归来归来！不可以托些。⑤

魂兮归来！南方不可以止些。

注释：①君：指屈原。恒干：常体。些：语尾助词，楚方言。②长人千仞：传言东方有长人之国，其高千仞，主求人魂而食之。索：索取。③十日：十个太阳。代：轮流。④释：熔解，熔化。⑤归来归来：一作归来兮。后皆同。

魂兮归来，去君之恒干，何为乎四方些？
清·门应兆

长人千仞，惟魂是索些。
清·门应兆

雕题黑齿，得人肉以祀，①
以其骨为醢些。
蝮蛇蓁蓁，封狐千里些。②
雄虺九首，往来倏忽，③
吞人以益其心些。
归来归来！不可以久淫些。④
魂兮归来！西方之害，流沙千里些。
旋入<u>雷渊</u>，麋散而不可止些。⑤

注释：①雕题：雕刻花纹在额头上。题，额。黑齿：把牙齿涂黑。②蝮：大蛇。蓁蓁：草木繁盛状，此处形容蛇多。封狐：大狐。③虺：毒蛇。首：头。④淫：游，停留。⑤旋：转。麋散：破碎，粉碎。

雕题黑齿；蝮蛇蓁蓁；封狐千里；
雄虺九首。 清·门应兆

旋入雷渊，麋散而不可止些。
赤蚁若象，玄蜂若壶些。 清·门应兆

xìng ér dé tuō　　qí wài kuàng yǔ suò
幸而得脱，其外旷宇些。①

chì yǐ ruò xiàng　　xuán fēng ruò hú suò
赤蚁若象，玄蜂若壶些。②

wǔ gǔ bù shēng　　cóng jiān shì shí suò
五谷不生，丛菅是食些。③

qí tǔ làn rén　　qiú shuǐ wú suǒ dí suò
其土烂人，求水无所得些。

páng yáng wú suǒ yǐ　　guǎng dà wú suǒ jí suò
彷徉无所倚，广大无所极些。

guī lái guī lái　　kǒng zì wèi zí suò
归来归来！恐自遗贼些。④

hún xī guī lái　　běi fāng bù kě yǐ zhǐ suò
魂兮归来！北方不可以止些。

céng bīng é é　　fēi xuě qiān lǐ suò
增冰峨峨，飞雪千里些。⑤

guī lái guī lái　　bù kě yǐ jǐ suò
归来归来！不可以久些。

注释：①旷：大。宇：野。②壶：葫芦。③丛菅：丛生的杂草。④贼：害。江有诰《楚辞韵读》："贼，徂为反。"⑤增冰：层冰，厚冰。峨峨：高貌。

增冰峨峨，飞雪千里些。　清·门应兆

山鬼　明·陈洪绶

hún xī guī lái　jūn wú shàng tīn suò
魂兮归来！君无上天些。

hǔ bào jiǔ guān　zhuó hài xià rén suò
虎豹九关，啄害下人些。①

yì fū jiǔ shǒu　bá mù jiǔ qīn suò
一夫九首，拔木九千些。

chái láng zòng mù　wǎng lái shēn shēn suò
豺狼从目，往来侁侁些。②

xuán rén yǐ xī　tóu zhī shēn yīn suò
悬人以娭，投之深渊些。③

zhì mìng yú dì　rán hòu dé míng suò
致命于帝，然后得瞑些。④

guī lái guī lái　wǎng kǒng wēi shēn suò
归来归来！往恐危身些。

hún xī guī lái　jūn wú xià cǐ yōu dī suò
魂兮归来！君无下此幽都些。⑤

注释：①虎豹九关：天门有九重，虎豹神守之。下人：指想上天之人。②从目：竖起眼睛。从，通纵。侁侁：形容众多。③娭：同嬉，玩弄。④致：送。命：人之生命。瞑：卧。⑤幽都：阴间鬼城。

虎豹九关，啄害下人些。敦脄血拇，逐人驳驳些。
参目虎首，其身若牛些。　清·门应兆

焚炙忠良图　清·《钦定书经图书》

tǔ bó jiǔ yuē qí jiǎo yí yí suò
土伯九约，其角觺觺些。①

dūn méi xuè mǔ zhú rén pī pī suò
敦脄血拇，逐人駓駓些。②

sān mù hǔ shǒu qí shēn ruò ní suò
参目虎首，其身若牛些。③

cǐ jiē gān rén guī lái guī lái kǒng zì wèi zī suò
此皆甘人，归来归来！恐自遗灾些。④

hún xī guī lái rù xiū mián suò
魂兮归来！入修门些。⑤

gōng zhù zhāo jūn bèi xíng xiān suò
工祝招君，背行先些。⑥

qín gōu qí lǚ zhèng mián lù suò
秦篝齐缕，郑绵络些。⑦

zhāo jù gāi bèi yǒng xiào hū suò
招具该备，永啸呼些。⑧

注释：①土伯：阴间的魔王。约：屈。觺觺：尖锐锋利貌。②敦：厚。脄：背上的肉。駓駓：疾跑状。③参目：三只眼，参同叁。④甘人：以人为甘味美食。⑤修门：楚郢都的城门。⑥工祝：有本领的男巫。工，巧。祝，男巫。君：屈原。背：倍。⑦篝：竹笼。缕：线。绵：缠。络：缚。⑧招具：招魂的工具。该备：齐备。

土伯九约，其角觺觺些。 清·门应兆

礼 魂 明·陈洪绶

181

魂兮归来！反故居些。

天地四方，多贼奸些。

像设君室，静闲安些。①

高堂邃宇，槛层轩些。②

层台累榭，临高山些。

网户朱缀，刻方连些。③

冬有突厦，夏室寒些。④

川谷径复，流潺湲些。⑤

注释：①像设：遗像设在……②邃：深。宇：屋。槛：栏杆。这里作动词，用栏杆围住。③网户：雕有网状花格的门户。朱缀：用丹朱色连接起来。刻方连：雕刻的方形花格相连接。④突厦：结构深邃的大屋，冬季保暖。⑤潺湲：形容河水缓流的样子。

魂兮归来，反故居些。 清·门应兆

少司命 明·陈洪绶

guāng fēng zhuǎn huì　　fàn chóng lán suò
光风转蕙，泛崇兰些。①

jīng táng rù ào　　zhū chén yán suò
经堂入奥，朱尘筵些。②

dǐ shì cuì qiáo　　guà qū qióng suò
砥室翠翘，挂曲琼些。③

fěi cuì zhū bèi　　làn qí guāng suò
翡翠珠被，烂齐光些。

ruò ē fú bì　　luó chóu zhāng suò
蒻阿拂壁，罗帱张些。④

zuǎn zǔ qǐ gǎo　　jié qí huáng suò
纂组绮缟，结琦璜些。⑤

shì zhōng zhī guān　　duō zhēn guài suò
室中之观，多珍怪些。

lán gāo míng zhú　　huá róng bài suò
兰膏明烛，华容备些。⑥

注释：①光：阳光。转：摇动。泛：洋溢。崇兰：丛生的兰草。崇，借作"丛"。一说崇，充也。②奥：此指房屋的深处，即内室。朱尘：朱红色的顶棚。筵：竹席。③砥室：用磨平的文石铺砌的屋子。砥，石名。翠翘：翠鸟尾上的长羽。挂：悬。曲琼：玉钩。④蒻：蒻席，蒲席。阿：屈。拂：覆盖。罗：绮属，丝织品。帱：帐子，车帷。⑤纂：赤色的丝带。组：杂色的丝带。绮缟：精美而有花纹的丝织品。琦、璜：美玉名。⑥膏：油脂。

踏雪行吟图　明·周臣

183

èr bā shì sù　　yì dì dài suò
二八侍宿，射递代些。①

jiǔ hóu shū nǔ　　duō xùn zhòng suò
九侯淑女，多迅众些。②

shèng jiǎn bù tóng zhì　　shí mǎn gōng suò
盛鬋不同制，实满宫些。③

róng tài hǎo bǐ　　shùn mí dì suò
容态好比，顺弥代些。④

ruò yán gù zhí　　jiǎn qí yǒu yì suò
弱颜固植，謇其有意些。⑤

kuā róng xiū tài　　gèn dòng fáng suò
姱容修态，絚洞房些。⑥

é méi màn lù　　mù téng guāng suò
蛾眉曼睩，目腾光些。⑦

mǐ yán nì lǐ　　yí shì miǎn suò
靡颜腻理，遗视矊些。⑧

注释：①二八：十六人。侍宿：陪侍过夜。射：音yì，厌。一说射通夕，夜间。递代：轮流替代。②九侯：泛指各路诸侯。迅众：出众。③鬋：下垂的鬓发。制：式样。④比：亲。顺：确实。弥代：绝代，盖世。⑤固植：心志坚定。謇：正言貌。⑥姱：好貌。修：长。絚：通亘，接连，通贯。一作缊（gēng）。洞房：卧室。⑦蛾：一作娥。曼：泽。睩：眼睛转动。腾光：放出光芒。⑧靡、腻：指皮肤细腻光滑。遗：窃视。矊：眉目含情。

二八侍宿，射递代些。九侯淑女，多迅众些。　清·门应兆

九歌图之湘夫人　明·杜堇

lí xiè xiū mù　　shì jūn zhī xián suò
离榭修幕，侍君之闲些。①

fěi wéi cuì zhàng　　shì gāo táng suò
翡帷翠帐，饰高堂些。

hóng bì shā bǎn　　xuán yù liáng suò
红壁沙版，玄玉梁些。②

yǎng guān kè jué　　huà lóng tuó suò
仰观刻桷，画龙蛇些。③

zuò táng fú jiàn　　lín qū tuó suò
坐堂伏槛，临曲池些。

fú róng shǐ fā　　zá jì hé suò
芙蓉始发，杂芰荷些。④

zǐ jīng píng fēng　　wén yuán bō suò
紫茎屏风，文缘波些。⑤

wén yì bào shì　　shì pō tuó suò
文异豹饰，侍陂陁些。⑥

注释：①离榭：离宫的台榭。修：长。幕：大帐。闲：静。②沙：丹砂。玄：黑色。③刻桷：有雕刻的方椽。④芰：菱。⑤屏风：一种水生植物，又名水葵。文：同纹，皱纹。⑥文异：纹彩奇特怪异。豹饰：用豹皮装饰的武士。陂陁：阶陛。陁同陀。

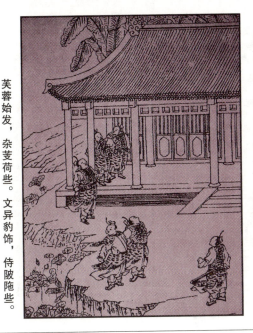

芙蓉始发，杂芰荷些。文异豹饰，侍陂陁些。
清·门应兆

大司命　明·陈洪绶

185

xuān liáng jì dī　　bù jì luó suò
轩辌既低，步骑罗些。①

lán bó hù shù　　qióng mù luó suò
兰薄户树，琼木篱些。②

hún xī guī lái　　hé yuǎn wéi suò
魂兮归来！何远为些？

shì jiā suì zōng　　shí duō fāng suò
● 室家遂宗，食多方些。③

dào zī zhuō mài　　rú huáng liáng suò
稻粢穱麦，挐黄粱些。④

dà kǔ xián suān　　xīn gān háng suò
大苦咸酸，辛甘行些。⑤

féi niú zhī jiàn　　ér ruò fāng suò
肥牛之腱，臑若芳些。⑥

hé suān ruò kǔ　　chén wú láng suò
和酸若苦，陈吴羹些。⑦

注释：①轩：有顶篷的车。辌：有窗的卧车。低：驻屯。步骑：徒行为步，乘马为骑。罗：列。②薄：附。户：门户。树：种植。琼：比喻美好的事物。篱：篱笆。③室家遂宗：一家族之人都聚居在一起。一说宗，尊也。多方：多种多样。④粢：小米。穱：选择（早熟小麦）。挐：掺杂。⑤大苦：豆豉。行：古音一作háng，协韵。⑥腱：筋头。臑：通胹，烂熟。⑦吴羹：吴人所作的羹，以味美著称。故用以指美味佳肴。羹，古音一作láng，协韵。今音gēng。

室家遂宗，食多方些。 清·门应兆

东皇太一 明·陈洪绶

ér biē páo gāo　　yǒu zhè jiāng suò
朒鳖炮羔，有柘浆些。①

hú suān juǎn fú　　jiān hóng cāng suò
鹄酸䐹凫，煎鸿鸧些。②

lù jī huò xī　　lì ér bù shuǎng suò
露鸡臛蠵，厉而不爽些。③

jù nǚ mì ěr　　yǒu zhāng huáng suò
粔籹蜜饵，有餦餭些。④

yáo jiāng mì zhuó　　shí yǔ shāng suò
瑶浆蜜勺，实羽觞些。⑤

cuò zāo dòng yǐn　　zhòu qīng liáng suò
挫糟冻饮，酎清凉些。⑥

huá zhuó jì chén　　yǒu qióng jiāng suò
华酌既陈，有琼浆些。

guī fǎn gù shì　　jìng ér wú fáng suò
归反故室，敬而无妨些。

注释：①朒：炖，煮。炮：烧，烤。柘浆：甘蔗的汁液。②鹄酸：酸鹄，加醋烹制天鹅肉。臛：少汁的肉羹。此作动词，烹煮肉羹。鸧：一种形似雁的鸟。③露鸡：郭沫若《屈原赋今译》："卤鸡。"一说指露栖之鸡。臛：肉羹。蠵：一种大龟。厉：浓厚。不爽：不伤胃口。爽，败。④粔籹、蜜饵：用米面和蜜制作的糕饼。餦餭：饴糖，又名麦芽糖。⑤瑶浆：玉浆，喻名贵的美酒。蜜勺：甜酒。勺，通酌，酒杯。这里代指酒。实：斟满。羽觞：鸟羽状的酒器。⑥挫糟：除去酒渣。冻饮：喝不加温的冷酒。酎：醇酒。

水府灵官苍玉佩　清·任熊

yáo xiū wèi tōng　nǚ yuè luó suò
肴羞未通，女乐罗些。①

chén zhōng àn gǔ　zào xīn gē suò
陈钟按鼓，造新歌些。②

shè jiāng　cǎi líng　　fā　yáng hé suò
《涉江》《采菱》，发《扬荷》些。③

měi rén jì zuì　zhū yán tuó suò
美人既醉，朱颜酡些。④

xī guāng miǎo shì　mù céng bō suò
娭光眇视，目曾波些。⑤

pī wén fú xiān　lì ér bù qí suò
被文服纤，丽而不奇些。

cháng fà màn jiǎn　yàn lù lí suò
长发曼鬋，艳陆离些。⑥

èr bā qí róng　qǐ zhèng wǔ suò
二八齐容，起郑舞些。

注释：①肴：鱼肉为肴。羞：进。未通：宾主之礼，殷勤未通。一说指菜尚未上齐。②陈：撞。按：犹击。③《涉江》《采菱》《扬荷》：均为楚歌曲名。一说荷当作阿。发：唱。④酡：指饮酒后脸发红。⑤娭光：嬉乐而容光焕发。眇：眺。曾波：层叠的水波。曾，重。后常喻美女的眼睛。⑥曼鬋：光亮垂下的鬓发。

秘殿焚香图　明·佚　名

rèn ruò jiāo gān fǔ àn hù suò
衽若交竿，抚案下些。①

yú sè kuáng huì tián míng gǔ suò
竽瑟狂会，填鸣鼓些。②

gōng tíng zhèn jīng fā jī chǔ suò
宫庭震惊，发《激楚》些。③

wú yú cài ōu zòu dà lǚ suò
吴歈蔡讴，奏大吕些。④

shì nǚ zá zuò luàn ér bù fēn suò
士女杂坐，乱而不分些。

fàng chén zǔ yīng bān qí xiāng fēn suò
放陈组缨，班其相纷些。⑤

zhèng wèi yāo wán lái zá chén suò
郑、卫妖玩，来杂陈些。⑥

jī chǔ zhī jié dú xiù sēn suò
《激楚》之结，独秀先些。⑦

注释：①衽：衣袖。竿：竹竿。抚案：谓用手指按着节拍。下：下行。古音一作音 hù，叶韵。此二句描写舞姿。②狂会：指乐器竞奏。填：急击。③《激楚》：歌曲名。④吴歈蔡讴：指吴、蔡两国的歌曲。歈、讴，歌曲名。大吕：古乐调名。⑤放陈：解开，除去。组：绶带，用来系王或印纽的丝带。缨：帽带。班：同斑，杂。纷：乱。⑥妖玩：妖艳美女。⑦结：乐曲的结尾。秀：特异，优秀。

絮才瑟弦小冯舞　清·任熊

<ruby>箟<rt>kūn</rt></ruby><ruby>蔽<rt>bì</rt></ruby><ruby>象<rt>xiàng</rt></ruby><ruby>棋<rt>qí</rt></ruby>，<ruby>有<rt>yǒu</rt></ruby><ruby>六<rt>liù</rt></ruby><ruby>簿<rt>bó</rt></ruby><ruby>些<rt>suò</rt></ruby>。①

<ruby>分<rt>fēn</rt></ruby><ruby>曹<rt>cáo</rt></ruby><ruby>并<rt>bìng</rt></ruby><ruby>进<rt>jìn</rt></ruby>，<ruby>遒<rt>qiú</rt></ruby><ruby>相<rt>xiāng</rt></ruby><ruby>迫<rt>pò</rt></ruby><ruby>些<rt>suò</rt></ruby>。②

<ruby>成<rt>chéng</rt></ruby><ruby>枭<rt>xiāo</rt></ruby><ruby>而<rt>ér</rt></ruby><ruby>牟<rt>móu</rt></ruby>，<ruby>呼<rt>hū</rt></ruby><ruby>五<rt>wǔ</rt></ruby><ruby>白<rt>bó</rt></ruby><ruby>些<rt>suò</rt></ruby>。③

<ruby>晋<rt>jìn</rt></ruby><ruby>制<rt>zhì</rt></ruby><ruby>犀<rt>xī</rt></ruby><ruby>比<rt>pí</rt></ruby>，<ruby>费<rt>fèi</rt></ruby><ruby>白<rt>bái</rt></ruby><ruby>日<rt>ruò</rt></ruby><ruby>些<rt>suò</rt></ruby>。④

<ruby>铿<rt>kēng</rt></ruby><ruby>钟<rt>zhōng</rt></ruby><ruby>摇<rt>yáo</rt></ruby><ruby>簴<rt>jù</rt></ruby>，<ruby>揳<rt>jiá</rt></ruby><ruby>梓<rt>zǐ</rt></ruby><ruby>瑟<rt>suò</rt></ruby><ruby>些<rt>suò</rt></ruby>。⑤

<ruby>娱<rt>yú</rt></ruby><ruby>酒<rt>jiǔ</rt></ruby><ruby>不<rt>bù</rt></ruby><ruby>废<rt>fèi</rt></ruby>，<ruby>沉<rt>chén</rt></ruby><ruby>日<rt>rì</rt></ruby><ruby>夜<rt>yù</rt></ruby><ruby>些<rt>suò</rt></ruby>。⑥

<ruby>兰<rt>lán</rt></ruby><ruby>膏<rt>gāo</rt></ruby><ruby>明<rt>míng</rt></ruby><ruby>烛<rt>zhú</rt></ruby>，<ruby>华<rt>huá</rt></ruby><ruby>镫<rt>dēng</rt></ruby><ruby>错<rt>cù</rt></ruby><ruby>些<rt>suò</rt></ruby>。⑥

<ruby>结<rt>jié</rt></ruby><ruby>撰<rt>zhuàn</rt></ruby><ruby>至<rt>zhì</rt></ruby><ruby>思<rt>sī</rt></ruby>，<ruby>兰<rt>lán</rt></ruby><ruby>芳<rt>fāng</rt></ruby><ruby>假<rt>gú</rt></ruby><ruby>些<rt>suò</rt></ruby>。⑦

注释：①箟：同琨，美玉名。蔽：筹码。象棋：象牙做的棋子。六簿：古时一种棋戏。②分曹：分开，分组。遒：竭力。③牟：加倍。"成枭而牟"和"五白"均为六簿棋戏的弈法。④制：作。犀比：犀毗，黄金带钩。一说比，集也。费：耗。⑤铿钟：敲钟。簴：同虡，挂编钟的木架。揳：弹奏。⑥镫：膏镫，也称锭、钉、烛豆、烛盘，古代照明用具。⑦结撰：结构撰述，指吟诗赋文。至思：深至之情思。兰芳：喻贤人。假：至。

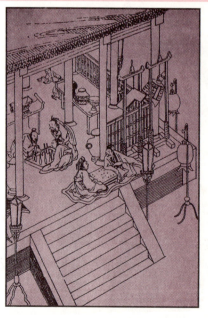

箟蔽象棋，有六簿些。 清·门应兆

湘君 明·陈洪绶

rén yǒu suǒ jí　tóng xīn fù suò
人有所极，同心赋些。①

zhuó yǐn jìn huān　lè xiān gù suò
酌饮尽欢，乐先故些。②

hún xī guī lái　fǎn gù jū suò
魂兮归来！反故居些。

luàn yuē　xiàn suì fā chūn xī　yù wú nán zhēng
● 乱曰：献岁发春兮，汩吾南征。③

lù pín qí yè xī　bái zhǐ shēng
菉蘋齐叶兮，白芷生。

lù guàn lú jiāng xī　zuǒ cháng bó
路贯庐江兮，左长薄。④

yǐ zhǎo qí yíng xī　yáo wàng bó
倚沼畦瀛兮，遥望博。⑤

qīng lí jié sì xī　qí qiān shèng
青骊结驷兮，齐千乘。⑥

xuán huǒ yán qǐ xī　xuán yán zhēng
悬火延起兮，玄颜烝。⑦

注释：①极：至，尽情。②故：旧。③乱：古代乐曲的结尾，也是全诗内容的结语。献岁：进入新的一年。发春：开春。汩：疾，指行走匆匆。④贯：出。庐江、长薄：皆地名。⑤倚：立。畦：一块块土地。瀛：大泽。博：广阔。⑥骊：纯黑为骊，此指黑马。驷：四马。⑦悬火：悬灯。玄颜烝：夜黑火明，火光冲天。玄，天。烝，火气上行。

芬緼车游，五岳夜醮。

清·任熊

步及骤处兮，诱骋先。①

抑鹜若通兮，引车右还。②

与王趋梦兮，课后先。③

君王亲发兮，惮青兕。④

朱明承夜兮，时不可淹。⑤

皋兰被径兮，斯路渐。⑥

湛湛江水兮，上有枫。⑦

目极千里兮，伤春心。⑧

魂兮归来，哀江南。

注释：①步：步行者。骤：骑马奔跑。处：指处在原地不动。诱：导，指打猎时做向导。②抑：止。鹜：驰。若通：使顺通猎事。若，顺。还：转。③梦：古代湖名。长江北边的湖称云泽，长江南边的湖称梦泽，合称云梦泽。课：比试，考较。④发：射。惮：惊惧、害怕。青兕：类似犀牛的一种野兽。⑤朱明：指太阳。承：续。淹：久。⑥皋：泽。被：覆。径：路。渐：遮没。⑦湛湛：水深或水清貌。⑧伤春心：一作伤心悲。

君王亲发兮，惮青兕。 清·门应兆

湘夫人 明·陈洪绶

大招①

屈原

● 青春受谢，白日昭只。①
qīng chūn shòu xiè　bái rì zhāo zhǐ

春气奋发，万物遽只。②
chūn qì fèn fā　wàn wù jù zhǐ

冥凌浃行，魂无逃只。③
míng líng jiā xíng　hún wú táo zhǐ

魂魄归来！无远遥只。
hún pò guī lái　wú yuǎn yáo zhǐ

魂乎归来！无东无西，无南无北只。
hún hū guī lái　wú dōng wú xī　wú nán wú běi zhǐ

东有大海，溺水浟浟只。④
dōng yǒu dà hǎi　nì shuǐ yóu yóu zhǐ

螭龙并流，上下悠悠只。⑤
chī lóng bìng liú　shàng xià yōu yōu zhǐ

雾雨淫淫，白皓胶只。⑥
wù yǔ yín yín　bái hào jiāo zhǐ

注释： ①青春：春天。谢：逝去。昭：明。只：语尾助词，无实义。②遽：匆忙，此指万物竞发。③冥：玄冥，北方之神。凌：驰。浃：遍。④溺水：指此水曾淹溺过很多人。浟浟：水流貌。⑤悠悠：螭龙行貌。⑥淫淫：流貌。皓胶：水气凝聚貌。

东有大海，溺水浟浟只。螭龙并流，上下悠悠只。

清·门应兆

东君　明·陈洪绶

^{hún hū wú dōng　yáng gǔ jì liú zhǐ}
魂乎无东！汤谷寂寥只。①

^{hún hū wú nán　nán yǒu yán huǒ qiān lǐ　fù shé yán zhǐ}
魂乎无南！南有炎火千里，蝮蛇蜒只。②

^{shān lín xiǎn ài　hǔ bào wān zhǐ}
山林险隘，虎豹蜿只。③

^{yú yōng duǎn hú　wáng huǐ qiān zhǐ}
鰅鱅短狐，王虺骞只。④

^{hún hū wú nán　yù shāng jiān zhǐ}
魂乎无南！蜮伤躬只。⑤

^{hún hū wú xī　xī fāng liú shā　mǎng yáng yáng zhǐ}
魂乎无西！西方流沙，漭洋洋只。⑥

^{shǐ shǒu zòng mù　pī fà ráng zhǐ}
豕首纵目，被发鬤只。⑦

^{cháng zhǎo jù yá　xī xiào kuáng zhǐ}
长爪踞牙，誒笑狂只。⑧

注释：①汤谷：旸谷。古称日出之处。②蜒：长貌。③蜿：虎行貌。④鰅、鱅：鱼名。短狐：又名射影，传说水中的一种毒虫。王虺：大蛇。虺，一种毒蛇。骞：抬头貌。⑤蜮：传说在水里暗中害人的怪物。躬：身体。《楚辞集注》："躬，叶居延反。"江有诰《楚辞韵读》："躬，当作'身'。叶音膻。"⑥漭：形容广阔无边。⑦豕：猪。鬤：头发散乱的样子。⑧踞牙：如锯之兽齿。踞通锯。誒笑：强笑。

南有炎火千里，蝮蛇蜒只。
清·门应兆

豕首纵目，被发鬤只。长爪踞牙，誒笑狂只。
清·门应兆

195

魂乎无西！多害伤只。
hún hū wú xī duō hài shāng zhǐ

魂乎无北！北有寒山，逴龙赩只。①
hún hū wú běi běi yǒu hán shān chuò lóng xì zhǐ

代水不可涉，深不可测只。②
dài shuǐ bù kě shè shēn bù kě cè zhǐ

天白颢颢，寒凝凝只。③
tiān bái hào hào hán yí yí zhǐ

魂乎无往！盈北极只。④
hún hū wú wǎng yíng běi jí zhǐ

魂魄归来！闲以静只。
hún pò guī lái xián yǐ jìng zhǐ

自恣荆楚，安以定只。⑤
zì zì jīng chǔ ān yǐ dìng zhǐ

逞志究欲，心意安只。⑥
chěng zhì jiū yù xīn yì ān zhǐ

穷身永乐，年寿延只。
qióng shēn yǒng lè nián shòu yán zhǐ

注释：①逴龙：山名，一说即烛龙，传说中北方的照明之神。赩：赤色。无草木貌。②代水：传说中北方水名。③颢：白而发光。④盈：满。⑤恣：放纵，没有约束。⑥逞：快。究：穷。

北有寒山，；天白颢颢，寒凝凝只。 清·门应兆

山水人物画 明·邵弥

魂乎归来！乐不可言只。

五穀六仞，设菰粱只。①

鼎臑盈望，和致芳只。②

内鸧鸽鹄，味豺羹只。③

魂乎归来！恣所尝只。④

鲜蠵甘鸡，和楚酪只。⑤

醢豚苦狗，脍苴蒪只。⑥

吴酸蒿蒌，不沾薄只。⑦

魂兮归来！恣所择只。

注释：①仞：古时八尺或七尺叫作一仞。菰：多年生草本植物，俗称茭白，其实如米，可以做饭。②臑：通腝，熟。望：满。③内：通肭，肥。鸧：一种似雁的水鸟。味：口味，味道。豺：狼属，狗声。羹：古音一作láng，协韵。④尝：享用。⑤蠵：大龟。酪：酢浆。⑥醢：肉酱。苦：以胆和酱。脍：细切的鱼肉。苴蒪：又名蘘荷，香料。⑦蒿蒌：白蒿，嫩时可食。不沾薄：味淡爽口。沾，增添。《楚辞补注》："沾，音添。益也。"一说为多汁。薄，无味。

炙鸹烝凫，煔鹑陈只。①
zhì guā zhēng fú　qián chún chén zhǐ

煎鰿臇雀，遽爽存只。②
jiān jì huò què　jù shuǎng cún zhǐ

魂乎归来！丽以先只。
hún hū guī lái　lì yǐ sēn zhǐ

四酎并孰，不涩嗌只。③
sì zhòu bìng shú　bù sè yì zhǐ

清馨冻饮，不歠役只。④
qīng xīn dòng yǐn　bù chuò yì zhǐ

吴醴白蘗，和楚沥只。⑤
wú lǐ bái niè　hé chǔ lì zhǐ

魂乎归来！不遽惕只。⑥
hún hū guī lái　bù jù tì zhǐ

● 代秦郑卫，鸣竽张只。⑦
dài qín zhèng wèi　míng yú zhāng zhǐ

伏戏《驾辩》，楚《劳商》只。⑧
fú xì　jià biàn　chǔ　láo shāng zhǐ

注释：①鸹：鸟名。烝：同蒸。煔：沉肉于汤。陈：陈列（众味）。②鰿：鲫鱼。臇：肉汤，此作动词解。遽：督促，催促。一说通"渠"，王夫之《楚辞通释》："遽，与渠同。犹言如许也。"爽：差。存：前。③酎：醇酒。孰：同熟。涩：不滑，滞涩。嗌：咽喉。④歠：吸，饮。役：仆役。⑤醴：甜酒。蘗：酿酒的曲药。沥：清酒。⑥遽惕：惶恐戒惧。⑦代：一作岱，国名。⑧伏戏：伏羲氏。《驾辩》：乐曲名。《劳商》：楚古曲名。

花簪天街舞对山

清·任熊

讴和《扬阿》，赵箫倡只。①

魂乎归来！定空桑只。②

二八接舞，投诗赋只。③

叩钟调磬，娱人乱只。④

四上竞气，极声变只。⑤

魂乎归来！听歌譔只。⑥

朱唇皓齿，嫭以姱只。⑦

比德好闲，习以都只。⑧

丰肉微骨，调以娱只。

注释：①讴：歌唱。《扬阿》：楚曲名。倡：先歌为倡。②空桑：瑟名。③投：合。④娱：乐。乱：理。⑤四上：王逸注曰："谓上四国：代、秦、郑、卫也。"⑥譔：同撰，具。⑦嫭：同嫮，美好。姱：好貌。⑧比德：和顺之德。比，古音bì。好闲：喜爱娴雅。闲，通娴。习：指习礼。都：美。

二八接舞，叩钟调磬。　清·门应兆

山水图之落日远山紫，归人相思孤　明·程嘉燧

魂乎归来！安以舒只。

娛目宜笑，蛾眉曼只。①

容则秀雅，稚朱颜只。

魂乎归来！静以安只。

姱修滂浩，丽以佳只。②

曾颊倚耳，曲眉规只。③

滂心绰态，姣丽施只。④

小腰秀颈，若鲜卑只。⑤

魂乎归来！思怨移只。

注释：①娛：同娱，美。蛾：一作娥。曼：长。②姱修：美女身体修长。滂浩：水势浩大，此处形容（用意）广大的样子。佳：善。③曾颊：喻面庞丰满，曾通层，重也。倚耳：贴耳。规：圆。④滂心：心胸开阔。绰态：多姿。姣：好。施：展示。⑤鲜卑：带钩。一说腰中大带。

巽姨绰约掉风扇

清·任 熊

易中利心，以动作只。①
yì zhōng lì xīn　yǐ dòng zuò zhǐ

粉白黛黑，施芳泽只。
fěn bái dài hēi　shī fāng duó zhǐ

长袂拂面，善留客只。②
cháng mèi fú miàn　shàn liú kè zhǐ

魂乎归来！以娱昔只。③
hún hū guī lái　yǐ yú xuē zhǐ

青色直眉，美目婳只。④
qīng sè zhí méi　měi mù mián zhǐ

靥辅奇牙，宜笑嫣只。⑤
yè fǔ qí yá　yí xiào xiān zhǐ

丰肉微骨，体便娟只。⑥
fēng ròu wēi gǔ　tǐ pián juān zhǐ

魂乎归来！恣所便只。⑦
hún hū guī lái　zì suǒ pián zhǐ

夏屋广大，沙堂秀只。⑧
xià wū guǎng dà　shā táng xiù zhǐ

注释：①易中利心：朱熹《集注》释为"皆敏慧之意"。动作：梳妆打扮。②袂：袖。③昔：一作夕，夜。④婳：眼睛美丽。⑤靥：酒窝。辅：脸颊。奇牙：美齿。嫣：微笑貌。⑥便娟：好貌。⑦便：安。⑧夏：大。沙堂：用朱砂涂饰门楣的厅堂。

夏屋广大，；芷兰桂树，；孔雀盈园，畜鸾皇只，；鹍鸿群晨，杂鹙鸧只。；鸿鹄代游，曼鹔鹴只。
清·门应兆

云中君　明·陈洪绶

nán fáng xiǎo shàn guàn jué liù zhǐ
南房小坛，观绝霤只。①

qū wū bù yán yí rǎo xù zhǐ
曲屋步壝，宜扰畜只。②

téng jià bù yóu liè chūn yòu zhǐ
腾驾步游，猎春囿只。③

qióng gǔ cuò héng yīng huā gǔ zhǐ
琼毂错衡，英华假只。④

chǎi lán guì shù yù mí lù zhǐ
茝兰桂树，郁弥路只。⑤

hún hū guī lái zì zhì lǜ zhǐ
魂乎归来！恣志虑只。

kǒng què yíng yuán xù luán huáng zhǐ
孔雀盈园，畜鸾皇只。⑥

kūn hóng qún chén zá qiū cāng zhǐ
鹍鸿群晨，杂鹙鸧只。⑦

hóng hú dài yóu màn sù shuāng zhǐ
鸿鹄代游，曼鹔鹴只。⑧

hún hū guī lái fèng huáng xiáng zhǐ
魂乎归来！凤皇翔只。

注释：①坛：犹堂。观：楼台。绝：超过。霤：屋檐水，借指屋宇、房屋。②步壝：长廊。扰畜：驯养畜禽。一说扰，谨也。乘谨慎之马游观。畜，古音一作 xiù，协韵。③囿：圈养动物的园林。④琼毂：以玉饰车轮。错：涂饰，镶嵌。衡：车辕前面的横木。华：花。假：通嘏，大。⑤弥：满。⑥畜：养。⑦鹍：鹍鸡，一种像鹤的鸟。鹙鸧：水鸟名。⑧曼：连绵不绝。鹔鹴：雁的一种，长颈绿身。鹴一作鹴。

山水图之为寻松树不知远 明·邵弥

màn zé yí miàn　xuè qì shèng zhǐ
曼泽怡面，血气盛只。①

yǒng yí jué shēn　bǎo shòu mìng zhǐ
永宜厥身，保寿命只。

shì jiā yíng tíng　jué lù shèng zhǐ
室家盈廷，爵禄盛只。②

hún hū guī lái　jū shì dìng zhǐ
魂乎归来！居室定只。

jiē jìng qiān lǐ　chū ruò yún zhǐ
接径千里，出若云只。③

sān guī chóng hóu　tīng lèi shén zhǐ
三圭重侯，听类神只。④

chá dǔ yāo yǐn　gū guǎ cún zhǐ
察笃夭隐，孤寡存只。⑤

hún hū guī lái　zhèng shǐ kūn zhǐ
魂乎归来！正始昆只。⑥

tián yì qiān zhěn　rén fù chāng zhǐ
● 田邑千畛，人阜昌只。⑦

注释：①曼泽：细腻而光亮。怡：高兴。②盈廷：盈满朝廷。③接径：地壤连接。出若云：指隐士集聚如云。④三圭：指公、侯、伯，其可执圭。重侯：指子、男、子、男共一爵，故谓重侯。听：听政。类：若。⑤笃：厚待。夭：未成年早亡。隐：疾病。一说指隐逸之士。存：抚慰，顾恤。⑥始昆：先后。始，开始。昆，后。⑦邑：都邑。畛：田地里的小路。阜：盛。

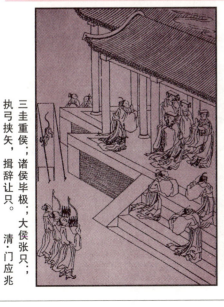

三圭重侯，诸侯毕极；大侯张只；
执弓挟矢，揖辞让只。
清·门应兆

屈原像

<ruby>美<rt>měi</rt></ruby><ruby>冒<rt>mào</rt></ruby><ruby>众<rt>zhòng</rt></ruby><ruby>流<rt>liú</rt></ruby>，<ruby>德<rt>dé</rt></ruby><ruby>泽<rt>zé</rt></ruby><ruby>章<rt>zhāng</rt></ruby><ruby>只<rt>zhǐ</rt></ruby>。①

<ruby>先<rt>xiān</rt></ruby><ruby>威<rt>wēi</rt></ruby><ruby>后<rt>hòu</rt></ruby><ruby>文<rt>wén</rt></ruby>，<ruby>善<rt>shàn</rt></ruby><ruby>美<rt>měi</rt></ruby><ruby>明<rt>máng</rt></ruby><ruby>只<rt>zhǐ</rt></ruby>。②

<ruby>魂<rt>hún</rt></ruby><ruby>乎<rt>hū</rt></ruby><ruby>归<rt>guī</rt></ruby><ruby>来<rt>lái</rt></ruby>！<ruby>赏<rt>shǎng</rt></ruby><ruby>罚<rt>fá</rt></ruby><ruby>当<rt>dāng</rt></ruby><ruby>只<rt>zhǐ</rt></ruby>。③

<ruby>名<rt>míng</rt></ruby><ruby>声<rt>shēng</rt></ruby><ruby>若<rt>ruò</rt></ruby><ruby>日<rt>rì</rt></ruby>，<ruby>照<rt>zhào</rt></ruby><ruby>四<rt>sì</rt></ruby><ruby>海<rt>xǐ</rt></ruby><ruby>只<rt>zhǐ</rt></ruby>。④

<ruby>德<rt>dé</rt></ruby><ruby>誉<rt>yù</rt></ruby><ruby>配<rt>pèi</rt></ruby><ruby>天<rt>tiān</rt></ruby>，<ruby>万<rt>wàn</rt></ruby><ruby>民<rt>mín</rt></ruby><ruby>理<rt>lǐ</rt></ruby><ruby>只<rt>zhǐ</rt></ruby>。⑤

<ruby>北<rt>běi</rt></ruby><ruby>至<rt>zhì</rt></ruby><ruby>幽<rt>yōu</rt></ruby><ruby>陵<rt>líng</rt></ruby>，<ruby>南<rt>nán</rt></ruby><ruby>交<rt>jiāo</rt></ruby><ruby>阯<rt>zhǐ</rt></ruby><ruby>只<rt>zhǐ</rt></ruby>。⑥

<ruby>西<rt>xī</rt></ruby><ruby>薄<rt>bó</rt></ruby><ruby>羊<rt>yáng</rt></ruby><ruby>肠<rt>cháng</rt></ruby>，<ruby>东<rt>dōng</rt></ruby><ruby>穷<rt>qióng</rt></ruby><ruby>海<rt>xǐ</rt></ruby><ruby>只<rt>zhǐ</rt></ruby>。

<ruby>魂<rt>hún</rt></ruby><ruby>乎<rt>hū</rt></ruby><ruby>归<rt>guī</rt></ruby><ruby>来<rt>lái</rt></ruby>！<ruby>尚<rt>shàng</rt></ruby><ruby>贤<rt>xián</rt></ruby><ruby>士<rt>shì</rt></ruby><ruby>只<rt>zhǐ</rt></ruby>。⑦

<ruby>发<rt>fā</rt></ruby><ruby>政<rt>zhèng</rt></ruby><ruby>献<rt>xiàn</rt></ruby><ruby>行<rt>xìng</rt></ruby>，<ruby>禁<rt>jìn</rt></ruby><ruby>苛<rt>kē</rt></ruby><ruby>暴<rt>bào</rt></ruby><ruby>只<rt>zhǐ</rt></ruby>。⑧

<ruby>举<rt>jǔ</rt></ruby><ruby>杰<rt>jié</rt></ruby><ruby>压<rt>yā</rt></ruby><ruby>陛<rt>bì</rt></ruby>，<ruby>诛<rt>zhū</rt></ruby><ruby>讥<rt>jī</rt></ruby><ruby>罷<rt>pí</rt></ruby><ruby>只<rt>zhǐ</rt></ruby>。

注释：①美：善。冒：泽被。众流：黎民百姓。章：明。②威：威武。文：文德。明：古音一作 máng，协韵。下同。③当：（赏罚）各当其所。④理：治理。⑤幽陵：犹幽州。交阯：交趾，此指今岭南一带。⑥薄：近。羊肠：山名，在今山西境内。⑦献行：进用仁义之行。献，进。行，古音 xìng。江有诰《楚辞韵读》："当作'禁暴苛只'。"⑧陛：宫殿的台阶。压陛意为官至高阶。一说压，抑也。压抑无德，不由阶次之人。诛：处罚。讥：贬谪。罷：无能。江有诰《楚辞韵读》："罷，音婆。"

九歌图之湘君　清·汪汉

直赢在位，近禹麾只。①
háo jié zhí zhèng　liú zé shī zhǐ
豪杰执政，流泽施只。
hún hū guī lái　guó jiā wèi zhǐ
魂乎归来！国家为只。
xióng xióng hè hè　tiān dé míng zhǐ
雄雄赫赫，天德明只。
sān gōng mù mù　dēng jiàng táng zhǐ
三公穆穆，登降堂只。②
zhū hóu bì jí　lì jiǔ qiāng zhǐ
诸侯毕极，立九卿只。
zhāo zhì jì shè　dà hóu zhāng zhǐ
昭质既设，大侯张只。③
zhí gōng xié shǐ　yī cí ràng zhǐ
执弓挟矢，揖辞让只。
hún hū guī lái　shàng sān wáng zhǐ
魂乎归来！尚三王只。④

注释：①直赢：直节而才有余者。②穆穆：和美貌。③昭质：指箭靶所画之地。一说指明旦，即第二天早上。侯：习射时以兽皮或布为靶子。④尚：上。上法夏、殷、周。三王：指禹、汤、周文王。

七宝天门帝女车　清·任　熊

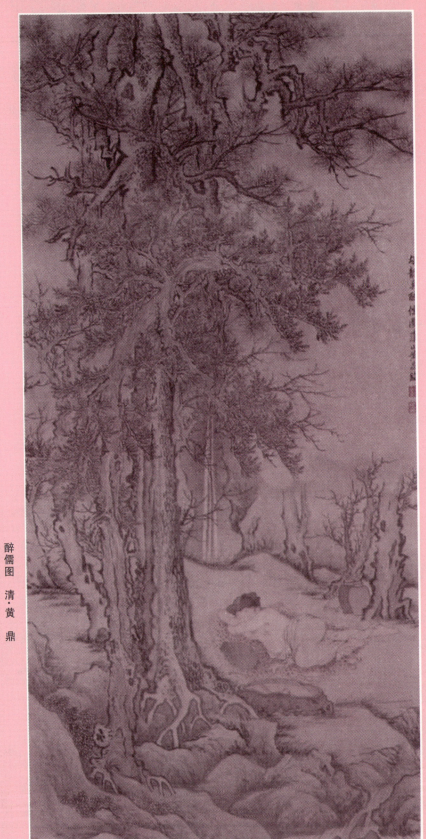

醉儒图 清·黄 鼎

此图松柏参天，虬曲茂郁。浓阴下，湍流边，上身裸露的男子，醉倒于兽皮上酣睡，旁置两个酒坛，一函古书，活灵活现地刻画出风流倜傥的归隐文人不羁的性格。

惜誓①

贾谊

◉ 惜余年老而日衰兮，岁忽忽而不反。

登苍天而高举兮，历众山而日远。

观江河之纤曲兮，离四海之沾濡。①

攀北极而一息兮，吸沆瀣以充虚。②

飞朱鸟使先驱兮，驾太一之象舆。③

苍龙蚴虬于左骖兮，白虎骋而为右騑。④

建日月以为盖兮，载玉女于后车。⑤

驰骛于杳冥之中兮，休息乎昆仑之墟。⑥

乐穷极而不厌兮，愿从容乎神明。

注释：①纤曲：纡回，曲折。离：遭受。沾濡：沾湿。②沆瀣：夜间的水气，露水。旧谓仙人所饮。③太一：最尊贵的天神。象舆：用象牙装饰的车。④蚴虬：蛟龙屈折行动貌。右騑：指四马之左右二骖中的右骖。⑤车：古音 jū，与上下文协韵。⑥驰骛：纵马急驰。墟：大丘。

九歌图　清·汪汉

涉<u>丹</u>水而驰骋兮，右<u>大夏</u>之遗风。①

黄鹄之一举兮，知山川之纡曲；②

再举兮，睹天地之圜方。

临中国之众人兮，托回飙乎尚羊。③

乃至<u>少原</u>之野兮，<u>赤松 王乔</u>皆在旁。④

二子拥瑟而调均兮，余因称乎清商。⑤

澹然而自乐兮，吸众气而翱翔。

念我长生而久仙兮，不如反余之故乡。

黄鹄后时而寄处兮，鸱枭群而制之。⑥

注释：①丹水：犹赤水，传说中的水名。大夏：外国名，在西南。②黄鹄：鸟名，天鹅，或谓形如鹤，色苍黄。黄一作鸿。③回飙：旋风。尚羊：同徜徉。④少原之野：仙人所居。赤松、王乔：赤松子、王子乔，传说中的仙人。⑤调均：调弦。清商：曲调名。⑥寄处：寄居栖身。鸱枭：鸱为猛禽，传说枭食母，古人以为皆恶鸟，喻奸邪恶人。一说鸱枭即猫头鹰。制：侵害。

洞庭王妃赐予柳生珍宝　清·《聊斋图说》

神龙失水而陆居兮，为蝼蚁之所裁。①

夫黄鹄神龙犹如此兮，

况贤者之逢乱世哉。

寿冉冉而日衰兮，固僵回而不息。②

俗流从而不止兮，众枉聚而矫直。③

或偷合而苟进兮，或隐居而深藏。④

苦称量之不审兮，同权概而就衡。⑤

或推移而苟容兮，或直言之谔谔。⑥

注释：①裁：制。②僵回：运转。③枉：邪曲。矫：纠正。④偷合：苟且聚合。苟进：钻营求上。⑤权：秤。概：斗概，量谷时用来刮平斗斛的木板。衡：平。古音一作 háng，协韵。⑥推移：顺从君意。谔谔：直言的样子。

九歌图之国殇　清·汪　汉

shāng chéng shì zhī bù chá xī　bìng rèn máo sī yǐ wéi suǒ
伤诚是之不察兮，并纫茅丝以为索。①

fāng shì sú zhī yōu hūn xī　xuàn bái hēi zhī měi è
方世俗之幽昏兮，眩白黑之美恶。②

fàng shān yuān zhī guī yù xī　xiāng yǔ guì fú lì shuó
放山渊之龟玉兮，相与贵夫砾石。③

méi bó shuò jiàn ér zhì hǎi xī　lái gé shùn zhì ér yòng guó
梅伯数谏而至醢兮，来革顺志而用国。④

bēi rén rén zhī jìn jié xī　fǎn wéi xiǎo rén zhī suǒ zuó
悲仁人之尽节兮，反为小人之所贼。⑤

bǐ gān zhōng jiàn ér pōu xīn xī　jī zǐ pī fà ér yáng kuáng
比干忠谏而剖心兮，箕子被发而佯狂。

shuǐ bèi liú ér yuán jié xī　mù qù gēn ér bù zhǎng
水背流而源竭兮，木去根而不长。

注释：①纫：编结绳索。王逸《楚辞章句》注："单为绳，合为索。"茅、丝：谓奸佞与忠贤。②眩：惑。③放：
放弃。砾：小石砾。④梅伯：传说殷纣臣，以数谏为纣所杀。来、革：纣王重用之奸臣。顺志：从顺纣意。
用国：把持国政。⑤贼：害。

斮胫剖心图　清·《钦定书经图书》

囚奴正士图　清·《钦定书经图书》

非重躯以虑难兮，惜伤身之无功。①

已矣哉！独不见夫鸾凤之高翔兮，乃集大皇之野。②

循四极而回周兮，见盛德而后下。③

彼圣人之神德兮，远浊世而自藏。

使麒麟可得羁而系兮，④

又何以异虖犬羊？

注释：①重躯：重视自己的身体。虑难：忧虑灾难。②集：群鸟止于树上。大皇之野：大荒之薮。一说大皇为极美。大一作太。③回周：回旋，反复。④麒麟：传说中仁兽名。雄曰麒，雌曰麟，借喻杰出的人物。

山鬼睇笑拖兰裳　清·任熊

招隐士

淮南小山

guì shù cóng shēng xī shān zhī yōu
桂树丛生兮山之幽，

yǎn jiǎn lián quán xī zhī xiāng jiū
偃蹇连蜷兮枝相缭。①

shān qì lóng zōng xī shí cuó é
山气巃嵸兮石嵯峨，②

xī gǔ chán yán xī shuǐ céng bō
溪谷崭岩兮水曾波。③

yuán yòu qún xiào xī hǔ bào háo
猿狖群啸兮虎豹嗥，④

pān yuán guì zhī xī liáo yān liú
攀援桂枝兮聊淹留。⑤

wáng sūn yóu xī bù guī chūn cǎo shēng xī qī qī
王孙游兮不归，春草生兮萋萋。⑥

suì mù xī bù zì liáo huì gū míng xī jiū jiū
岁暮兮不自聊，蟪蛄鸣兮啾啾。⑦

yǎng xī yà shān qū fú xīn yān liú xī tōng huǎng hū
块兮轧，山曲岪，心淹留兮恫慌忽。⑧

wǎng xī mì liáo xī lì hǔ bào xí
罔兮沕，憭兮栗，虎豹穴。⑨

注释：①偃蹇、连蜷：均指蜷曲屈折之貌。缭：绕，交错。古音一作jiū，与"幽"协韵。②巃嵸：云雾弥漫的样子。嵯峨：高峻的样子。③崭岩：险峻的样子。崭通巉。曾：通层。④嗥：咆。⑤淹留：滞留，停留。⑥王孙：王的子孙，后泛指贵族子弟。⑦聊：古音一作liú，与"啾"协韵。蟪蛄：昆虫名，蝉的一种。⑧块轧：云气厚重广大。曲岪：山势盘曲回转貌。恫：痛。慌忽：神志不清。⑨罔沕：丢魂失魄。沕，潜藏。憭栗：惊惧，害怕。栗，畏惧。

春游晚归图 明·仇英

丛薄深林兮，人上栗。①

嵚岑碕礒兮，碅磳硊硙，②

树轮相纠兮，林木茷骫。③

青莎杂树兮，薠草霏靡，④

白鹿麏麚兮，或腾或倚。⑤

状貌崟崟兮峨峨，凄凄兮漇漇。⑥

猕猴兮熊罴，慕类兮以悲。⑦

攀援桂枝兮聊淹留。

虎豹斗兮熊罴咆，禽兽骇兮亡其曹。⑧

王孙兮归来！山中兮不可以久留。

注释：①薄：深草曰薄。②嵚：形容山高。岑：小而高的山。碕礒：山石不平貌。碅磳：山石高危貌。硊硙：山石高险貌。③轮：横枝。纠：缠绕。茷骫：树木盘曲的样子。茷通芃。④莎：草名。薠：草名，似莎而大。霏靡：草木细弱，随风披拂貌。⑤麏：獐。麚：牝鹿。⑥崟崟：高伟奇特。峨峨：高峻，高耸。漇漇：润泽。凄凄漇漇，毛衣若濡也。⑦罴：马熊。⑧亡曹：离群。

九歌图 清·汪汉

若木流霞耀鳥裙　清·任　熊

七谏

东方朔

初 放
chū fàng

东方朔
dōng fāng shuò

⦿ 平生于国兮，长于原野。①
píng shēng yú guó xī, cháng yú yuán yě

言语讷涩兮，又无强辅。②
yán yǔ nè sè xī, yòu wú qiáng fǔ

浅智褊能兮，闻见又寡。③
qiǎn zhì biǎn néng xī, wén jiàn yòu guǎ

数言便事兮，见怨门下。④
shuò yán pián shì xī, jiàn yuàn mén xià

王不察其长利兮，卒见弃乎原野。
wáng bù chá qí cháng lì xī, zú jiàn qì hū yuán yě

伏念思过兮，无可改者。⑤
fú niàn sī guò xī, wú kě gǎi zhě

群众成朋兮，上浸以惑。⑥
qún zhòng chéng péng xī, shàng jìn yǐ huò

巧佞在前兮，贤者灭息。
qiǎo nìng zài qián xī, xián zhě miè xī

注释：①平：屈原名。国：国都。长于：长期处于。②讷涩：言语艰难。强辅：强有力的帮手。③褊：狭小，狭隘。④便事：有利于国家之事。门下：喻亲近之人。⑤伏念：心中暗想。⑥上：指国君。浸：沉迷，沉浸其中。

心狐宝髻朝紫真 清·任 熊

尧舜圣已没兮，孰为忠直？
yáo shùn shèng yǐ mò xī　shú wèi zhōng zhí

高山崔巍兮，水流汤汤。①
gāo shān cuī wēi xī　shuǐ liú shāng shāng

死日将至兮，与麋鹿同坑。
sǐ rì jiāng zhì xī　yǔ mí lù tóng kāng

块兮鞠，当道宿，②
kuài xī jū　dāng dào sù

举世皆然兮，余将谁告？
jǔ shì jiē rán xī　yú jiāng shuí gù

斥逐鸿鹄兮，近习鸱枭，③
chì zhú hóng hú xī　jìn xí chī xiāo

斩伐橘柚兮，列树苦桃。
zhǎn fá jú yòu xī　liè shù kǔ táo

便娟之修竹兮，寄生乎江潭。④
pián juān zhī xiū zhú xī　jì shēng hū jiāng tán

注释：①崔巍：高貌。汤汤：大水急流貌。②块鞠：孤独困苦之状。③鸿鹄：大鸟。鸱枭：恶鸟。④便娟：轻盈美好貌。

洞天葳蕤春桃斜，明珰美人骑仙麀　清·任熊

上葳蕤而防露兮，下泠泠而来风。①
孰知其不合兮？
若竹柏之异心。②
往者不可及兮，来者不可待。
悠悠苍天兮，莫我振理。③
窃怨君之不寤兮，吾独死而后已。

注释：①葳蕤：草木茂盛。泠泠：清冷貌。风：古音扶因反，协韵下一句"心"。②若竹柏之异心：竹心空，屈原自喻志通达。柏心实，以喻君暗塞。言己性达道德，而君闭塞，其志不合，若竹柏之异心。③悠悠：忧貌。振理：去除冤屈。振，救。

北斗星高阛阓低　清·任　熊

沉江 (chén jiāng)

东方朔 (dōng fāng shuò)

惟往古之得失兮，览私微之所伤。①
(wéi wǎng gǔ zhī dé shī xī，lǎn sī wēi zhī suǒ shāng)

尧舜圣而慈仁兮，后世称而弗忘。
(yáo shùn shèng ér cí rén xī，hòu shì chēng ér fú wàng)

齐桓失于专任兮，夷吾忠而名彰。②
(qí huán shī yú zhuān rèn xī，yí wú zhōng ér míng zhāng)

晋献惑于骊姬兮，申生孝而被殃。
(jìn xiàn huò yú lí jī xī，shēn shēng xiào ér bèi yāng)

偃王行其仁义兮，荆文寤而徐亡。③
(yǎn wáng xíng qí rén yì xī，jīng wén wù ér xú wáng)

纣暴虐以失位兮，周得佐乎吕望。
(zhòu bào nüè yǐ shī wèi xī，zhōu dé zuǒ hū lǚ wàng)

修往古以行恩兮，封比干之丘垄。④
(xiū wǎng gǔ yǐ xíng ēn xī，fēng bǐ gān zhī qiū lǒng)

注释：①惟：思。览：观。私：亲近。微：奸佞小人。伤：害。②夷吾：管仲之名。管仲将死，戒桓公曰：竖刁自割，易牙烹子，此二臣者不爱其身，不慈其子，不可任也。桓公不从，使专国政。桓公卒，二子各欲立其所傅公子。诸公子并争，国乱无主，而桓公尸不棺，积六十日，虫流出户，故曰失于专任，夷吾忠而名著也。③偃王二句：指徐偃王大兴仁义，诸侯朝之三十余国，楚文王因之兴兵灭徐。④丘垄：坟墓。传周武王封比干之坟以表彰其忠。

政信仁智　明·《瑞世良英》

日献十瑞　明·《瑞世良英》

xián jùn mù ér zì fù xī rì qīn yín ér hé táng
贤俊慕而自附兮，日浸淫而合同。①

míng fǎ lìng ér xiū lǐ xī lán zhǐ yōu ér yǒu fāng
明法令而修理兮，兰芷幽而有芳。

kǔ zhòng rén zhī dù yú xī jī zǐ wù ér yáng kuáng
苦众人之妒予兮，箕子寤而佯狂。

bù gù dì yǐ tān míng xī xīn fú yù ér nèi shāng
不顾地以贪名兮，心怫郁而内伤。②

lián huì zhǐ yǐ wéi pèi xī guò bào sì ér shī xiāng
联蕙芷以为佩兮，过鲍肆而失香。③

zhèng chén duān qí cāo xíng xī fǎn lí bàng ér jiàn rǎng
正臣端其操行兮，反离谤而见攘。

shì sú gēng ér biàn huà xī bó yí è yú shǒu yáng
世俗更而变化兮，伯夷饿于首阳。

dú lián jié ér bù róng xī shū qí jiǔ ér yù máng
独廉洁而不容兮，叔齐久而逾明。④

fú yún chén ér bì huì xī shǐ rì yuè hū wú guāng
浮云陈而蔽晦兮，使日月乎无光。

注释：①**浸淫**：犹渐冉，相亲附之意。**合同**：会合齐同，和睦。②**不顾地**：言不顾楚国之地。**怫郁**：愤懑，心情不舒畅。③**鲍肆**：出售鲍鱼的商店。鲍鱼，盐渍鱼，其气腥臭。④**明**：古音一作 máng，协韵。

采薇图　宋·李　唐

忠臣贞而欲谏兮，谗谀毁而在旁。

秋草荣其将实兮，微霜下而夜降。

商风肃而害生兮，百草育而不长。①

众并谐以妒贤兮，孤圣特而易伤。②

怀计谋而不见用兮，岩穴处而隐藏。

成功隳而不卒兮，子胥死而不葬。③

世从俗而变化兮，随风靡而成行。④

信直退而毁败兮，虚伪进而得当。

追悔过之无及兮，岂尽忠而有功。

注释：①商风：西风（秋风）。肃：急貌。②谐：同。圣特：圣明特异之人。③隳：毁坏。卒：终。④靡：披靡，指草木随风散乱地倒下。

聱聱一睡希夷老，蹒蹒独行彭泽翁　清·任熊

废制度而不用兮，务行私而去公。
终不变而死节兮，惜年齿之未央。①
将方舟而下流兮，冀幸君之发蒙。②
痛忠言之逆耳兮，恨申子之沉江。③
愿悉心之所闻兮，遭值君之不聪。
不开寤而难道兮，不别横之与纵。
听奸臣之浮说兮，绝国家之久长。④
灭规矩而不用兮，背绳墨之正方。

注释： ①**年齿：**年岁。**未央：**未尽。②**方舟：**两船相并。大夫方舟，士特舟。方一作舫。**发蒙：**启蒙，解疑。蒙一作瞢。③**申子：**指伍子胥，吴王曾封之于申。④**浮说：**虚浮不实的言论。

水榭凉镫送笛声　清·任 熊

离忧患而乃寤兮，若纵火于秋蓬。①

业失之而不救兮，尚何论乎祸凶？

彼离畔而朋党兮，独行之士其何望？②

日渐染而不自知兮，秋毫微哉而变容。③

众轻积而折轴兮，原咎杂而累重。④

赴湘沅之流澌兮，恐逐波而复东。⑤

怀沙砾而自沉兮，不忍见君之蔽壅。

注释：①离：一作罹。遭，遇。蓬：蒿。秋时枯槁。②彼：指奸佞小人。离畔：离心，背叛。畔，通叛。③渐染：积久成习。王逸注："稍积为渐，污变为染。"秋毫：锐毛为毫，夏落秋生。④咎：过错。累重：堆积繁多，厚重。⑤流澌：江河解冻时流动的冰块。东：东入大海。

九莲地府祆神火 清·任熊

怨世
yuàn shì

dōng fāng shuò
东方朔

●世沉淖而难论兮，俗岭峨而蓼嵯。①
shì chén nào ér nán lùn xī，sú yín é ér cēn cuó

清泠泠而歼灭兮，溷湛湛而日多。②
qīng líng líng ér jiān miè xī，hùn zhàn zhàn ér rì duō

枭鸮既以成群兮，玄鹤弭翼而屏移。③
xiāo xiāo jì yǐ chéng qún xī，xuán hè mǐ yì ér bǐng yí

蓬艾亲入御于床第兮，④
péng ài qīn rù yù yú chuáng zǐ xī

马兰踸踔而日加。⑤
mǎ lán chěn chuō ér rì jiā

弃捐药芷与杜衡兮，
qì juān yào zhǐ yǔ dù héng xī

余奈世之不知芳何。
yú nài shì zhī bù zhī fāng hé

注释：①沉淖：没溺，犹沉沦。岭峨：参差不齐。蓼嵯：不齐貌。蓼同嵾。嵯，古音一作cuó，与"多"协韵，今音cǐ。②清泠泠：喻洁白。泠泠，清白貌。溷湛湛：喻贪浊。溷，混浊。湛湛，厚重貌。③枭、鸮：均是恶鸟。玄鹤：神话中的神鸟。弭：收敛。屏移：退隐。④第：竹篾编的床。⑤马兰：恶草名。踸踔：同趻踔，跳跃，此处喻暴长。加：《天问》："天极焉加。"《楚辞集注》："加，叶音基。"这里亦可协音jī。

楚关峨峨，出关马多　清·任熊

hé zhōu dào zhī píng yì xī　　rán wú huì ér xiǎn xì
何周道之平易兮，然芜秽而险戏。①

gāo yáng wú gù ér wěi chén xī　　táng yú diǎn zhuó ér huǐ yì
高阳无故而委尘兮，唐虞点灼而毁议。②

shuí shǐ zhèng qí zhēn shì xī　　suī yǒu bā shī ér bù kě wéi
谁使正其真是兮，虽有八师而不可为。③

huáng tiān bǎo qí gāo xī　　hòu tǔ chí qí jǐ
● 皇天保其高兮，后土持其久。

fú qīng bái yǐ xiāo yáo xī　　piān yǔ hū xuán yīng yì sì
服清白以逍遥兮，偏与乎玄英异色。④

xī shī tí tí ér bù dé jiàn xī
西施媞媞而不得见兮，⑤

mó mǔ bó xiè ér rì shì
嫫母勃屑而日侍。⑥

guì dù bù zhī suǒ yān liú xī
桂蠹不知所淹留兮，⑦

liǎo chóng bù zhī xǐ hū kuí cì
蓼虫不知徙乎葵菜。⑧

注释: ①险戏: 危险。戏通巇。险峻。②高阳: 帝颛顼。委尘: 比喻被诬谤。唐虞: 陶唐氏和有虞氏，即尧舜。点: 污。灼: 灸烧。点灼比喻被诽谤。③八师: 指先代的贤臣。④玄英: 纯黑色，喻贪浊。⑤媞媞: 容貌美丽。⑥嫫母: 传说黄帝的次妃，极丑。勃屑: 行走蹒跚之貌。⑦桂蠹: 桂树上的蠹虫，喻食禄之臣。⑧蓼虫: 生长在蓼草上的虫。蓼, 辛菜。葵菜: 叶甜美。

春人出帘花在波　清·任　熊

227

chǔ hūn hūn zhī zhuó shì xī　jīn ān suǒ dá hū wú zhì
处涽涽之浊世兮，今安所达乎吾志。①

yì yǒu suǒ zài ér yuǎn shì xī　gù fēi zhòng rén zhī suǒ shí
意有所载而远逝兮，固非众人之所识。

jì chóu chú yú bì niǎn xī　yù sūn yáng ér dé dì
骥踌躇于弊辇兮，遇孙阳而得代。②

lǚ wàng qióng kùn ér bù liáo shēng xī　zāo zhōu wén ér shū zhì
吕望穷困而不聊生兮，遭周文而舒志。③

nìng qī fàn niú ér shāng gē xī　huán gōng wén ér fú zhì
宁戚饭牛而商歌兮，桓公闻而弗置。④

lù shì nǚ zhī fāng sāng xī　kǒng zǐ guò zhī yǐ zì shì
路室女之方桑兮，孔子过之以自侍。⑤

wú dú guāi là ér wú dāng xī　xīn dào chù ér mào sī
●吾独乖剌而无当兮，心悼怵而�耄思。⑥

sī bǐ gān zhī pēng pēng xī　āi zǐ xū zhī shèn shì
思比干之怦怦兮，哀子胥之慎事。⑦

bēi chǔ rén zhī hé shì xī　xiàn bǎo yù yǐ wéi shí
悲楚人之和氏兮，献宝玉以为石。⑧

注释：①涽涽：昏乱浑浊。②弊辇：破车。孙阳：伯乐的姓名。③聊生：赖以维持生活。④弗置：不废置，意为起用。⑤路室：客舍。桑：采桑。自侍：意自重不乱。⑥乖剌：相背，违反，意为不得志。悼怵：悲伤恐惧。耄：指八九十岁的年纪，此引申为糊涂。⑦怦怦：忠直的样子。⑧和氏：指和氏璧之事。

人物山水图之孙阳相马

清·任　熊

遇<u>厉武</u>之不察兮，羌两足以毕斫。①

小人之居势兮，视忠正之何若？

改前圣之法度兮，喜嗫嚅而妄作。②

亲谗谀而疏贤圣兮，

讼谓<u>闾娵</u>为丑恶。③

愉近习而蔽远兮，孰知察其黑白？

卒不得效其心容兮，

安眇眇而无所归薄。④

专精爽以自明兮，晦冥冥而壅蔽。⑤

注释：①<u>厉武</u>：指砍去卞和左右足的楚厉王和楚武王。羌：发语词。斫：断。②嗫嚅：言小语谋私貌。③闾娵：美女名。④眇眇：辽远，高远。薄：附。⑤精爽：精神，魂魄。

绣臂鞲鹰看猎来 清·任熊

nián jì yǐ guò tài bàn xī　rán kǎn kě ér liú zhì
年既已过太半兮，然坎轲而留滞。①

yù gāo fēi ér yuǎn jí xī　kǒng lí wǎng ér miè bì
欲高飞而远集兮，恐离罔而灭败。②

dú yuān yì ér wú jí xī　shāng jīng shén ér shòu yī
独冤抑而无极兮，伤精神而寿夭。③

huáng tiān jì bù chún mìng xī　yú shēng zhōng wú suǒ yī
皇天既不纯命兮，余生终无所依。

yuàn zì chén yú jiāng liú xī　jué héng liú ér jìng shì
愿自沉于江流兮，绝横流而径逝。④

nìng wéi jiāng hǎi zhī ní tú xī
宁为江海之泥涂兮，

ān néng jiǔ jiàn cǐ zhuó shì
安能久见此浊世？

注释：①太半：过半数，大多数，指年过五十。坎轲：坎坷。②离罔：谓陷入法网。离，一作罹。罔，喻法。③冤抑：冤屈。④绝：自绝。径：即，就。

纫兰撷蕙楚臣骚　清·任熊

怨思 ^{yuàn sī}

东方朔 ^{dōng fāng shuò}

● 贤士穷而隐处兮,廉方正而不容。①
<small>xián shì qióng ér yǐn chǔ xī　lián fāng zhèng ér bù róng</small>

子胥谏而靡躯兮,比干忠而剖心。②
<small>zǐ xū jiàn ér mí qū xī　bǐ gān zhōng ér pōu xīn</small>

子推自割而饲君兮,德日忘而怨深。③
<small>zǐ tuī zì gē ér sì jūn xī　dé rì wàng ér yuàn shēn</small>

行明白而日黑兮,荆棘聚而成林。
<small>xíng míng bái ér yuē hēi xī　jīng jí jù ér chéng lín</small>

江离弃于穷巷兮,蒢藜蔓乎东厢。④
<small>jiāng lí qì yú qióng xiàng xī　jí lí màn hū dōng xiāng</small>

贤者蔽而不见兮,谗谀进而相朋。⑤
<small>xián zhě bì ér bù jiàn xī　chán yú jìn ér xiāng páng</small>

枭鸮并进而俱鸣兮,凤皇飞而高翔。
<small>xiāo xiāo bìng jìn ér jù míng xī　fèng huáng fēi ér gāo xiáng</small>

愿壹往而径逝兮,道壅绝而不通。
<small>yuàn yī wǎng ér jìng shì xī　dào yōng jué ér bù tāng</small>

注释:①隐处:犹隐居。②靡躯:犹言粉身碎骨。③饲:以食食人。④江离:香草名。⑤相朋:互相结为朋党。

弹我箜篌 清·任熊

自　悲
zì　bēi

东方朔
dōng fāng shuò

居愁勤其谁告兮，独永思而忧悲。①
jū chóu qín qí shuí gào xī　dú yǒng sī ér yōu bēi

内自省而不惭兮，操愈坚而不衰。②
nèi zì xǐng ér bù cán xī　cāo yù jiān ér bù cuī

隐三年而无决兮，岁忽忽其若颓。③
yǐn sān nián ér wú jué xī　suì hū hū qí ruò tuí

怜余身不足以卒意兮，冀一见而复归④
lián yú shēn bù zú yǐ zú yì xī　jì yí jiàn ér fù guī

哀人事之不幸兮，属天命而委之咸池。⑤
āi rén shì zhī bù xìng xī　zhǔ tiān mìng ér wěi zhī xián chí

身被疾而不间兮，心沸热其若汤。⑥
shēn bèi jí ér bù jiàn xī　xīn fèi rè qí ruò tāng

冰炭不可以相并兮，
bīng tàn bù kě yǐ xiāng bìng xī

吾固知乎命之不长。
wú gù zhī hū mìng zhī bù cháng

注释：①愁勤：忧苦勤劳。②惭：羞愧。衰：古音一作cuī，协韵。③颓：水往下流。④卒：尽，完成。⑤咸池：天神名。⑥间：病愈。洪兴祖补注："间，瘳也。"瘳，病愈。

石兰插手听瓶笙　清·任熊

āi dú kǔ sǐ zhī wú lè xī xī yú nián zhī wèi yāng
哀独苦死之无乐兮，惜予年之未央。

bēi bù fǎn yú zhī suǒ jū xī hèn lí yú zhī gù xiāng
悲不反余之所居兮，恨离予之故乡。

niǎo shòu jīng ér shī qún xī yóu gāo fēi ér āi míng
鸟兽惊而失群兮，犹高飞而哀鸣。

hú sǐ bì shǒu qiū xī fú rén shú néng bù fǎn qí zhēn qíng
狐死必首丘兮，夫人孰能不反其真情？

gù rén shū ér rì wàng xī xīn rén jìn ér yù hào
故人疏而日忘兮，新人近而俞好。①

mò néng xíng yú yǎo míng xī shú néng shī yú wú bào
莫能行于杳冥兮，孰能施于无报？

kǔ zhòng rén zhī jiē rán xī chéng huí fēng ér yuǎn yóu
⬤ 苦众人之皆然兮，乘回风而远游。

líng héng shān qí ruò lòu xī liáo yú yú yǐ wàng yōu
凌恒山其若陋兮，聊愉娱以忘忧。②

bēi xū yán zhī wú shí xī kǔ zhòng kǒu zhī shuò jīn
悲虚言之无实兮，苦众口之铄金。

注释：①俞：通愈，更加，越发。②凌：乘。陋：小。

禅坐矜了悟，众魔已来缘 清·任熊

guò gù xiāng ér yí gù xī　qì xū xì ér zhān jīn
过故乡而一顾兮,泣歔欷而沾衿。

yā bái yù yǐ wéi miàn xī　huái wǎn yǎn yǐ wéi xīn
厌白玉以为面兮,怀琬琰以为心。①

xié qì rù ér gǎn nèi xī　shī yù sè ér wài yín
邪气入而感内兮,施玉色而外淫。②

hé qīng yún zhī liú lán xī　wēi shuāng jiàng zhī máng máng
何青云之流澜兮,微霜降之蒙蒙。③

xú fēng zhì ér pái huái xī　jí fēng guò zhī shāng shāng
徐风至而徘徊兮,疾风过之汤汤。④

wén nán fān lè ér yù wǎng xī　zhì kuài jī ér qiě zhǐ
闻南藩乐而欲往兮,至会稽而且止。⑤

jiàn hán zhòng ér sù zhī xī　wèn tiān dào zhī suǒ zì
见韩众而宿之兮,问天道之所在?⑥

jiè fú yún yǐ sòng yú xī　zài cí ní ér wéi jīng
借浮云以送予兮,载雌霓而为旌。⑦

jià qīng lóng yǐ chí wù xī　bān yǎn yǎn zhī míng míng
驾青龙以驰骛兮,班衍衍之冥冥。⑧

注释: ①厌:通压。琬、琰:美玉名。②淫:润泽,光泽。③流澜:云层浓厚。蒙蒙:盛貌。④汤汤:水流大而急,此处形容风大。⑤南藩:南方的诸侯国。乐:饶乐,富饶安乐。会稽:山名,在今浙江境内。⑥韩众:传说中的仙人。天道:长生之道。⑦霓:主虹为虹,副虹为霓。⑧班衍衍:形容速度极快。

上掦仙掌浆,啸聚狐魅斟　清·任熊

忽容容其安之兮，超慌忽其焉如？①

苦众人之难信兮，愿离群而远举。

登峦山而远望兮，好桂树之冬荣。

观天火之炎炀兮，听大壑之波声。②

引八维以自道兮，含沆瀣以长生。③

居不乐以时思兮，食草木之秋实。

饮菌若之朝露兮，构桂木而为室。④

杂橘柚以为圃兮，列新夷与椒桢。⑤

鹍鹤孤而夜号兮，哀居者之诚贞。⑥

注释：①容容：飞扬之貌。超：遥远。慌忽：犹迷茫。②炀：火旺。③八维：四方（东、南、西、北）和四隅（东南、西南、东北、西北）合称八维。道：一作导，导引。沆瀣：夜间的水气、露水。旧谓仙人所饮。④菌：菌桂的简称。若：杜若的简称。⑤列：成行成列地栽种。新夷：辛夷。桢：女贞子。⑥鹍：鹍鸡，一种像鹤的鸟。居者：指屈原自己。

江田斜日看僧犁　清·任　熊

哀　命
āi　mìng

东方朔
dōng fāng shuò

● 哀时命之不合兮，伤楚国之多忧。①
āi shí mìng zhī bù hé xī　shāng chǔ guó zhī duō yōu

内怀情之洁白兮，遭乱世而离尤。
nèi huái qíng zhī jié bái xī　zāo luàn shì ér lí yóu

恶耿介之直行兮，世混浊而不知。
wù gěng jiè zhī zhí xíng xī　shì hùn zhuó ér bù zhī

何君臣之相失兮，上沅湘而分离。②
hé jūn chén zhī xiāng shī xī　shàng yuán xiāng ér fēn lí

测汨罗之湘水兮，知时固而不反。③
cè mì luó zhī xiāng shuǐ xī　zhī shí gù ér bù fǎn

伤离散之交乱兮，遂侧身而既远。④
shāng lí sàn zhī jiāo luàn xī　suì cè shēn ér jì yuǎn

注释：①时命之不合：生不逢时。时命，时代和命运。②上：溯，即逆流而上。③测：度量水之深浅。此处指投身入江，表示自绝。④交乱：互相怨恨，喻指君臣关系。侧身：戒备，远离。

禹王治水·杨柳青木版年画

chǔ xuán shè zhī yōu mén xī xué yán shí ér kū fú
处玄舍之幽门兮，穴岩石而窟伏。①

cóng shuǐ jiāo ér wéi tú xī yǔ shén lóng hū xiū xī
从水蛟而为徒兮，与神龙乎休息。②

hé shān shí zhī chán yán xī líng hún qū ér yǎn jiǎn
何山石之巉岩兮，灵魂屈而偃蹇。③

hán sù shuǐ ér méng shēn xī rì miǎo miǎo ér jì yuǎn
含素水而蒙深兮，日眇眇而既远。④

āi xíng tǐ zhī lí xiè xī shén wǎng liǎng ér wú shè
哀形体之离解兮，神罔两而无舍。⑤

wéi jiāo lán zhī bù fǎn xī hún mí huò ér bù zhī lù
惟椒兰之不反兮，魂迷惑而不知路。⑥

注释：①玄舍：暗室。**穴：**动词，以穴为居的意思。**伏：**古音一作扶习反，与"息"协韵。②**徒：**徒众。③**巉岩：**指山高而险峻的样子。**偃蹇：**婉转委曲，屈曲。④**素水：**清洁纯净的水。**蒙深：**盛大，繁多。⑤**离解：**形容精疲力尽。解，也作懈。**罔两：**迷茫无所依。**舍：**止。⑥**椒兰：**子椒和子兰，楚国的两个佞臣。

九歌图之湘君　南　宋·佚 名

愿无过之设行兮，虽灭没之自乐。①

痛楚国之流亡兮，哀灵修之过到。②

固时俗之混浊兮，志瞀迷而不知路。③

念私门之正匠兮，遥涉江而远去。④

念女婴之婵媛兮，涕泣流乎於悒。⑤

我决死而不生兮，虽重追吾何及。⑥

戏疾濑之素水兮，望高山之寒产。⑦

哀高丘之赤岸兮，遂没身而不反。⑧

注释：①设行：施行，指按自己的设想而行动。②过到：过错造成的。③瞀迷：心中烦乱迷茫。④私门：权门，指掌权的奸佞之人。匠：教化。⑤女婴：旧注多指屈原的姐姐，也可作广义的女性来理解。婵媛：牵挂不舍的样子。於悒：忧悒郁结，哽咽。⑥重追：再三追忆思考。⑦濑：流速很快的水。寒产：迂回、曲折的样子。⑧赤岸：本义指极南之地，用以比喻朝廷之中的危险境地。没身：投身江中。没，一作殁。

姽婳军容效洗梁

清·任

熊

miù jiàn
谬 谏①

dōng fāng shuò
东方朔

◉ yuàn líng xiū zhī hào dàng xī　fú hé zhí cāo zhī bù gù
怨灵修之浩荡兮,夫何执操之不固?②

bēi tài shān zhī wéi huáng xī　shú jiāng hé zhī kě hú
悲太山之为隍兮,孰江河之可涸?③

yuàn chéng xián ér xiào zhì xī　kǒng fàn jì ér gān huì
愿承闲而效志兮,恐犯忌而干讳。④

zú fǔ qíng yǐ jì mò xī　rán chāo chàng ér zì bēi
卒抚情以寂寞兮,然怊怅而自悲。⑤

yù yǔ shí qí tóng kuì xī　guàn yú yǎn yǔ zhū jī
玉与石其同匮兮,贯鱼眼与珠玑。⑥

nú jùn zá ér bù fēn xī　fú pí niú ér cān jì
驽骏杂而不分兮,服罢牛而骖骥。⑦

nián tāo tāo ér zì yuǎn xī　shòu rǎn rǎn ér yù cuī
年滔滔而自远兮,寿冉冉而愈衰。⑧

注释:①谬谏:狂者之言为谬,此为作者自谦的说法。②操:志。固:坚。③太山:泰山。隍:城下池。《说文》:城池有水曰池,无水曰隍。④承:通乘,趁着。干:触。所畏为忌,所隐为讳。⑤怊怅:愤愤不平的样子。⑥匮:匣子。玑:指不圆的珠子。⑦驽:劣马。骏:良马。服罢牛:服,驾车时位于中间的马。罢牛,疲惫的老牛,把疲惫的老牛也驾在车当中。骖:驾车时位于两旁的马。⑧滔滔:行貌。衰:古音一作cuī,协韵。

宝此龙篆书,待籍灵霄宫 清·任熊

xīn tú tán ér fán yuān xī　　jiǎn chāo yáo ér wú jì
心惝惮而烦冤兮，蹇超摇而无冀。①

gù shí sú zhī gōng qiǎo xī　　miè guī jǔ ér gǎi cù
固时俗之工巧兮，灭规矩而改错。②

què qí jì ér bù chéng xī　　cè nú tái ér qǔ lù
却骐骥而不乘兮，策驽骀而取路。③

dāng shì qǐ wú qí jì xī　　chéng wú wáng liáng zhī shàn yù
当世岂无骐骥兮，诚无王良之善驭。④

jiàn zhí pèi zhě fēi qí rén xī　　gù jú tiào ér yuǎn qù
见执辔者非其人兮，故骒跳而远去。⑤

bù liáng záo ér zhèng ruì xī　　kǒng jǔ huò zhī bù tóng
不量凿而正枘兮，恐矩矱之不同。⑥

bù lùn shì ér gāo jǔ xī　　kǒng cāo xíng zhī bù tóng
不论世而高举兮，恐操行之不调。⑦

hú gōng chí ér bù zhāng xī　　shú yún zhī qí suǒ zhì
弧弓弛而不张兮，孰云知其所至？⑧

注释：①惝惮：忧愁的样子。蹇：发语辞。超摇：不安。冀：希望。②错：古音一作 cù，协韵。③骀：劣马。④王良：人名，春秋时著名的善于驾驭之人。⑤骒跳：跳跃。⑥矩矱：量度的工具。本处指尺寸。⑦调：和。⑧弛：解。

隐居十六观图之啸句

明·陈洪绶

无倾危之患难兮，焉知贤士之所死？

俗推佞而进富兮，节行张而不著。①

贤良蔽而不群兮，朋曹比而党誉。②

邪说饰而多曲兮，正法弧而不公。③

直士隐而避匿兮，谗谀登乎明堂。

弃彭咸之娱乐兮，灭巧倕之绳墨。④

菎蕗杂于廲蒸兮，机蓬矢以射革。⑤

驾蹇驴而无策兮，又何路之能极？⑥

以直针而为钓兮，又何鱼之能得？

注释：①张而不著：张，推广。著，显著，指不能推广发扬。②朋曹：奸佞之人。比：勾结。党誉：相互吹捧。③弧：违反，违背。④弃彭咸句：意为抛弃彭咸的清廉品行，而行贪佞之风。巧倕：传说中的巧匠。⑤菎蕗：二者皆为竹子的品种。廲蒸：麻秸。古时用作燃料或照明用。廲，麻秆。机：弩机。弓上发箭的装置。蓬矢：用蓬蒿做的箭。⑥蹇：跛脚。策：马鞭。极：竟。

相对有良友，如何不抚琴　清·任熊

241

伯牙之绝弦兮，无钟子期而听之。

和抱璞而泣血兮，安得良工而剖之？①

● 同音者相和兮，同类者相似。

飞鸟号其群兮，鹿鸣求其友。

故叩宫而宫应兮，弹角而角动。②

虎啸而谷风至兮，龙举而景云往。③

音声之相和兮，言物类之相感也。④

● 夫方圆之异形兮，势不可以相错。

列子隐身而穷处兮，世莫可以寄托。⑤

注释：①和：卞和。②宫、角：古代五音音名。③景云：《楚辞章句》："景云，大云而有光者。"④音声：古人将简单的发音叫作声，由声组成有节奏的音乐，叫作音。⑤列子：列御寇，战国时郑国人。

伯牙鼓琴图　元·王振鹏

众鸟皆有行列兮,凤独翔翔而无所薄。①

经浊世而不得志兮,
愿侧身岩穴而自托。②

欲阖口而无言兮,尝被君之厚德。③

独便悁而怀毒兮,愁郁郁之焉极?④

念三年之积思兮,愿一见而陈辞。

不及君而骋说兮,世孰可为明之?⑤

身寝疾而日愁兮,情沈抑而不扬。⑥

众人莫可与论道兮,悲精神之不通。

注释:①翔翔:一本作翱翔。薄:附。②托:托身,此处指隐居。③阖:闭。尝:曾经。④便悁:忧愁。⑤骋说:尽情陈说。⑥寝疾:卧病在床。

三更车子内家出,中官笼灯拥骀卒 清·任熊

乱曰：鸾皇孔凤日以远兮，畜凫驾鹅。①

鸡鹜满堂坛兮，蛙黾游乎华池。②

要褭奔亡兮，腾驾橐驼。③

铅刀进御兮，遥弃太阿。④

拔搴玄芝兮，列树芋荷。⑤

橘柚萎枯兮，苦李旖旎。⑥

甂瓯登于明堂兮，周鼎潜乎深渊。⑦

自古而固然兮，吾又何怨乎今之人。

注释：①乱：这是《七谏》全篇的结尾。孔：孔雀。②鹜：鸭。堂坛：堂，殿堂。坛，庭院。蛙黾：蛙和黾皆指青蛙。③要褭：古代的骏马。褭同袅。橐驼：兽名，即骆驼。④太阿：古代利剑名。⑤搴：拔取。玄芝：传说中的灵草。芋荷：芋芅，植物名，古代也称蹲鸱。叶柄可作猪饲料，地下块茎可供食用。⑥旖旎：形容茂盛的样子。⑦甂瓯：盆盂一类的瓦器。

孔雀下屺银泥裙

清·任

熊

哀时命①

严忌

● 哀时命之不及古人兮，
āi shí mìng zhī bù jí gǔ rén xī

夫何予生之不遘时！①
fú hé yú shēng zhī bù gòu shí

往者不可扳援兮，来者不可与期。②
wǎng zhě bù kě pān yuán xī lái zhě bù kě yù qī

志憾恨而不逞兮，杼中情而属诗。③
zhì hàn hèn ér bù chěng xī shū zhōng qíng ér zhǔ shī

夜炯炯而不寐兮，怀隐忧而历兹。④
yè jiǒng jiǒng ér bù mèi xī huái yǐn yōu ér lì zī

心郁郁而无告兮，众孰可与深谋！
xīn yù yù ér wú gào xī zhòng shú kě yǔ shēn móu

歔愁悴而委惰兮，老冉冉而逮之。⑤
kǎn chóu cuì ér wěi duò xī lǎo rǎn rǎn ér dài zhī

居处愁以隐约兮，志沉抑而不扬。⑥
jū chǔ chóu yǐ yǐn yuē xī zhì chén yì ér bù yáng

道壅塞而不通兮，江河广而无梁。⑦
dào yōng sè ér bù tōng xī jiāng hé guǎng ér wú liáng

注释：①遘时：逢时。②扳：同攀，引。③志：心中。憾：恨。逞：称心如意。杼：一作抒。属：续。④炯炯：多用于形容目光明亮，也同耿耿，形容有心事。隐：痛。⑤歔：愁苦的样子。委惰：懈倦。逮：到，至。⑥隐约：暗藏着。⑦梁：桥梁。

袒裸坐男妇，盲歌陈缶匏 清·任熊

愿至昆仑之悬圃兮，采钟山之玉英。①

揽瑶木之橝枝兮，望阆风之板桐。②

弱水汩其为难兮，路中断而不通。③

势不能凌波以径度兮，④

又无羽翼而高翔。

然隐悯而不达兮，独徙倚而仿徉。⑤

怅惝罔以永思兮，心纡轸而增伤。⑥

倚踌躇以淹留兮，日饥馑而绝粮。⑦

廓抱景而独倚兮，超永思乎故乡。⑧

廓落寂而无友兮，谁可与玩此遗芳？⑨

注释：①悬圃：传说中神仙所居之地。钟山：昆仑山的别称。玉英：玉之花，此处泛指美玉。英，古音一作yāng，协韵。②橝：通覃，长。阆风、板桐：皆为山名。③弱水：神话中的河流名。汩：治理，疏通。④度：通渡。⑤隐悯：隐居而神伤。仿徉：徘徊，游荡。⑥惝罔：怅惘失意的样子。纡轸：愁思郁结而心痛。⑦踌躇：犹豫徘徊。⑧廓抱景：空守着影子。廓，空。景，影子。⑨廓落：空旷，寂寞。

归去来辞之临清流而赋诗　明·李 在

白日晼晚其将入兮，哀余寿之弗将。①

车既弊而马罢兮，蹇邅徊而不能行。②

身既不容于浊世兮，不知进退之宜当。

冠崔嵬而切云兮，剑淋离而从横。③

衣摄叶以储与兮，左袪挂于榑桑；④

右衽拂于不周兮，六合不足以肆行。⑤

上同凿柄于伏戏兮，⑥

下合矩矱于虞唐。

愿尊节而式高兮，志犹卑夫禹、汤。⑦

注释：①晼晚：日将暮，迟暮。②蹇：滞留。邅徊：徘徊不前。行：古音一作háng，协韵。下同。③淋离：长貌也。从横：纵横交错，此处形容长剑左右摆动。横，古音亦作háng，协韵。④摄叶、储与：形容衣服长且大，不得舒展，深喻德能弘广，不得施用。袪：衣袖。榑桑：同扶桑，植物名。⑤不周：神话中的山名。六合：指天地四方。⑥伏戏：伏羲。⑦式：以……为标准。

长髯壮士拔剑舞，窄袖吴儿能挝鼓 清·任熊

虽知困其不改操兮，终不以邪枉害方。

世并举而好朋兮，壹斗斛而相量。

众比周以肩迫兮，贤者远而隐藏。①

为凤皇作鹑笼兮，虽翕翅其不容。②

灵皇其不寤知兮，焉陈词而效忠？③

俗嫉妒而蔽贤兮，孰知余之从容？

愿舒志而抽冯兮，庸讵知其吉凶？④

璋珪杂于甑窐兮，陇廉与孟娵同宫。⑤

举世以为恆俗兮，固将愁苦而终穷。⑥

注释：①比周：结党营私。比，亲。周，合。肩迫：并肩。②翕：合拢。③寤知：觉悟，醒悟。④抽冯：抒发愤懑之情。庸讵：凭什么。⑤璋珪：美玉名。甑：蒸饭用的瓦罐。窐：孔洞。陇廉：丑妇名。孟娵：美女名。⑥恆：同恒。

猛虎磨牙当殿立，媱魔含睇出花来　清·任熊

幽独转而不寐兮，惟烦懣而盈匈。①
yōu dú zhuǎn ér bù mèi xī wéi fán mèn ér yíng xiōng

魂眇眇而驰骋兮，心烦冤之忡忡。②
hún miǎo miǎo ér chí chěng xī xīn fán yuān zhī chōng chōng

志欲憾而不儋兮，路幽昧而甚难。③
zhì kǎn hàn ér bù dàn xī lù yōu mèi ér shèn nán

● 块独守此曲隅兮，然欿切而永叹。④
kuài dú shǒu cǐ qū yú xī rán kǎn qiè ér yǒng tàn

愁修夜而宛转兮，气涫灪其若波。⑤
chóu xiū yè ér wǎn zhuǎn xī qì guàn fèi qí ruò bō

握剞劂而不用兮，操规矩而无所施。⑥
wò jī jué ér bù yòng xī cāo guī jǔ ér wú suǒ shī

骋骐骥于中庭兮，焉能极夫远道？
chěng qí jì yú zhōng tíng xī yān néng jí fú yuǎn dào

置猨狖于櫺槛兮，夫何以责其捷巧？⑦
zhì yuán yòu yú líng jiàn xī fú hé yǐ zé qí jié qiǎo

驷跛鳖而上山兮，吾固知其不能升。⑧
sì bǒ biē ér shàng shān xī wú gù zhī qí bù néng shēng

释管晏而任臧获兮，何权衡之能称？⑨
shì guǎn yàn ér rèn zāng huò xī hé quán héng zhī néng chēng

注释：①盈匈：充满胸膛。匈同胸。②忡忡：忧虑的样子。③欿憾：未得到满足，引以为恨。儋：安心。④块：孤独。欿切：愁苦，痛切。⑤涫灪：灪同沸，沸腾。波：叶补基反。⑥剞劂：雕刻用刀。⑦猨狖：猿猴。櫺槛：用栏杆围成的围圈。櫺，同棂，旧式窗户的格子。⑧驷：驾。跛鳖：鳖同鳖，瘸腿的鳖，亦泛指鳖。鳖行动迟缓，故称。⑨释：弃用。臧获：古时对奴婢的贱称，泛指天下卑贱之人。权：秤锤。衡：秤杆。

归去来辞之或棹孤舟图　明·夏　芷

箟簬杂于廮蒸兮，机蓬矢以射革。

负檐荷以丈尺兮，欲伸要而不可得。①

外迫胁于机臂兮，上牵联于矰隹。②

肩倾侧而不容兮，固陋腹而不得息。③

务光自投于深渊兮，不获世之尘垢。④

孰魁摧之可久兮，愿退身而穷处。⑤

凿山楹而为室兮，下被衣于水渚。⑥

雾露濛濛其晨降兮，云依斐而承宇。⑦

虹霓纷其朝霞兮，夕淫淫而淋雨。

注释：①檐：荷。丈尺：形容活动范围狭小。②机臂：指弩身。矰隹：射鸟用的系有绳子的短箭。隹同弋。③肩倾侧：侧身，形容卑躬屈膝的样子。本处指受委屈。陋腹：吸气收腹。陋同狭。④务光：古时一位清白之士，因言不见用而自投渊而死。⑤魁摧：独处忧愁。⑥山楹：山中的石柱。楹，柱子。⑦依斐：又作斐斐，形容云的样子。宇：屋檐。

涧门通石梁，独行一樵者　清·任熊

251

怊茫茫而无归兮，怅远望此旷野。

下垂钓于溪谷兮，上要求于仙者。①

与赤松而结友兮，比王侨而为耦。②

使枭杨先导兮，白虎为之前后。③

浮云雾而入冥兮，骑白鹿而容与。

魂眣眣以寄独兮，汩徂往而不归。④

处卓卓而日远兮，志浩荡而伤怀。⑤

注释：①要求：要约，集结。②耦：二人为耦。③枭杨：亦称枭羊，山神名，即狒狒。④眣眣：一作眐眐，独行貌。⑤卓卓：高远的样子。

人物山水图之伍员吹箫　清·任　熊

鸾凤翔于苍云兮，故矰缴而不能加。①

蛟龙潜于旋渊兮，身不挂于罔罗。②

知贪饵而近死兮，不如下游乎清波。

宁幽隐以远祸兮，孰侵辱之可为。

子胥死而成义兮，屈原沉于汨罗。

虽体解其不变兮，岂忠信之可化？

志怦怦而内直兮，履绳墨而不颇。③

注释：①矰缴：系有丝绳用以射鸟的短箭，同矰弋。②旋渊：指深渊。罔罗：罗网，罔通网。③颇：偏。

菱女舡鶂船，赤臂骭如束　清·任　熊

执权衡而无私兮，称轻重而不差。

摡尘垢之枉攘兮，除秽累而反真。①

形体白而质素兮，中皎洁而淑清。②

时厌饫而不用兮，且隐伏而远身。③

聊窜端而匿迹兮，嘆寂默而无声。④

独便悁而烦毒兮，焉发愤而抒情。⑤

时暧暧其将罢兮，遂闷叹而无名。⑥

注释： ①摡：通溉，洗涤。枉攘：纷乱的样子。②中：指内心。③厌饫：饮食饱足。④窜端：将头绪隐藏起来。嘆：通默，静寂无声。⑤便悁：忧愁，苦闷。⑥暧暧：天色昏暗。

刚听一曲江南好，催上毗陵送别船　清·任　熊

伯夷死于首阳兮，卒夭隐而不荣。①
太公不遇文王兮，身至死而不得逞。
怀瑶象而佩琼兮，愿陈列而无正。②
生天地之若过兮，忽烂漫而无成。③
邪气袭余之形体兮，疾憯怛而萌生。④
愿一见阳春之白日兮，恐不终乎永年。

注释：①夭隐：早死。②无正：无人评正是非。③过：匆匆过客。烂漫：消散。④袭：及。疾：病。憯怛：惨痛与悲伤。

小隔纱窗萷翠茸　清·任　熊

夏山高隐图　元·王　蒙

设色画重山叠翠，瀑布孤悬，林荫繁荟，流泉下注。山中梵宇茅舍错落，屋堂内有高士侍童。

九怀

王褒

匡 机

kuāng jī

王 褒
wáng bāo

极运兮不中，来将屈兮困穷。①
jí yùn xī bù zhòng lái jiāng qū xī kùn qióng

余深愍兮惨怛，愿一列兮无从。②
yú shēn mǐn xī cǎn dá yuàn yí liè xī wú cóng

乘日月兮上征，顾游心兮鄗丰。③
chéng rì yuè xī shàng zhēng gù yóu xīn xī hào fēng

弥览兮九隅，彷徨兮兰宫。④
mí lǎn xī jiǔ yú páng huáng xī lán gōng

芷闾兮药房，奋摇兮众芳。⑤
zhǐ lú xī yào fáng fèn yáo xī zhòng fāng

菌阁兮蕙楼，观道兮从横。⑥
jùn gé xī huì lóu guàn dào xī zòng háng

宝金兮委积，美玉兮盈堂。⑦
bǎo jīn xī wěi jī měi yù xī yíng táng

注释：①极：穷尽。运：转动，迁徙。②愍：同悯，怜惜。一列：全部叙说出来。③顾：眷顾。鄗丰：鄗同镐，周武王的都城，位于今陕西省长安区。丰，周文王的都城，位于今陕西省户县。④弥：遍。九隅：指九州。兰宫：长满兰草的宫殿。⑤奋摇：各种花草蓬勃生长，竞相开放。⑥菌：通箘，一种香木，又被称作蕙草。横：一说亦音 háng，协韵。⑦委积：四处堆放。

十二曲琼钩，文梁燕子楼 清·任 熊

桂水兮潺湲，扬流兮洋洋。

著蔡兮踊跃，孔鹤兮回翔。①

抚槛兮远望，念君兮不忘。

怫郁兮莫陈，永怀兮内伤。②

注释：①著蔡：老神龟。回翔：回旋，飞翔。②怫郁：愤懑而忧愁。

风采濯秋篠　清·任　熊

259

通 路
tōng lù

王 褒
wáng bāo

● 天门兮地户，孰由兮贤者？
tiān mén xī dì hù shú yóu xī xián zhǔ

无正兮溷厕，怀德兮何睹？①
wú zhèng xī hùn cè huái dé xī hé dǔ

假寐兮愍斯，谁可与兮寤语？②
jiǎ mèi xī mǐn sī shuí kě yǔ xī wù yǔ

痛凤兮远逝，畜鷃兮近处。③
tòng fèng xī yuǎn shì xù yàn xī jìn chǔ

鲸鲟兮幽潜，从虾兮游陼。④
jīng xún xī yōu qián cóng xiā xī yóu zhǔ

乘虬兮登阳，载象兮上行。⑤
chéng qiú xī dēng yáng zài xiàng xī shàng háng

注释：①无正：没人知道自己的才能而评论是非。溷厕：错乱混杂不清。厕，杂。②寤语：本义为醒着时说话，引申为日夜相处。③畜：养。鷃：同鶠，小鸟，燕雀。④鲟：一作鳣。一种大鱼。从虾：小鱼虾。⑤虬：古神话中有角的小龙，即虬龙。行：古音一作 háng，协韵。

风雨归舟 清·袁耀

zhāo fā xī cōng lǐng　xī zhì xī míng guāng
朝发兮葱岭，夕至兮明光。①

běi yǐn xī fēi quán　nán cǎi xī zhī yāng
北饮兮飞泉，南采兮芝英。②

xuān yóu xī liè xiù　shùn jí xī páng yáng
宣游兮列宿，顺极兮仿佯。③

hóng cǎi xī xīng yī　cuì piǎo xī wéi cháng
红采兮骍衣，翠缥兮为裳。④

shū pèi xī lín lí　sǒng yú jiàn xī gān jiāng
舒佩兮綝缅，竦余剑兮干将。⑤

注释：①葱岭：古代对今帕米尔高原和昆仑山、天山西段的统名。地势极高，有世界屋脊之称。明光：指神话中昼夜常明的丹丘。②芝英：灵芝的花朵。英，古音一作 yāng，协韵。③宣游：遍游。顺：围绕。极：北极。④骍：本义为红色的马，此处作形容词，红色的。缥：青白色的丝织物。⑤綝缅：指所佩之玉下垂的样子。竦：恭敬。此处指拿着。

扇光邀月满，山影人尊多　清·任　熊

楚辞

téng shé xī hòu cóng fēi jù xī bù páng
腾蛇兮后从，飞驱兮步旁。①

wēi guān xī xuán pǔ lǎn chá xī yáo guāng
微观兮玄圃，览察兮瑶光。②

qǐ guì xī tàn cè bēi mìng xī xiāng dāng
启匮兮探筴，悲命兮相当。③

rèn huì xī yǒng cí jiāng lí xī suǒ sī
纫蕙兮永辞，将离兮所思。④

fú yún xī róng yǔ dǎo yú xī hé zhī
浮云兮容与，道余兮何之？⑤

yuǎn wàng xī qiān mián wén léi xī tián tián
远望兮仟眠，闻雷兮阗阗。⑥

yīn yōu xī hàn yú chóu chàng xī zì lián
阴忧兮感余，惆怅兮自怜。⑦

注释：①腾蛇：一种会飞的蛇，外形与龙相似。飞驱：又名駏驉，神话中一种外形似马的动物。②微观：暗暗地仔细观察。玄圃：相传昆仑山顶，有金台五所，玉楼十二，为神仙所居。瑶光：北斗七星中第七颗星的名称。③匮：大型藏物器，后多作柜。④纫蕙：将香蕙草穿在一起。⑤道：同导，引导。⑥仟眠：昏暗不明的样子。阗阗：形容雷声之大。⑦感：通撼，震动。

宋儒诗意图　清·华嵒

262

危俊

wēi jùn

王褒 wáng bāo

○ lín bù róng xī míng tiáo　yú hé liú xī zhōng zhōu
林不容兮鸣蜩,余何留兮中州?①

táo jiā yuè xī zǒng jià　qiān yù yīng xī zì xiū
陶嘉月兮总驾,搴玉英兮自修。②

jié róng chǎi xī wēi shì　jiāng qù zhēng xī yuǎn yóu
结荣茝兮逶逝,将去烝兮远游。③

jìng dài tǔ xī wèi què　lì jiǔ qū xī qiān niú
径岱土兮魏阙,历九曲兮牵牛。④

liáo jiǎ rì xī xiāng yáng　yí guāng yào xī zhōu liú
聊假日兮相佯,遗光耀兮周流。⑤

wàng tài yī xī yān xī　yū yú pèi xī zì xiū
望太一兮淹息,纡余辔兮自休。⑥

xī bái rì xī jiǎo jiǎo　mí yuǎn lù xī yōu yōu
晞白日兮皎皎,弥远路兮悠悠。⑦

注释:①蜩:蝉。②陶:欢喜,欢庆。嘉月:吉祥、喜庆的日子。总驾:将车辆集合在一起。搴:采撷。③结荣茝:用花草做带子将信束起。逶逝:远逝。烝:此处指君王。④岱:泰山。魏阙:指皇宫门外悬挂法令的地方。牵牛:星名,即河鼓,俗称牛郎星,隔银河与织女星相对。⑤相佯:亦作相羊,即徘徊、游荡。遗光:余光。⑥太一:指太一星。纡:屈曲,系结,此指将马的缰绳拴上。⑦晞:晨晞,早晨的阳光。

忘却芦花丛里宿　清·袁耀

263

顾列孛兮缥缥，观幽云兮陈浮。①

钜宝迁兮砏磤，雉咸雊兮相求。②

泱莽莽兮究志，惧吾心兮惆惆。③

步余马兮飞柱，览可与兮匹俦。④

卒莫有兮纤介，永余思兮怊怊。⑤

注释：①列孛：指彗星。缥缥：通飘飘，轻盈飞舞的样子。浮：古音一作 fóu，协韵。②钜宝：鸡头人身的神，又名天宝。砏磤：石头相撞发出的声响。雉：野鸡。雊：野鸡叫。③泱莽莽：辽阔广大貌。惆惆：愁苦的样子。④飞柱：神山名。匹俦：伴侣。⑤纤介：细微。怊怊：忧伤的样子。

立马看秋山　清·袁　耀

昭世

王褒

世溷兮冥昏，违君兮归真。①

乘龙兮偃蹇，高回翔兮上臻。②

袭英衣兮缇缡，披华裳兮芳芬。③

登羊角兮扶舆，浮云漠兮自娱。④

握神精兮雍容，与神人兮相胥。⑤

流星坠兮成雨，进瞵盼兮上丘墟。⑥

览旧邦兮滃郁，余安能兮久居。⑦

九歌图之大司命 明·杜堇

志怀逝兮心懤悷，纡余缙兮踌躇。①

闻素女兮微歌，听王后兮吹竽。②

魂凄怆兮感哀，肠回回兮盘纡。③

抚余佩兮缤纷，高太息兮自怜。④

使祝融兮先行，令昭明兮开门。⑤

驰六蛟兮上征，竦余驾兮入冥。⑥

历九州兮索合，谁可与兮终生？⑦

忽反顾兮西囿，睹轸丘兮崎倾。⑧

横垂涕兮泫流，悲余后兮失灵。⑨

注释：①懤悷：悲怆，悲伤。纡：系结，垂挂。②素女：神女名。微歌：轻声唱歌。王后：指伏妃。③回回：迂回曲折，形容愁肠寸断。④高太息：深深地长叹。⑤祝融、昭明：神名，即火神和炎神。⑥竦：跳，腾飞。⑦索合：寻求志同道合之士。⑧西囿：西方的园圃。囿，动物园。轸丘：高大险峻的山。崎倾：形容山之崎岖险要。⑨泫流：眼泪泫然而下。泫，水滴下的样子。

祝融像 明·蒋应镐

尊嘉 (zūn jiā)

王褒 (wáng bāo)

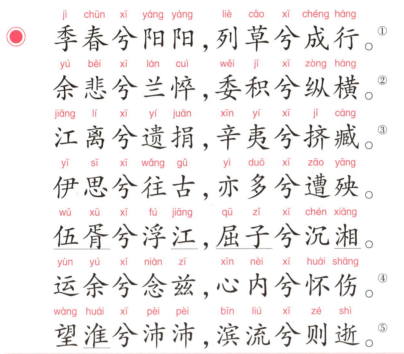

季春兮阳阳，列草兮成行。①
jì chūn xī yáng yáng liè cǎo xī chéng háng

余悲兮兰悴，委积兮纵横。②
yú bēi xī lán cuì wěi jī xī zòng háng

江离兮遗捐，辛夷兮挤臧。③
jiāng lí xī yí juān xīn yí xī jǐ cáng

伊思兮往古，亦多兮遭殃。
yī sī xī wǎng gǔ yì duō xī zāo yāng

伍胥兮浮江，屈子兮沉湘。
wǔ xū xī fú jiāng qū zǐ xī chén xiāng

运余兮念兹，心内兮怀伤。④
yùn yú xī niàn zī xīn nèi xī huái shāng

望淮兮沛沛，滨流兮则逝。⑤
wàng huái xī pèi pèi bīn liú xī zé shì

注释：①季春：阴历三月，春天之末。阳阳：风和日丽的样子。②悴：凋零，憔悴。悴一作萃，一作生。横：古音亦音 háng，协韵。③江离：蘼芜，一种香草。此处喻忠诚之士。遗捐：遗弃，捐弃。辛夷：一种香木。挤臧：排挤，隐藏。④运余：转念想到自身。兹：此。⑤沛沛：充沛，水势浩大的样子。滨：靠近，临近，即站在（水边）。

平湖清涨图 清·袁耀

榜舫兮下流，东注兮磕磕。①

蛟龙兮导引，文鱼兮上濑。②

抽蒲兮陈坐，援芙蕖兮为盖。③

水跃兮余旌，继以兮微蔡。④

云旗兮电骛，倏忽兮容裔。⑤

河伯兮开门，迎余兮欢欣。

顾念兮旧都，怀恨兮艰难。

窃哀兮浮萍，泛淫兮无根。⑥

注释：①榜舫：乘船。榜，船桨，此处作动词，乘坐。磕磕：水与石撞击发出的声音。②文鱼：身上有花纹的鱼。濑：急速的水流。③抽蒲：抽拔蒲草。王逸《楚辞章句》："拔草为席，处薄单也。"援芙蕖兮为盖：引取荷花以覆身。④微蔡：小草。⑤电骛：风驰电掣般前进。容裔：形容高低起伏的样子。⑥泛淫：随波漂流的样子。

河伯图　元·张渥

蓄英
xù yīng

王褒 wáng bāo

秋风兮萧萧，舒芳兮振条。①
qiū fēng xī xiāo xiāo　shū fāng xī zhèn tiáo

微霜兮眇眇，病殀兮鸣蜩。②
wēi shuāng xī miǎo miǎo　bìng yāo xī míng tiáo

玄鸟兮辞归，飞翔兮灵丘。③
xuán niǎo xī cí guī　fēi xiáng xī líng qiū

望溪兮滃郁，熊罴兮响嗥。④
wàng xī xī wěng yù　xióng pí xī hǒu háu

唐虞兮不存，何故兮久留？
táng yú xī bù cún　hé gù xī jiǔ liú

临渊兮汪洋，顾林兮忽荒。
lín yuān xī wāng yáng　gù lín xī hū huǎng

注释：①舒芳：使花草舒展、摇动，四处飘香。振条：使树的枝条随风飘动。②眇眇：渺小，微小。病殀：蜷曲，萎缩。③玄鸟：本处指燕子，其背部羽毛为黑色，故称为玄鸟。灵丘：神山。④嗥：同吼。

海屋沾筹　清·袁江

<ruby>修<rt>xiū</rt></ruby> <ruby>余<rt>yú</rt></ruby> <ruby>兮<rt>xī</rt></ruby> <ruby>袿<rt>guī</rt></ruby> <ruby>衣<rt>yī</rt></ruby>，<ruby>骑<rt>qí</rt></ruby> <ruby>霓<rt>ní</rt></ruby> <ruby>兮<rt>xī</rt></ruby> <ruby>南<rt>nán</rt></ruby> <ruby>上<rt>shàng</rt></ruby>。①

<ruby>乘<rt>chéng</rt></ruby> <ruby>云<rt>yún</rt></ruby> <ruby>兮<rt>xī</rt></ruby> <ruby>回<rt>huí</rt></ruby> <ruby>回<rt>huí</rt></ruby>，<ruby>亹<rt>wěi</rt></ruby> <ruby>亹<rt>wěi</rt></ruby> <ruby>兮<rt>xī</rt></ruby> <ruby>自<rt>zì</rt></ruby> <ruby>强<rt>qiáng</rt></ruby>。②

<ruby>将<rt>jiāng</rt></ruby> <ruby>息<rt>xī</rt></ruby> <ruby>兮<rt>xī</rt></ruby> <ruby>兰<rt>lán</rt></ruby> <ruby>皋<rt>gāo</rt></ruby>，<ruby>失<rt>shī</rt></ruby> <ruby>志<rt>zhì</rt></ruby> <ruby>兮<rt>xī</rt></ruby> <ruby>悠<rt>yōu</rt></ruby> <ruby>悠<rt>yōu</rt></ruby>。③

<ruby>荽<rt>fén</rt></ruby> <ruby>蕴<rt>yùn</rt></ruby> <ruby>兮<rt>xī</rt></ruby> <ruby>霉<rt>méi</rt></ruby> <ruby>黧<rt>lí</rt></ruby>，<ruby>思<rt>sī</rt></ruby> <ruby>君<rt>jūn</rt></ruby> <ruby>兮<rt>xī</rt></ruby> <ruby>无<rt>wú</rt></ruby> <ruby>聊<rt>liú</rt></ruby>。④

<ruby>身<rt>shēn</rt></ruby> <ruby>去<rt>qù</rt></ruby> <ruby>兮<rt>xī</rt></ruby> <ruby>意<rt>yì</rt></ruby> <ruby>存<rt>cún</rt></ruby>，<ruby>怆<rt>chuàng</rt></ruby> <ruby>恨<rt>hèn</rt></ruby> <ruby>兮<rt>xī</rt></ruby> <ruby>怀<rt>huái</rt></ruby> <ruby>愁<rt>chóu</rt></ruby>。

注释：①袿衣：妇女上衣，上宽下窄，状如刀圭。②回回：纤曲，引申为心乱貌。亹亹：勤勉不倦貌。③皋：水边的高地。失志：失去志向，也可作失意讲。④荽蕴：蓄积，累积。霉黧：垢黑的样子。霉，物中久雨青黑。聊：古音一作 liú，协韵。

琴高跨鲤　清·马 骀

王乔跨鹤　清·马 骀

思忠
sī zhōng

王褒
wáng bāo

● 登九灵兮游神，静女歌兮微晨。①
dēng jiǔ líng xī yóu shén，jìng nǚ gē xī wēi chén。

悲皇丘兮积葛，众体错兮交纷。②
bēi huáng qiū xī jī gé，zhòng tǐ cuò xī jiāo fēn。

贞枝抑兮枯槁，枉车登兮庆云。③
zhēn zhī yì xī kū gǎo，wǎng chē dēng xī qìng yún。

感余志兮惨慄，心怆怆兮自怜。
gǎn yú zhì xī cǎn lì，xīn chuàng chuàng xī zì lín。

驾玄螭兮北征，向吾路兮葱岭。④
jià xuán chī xī běi zhēng，xiàng wú lù xī cōng lǐng。

连五宿兮建旄，扬氛气兮为旌。⑤
lián wǔ xiù xī jiàn máo，yáng fēn qì xī wéi jīng。

历广漠兮驰骛，览中国兮冥冥。⑥
lì guǎng mò xī chí wù，lǎn zhōng guó xī míng míng。

注释：①九灵：九天。游神：放松精神。微晨：黎明。②皇丘：大山。③贞：正。抑：俯，低下。庆云：祥云。④玄螭：指山神。螭，传说中无角的龙。⑤五宿：五星宿。旄：竿顶用牦牛尾饰的旗。氛：同雰，云气。⑥驰骛：驰骋。

仿古山水图之春游晚归 清·上睿

xuán wǔ bù xī shuǐ mǔ　　yǔ wú qī xī nán róng
玄武步兮水母，与吾期兮南荣。①

dēng huá gài xī chéng yáng　　liáo xiāo yáo xī bō guāng
登华盖兮乘阳，聊逍遥兮播光。②

chōu kù lóu xī zhuó lǐ　　yuán páo guā xī jiē liáng
抽库娄兮酌醴，援爮瓜兮接粮。③

bì xiū xī xī yuǎn shì　　fā yù rèn xī xī háng
毕休息兮远逝，发玉轫兮西行。④

wéi shí sú xī jí zhèng　　fú kě jiǔ xī cǐ fāng
惟时俗兮疾正，弗可久兮此方。⑤

wù pǐ biào xī yǒng sī　　xīn fú yù xī nèi shāng
寤辟摽兮永思，心怫郁兮内伤。⑥

注释：①玄武：指乌龟。水母：指水神。南荣：南方。②华盖：星名，包含北斗七星等。乘阳：上天。③库娄：星名，也称库楼。爮瓜：此处为星名。爮，一作匏。④轫：制止车轮转动的木头。行：古音一作 háng，协韵。⑤疾：憎恨。⑥辟摽：抚心捶胸，极度忧伤时的动作。辟通擗。

溪堂诗思图 清·王翚

陶壅 (táo yōng)

王褒 (wáng bāo)

● 览杳杳兮世惟，余惆怅兮何归？①
(lǎn yǎo yǎo xī shì wéi, yú chóu chàng xī hé guī)

伤时俗兮溷乱，将奋翼兮高飞。
(shāng shí sú xī hùn luàn, jiāng fèn yì xī gāo fēi)

驾八龙兮连蜷，建虹旌兮威夷。②
(jià bā lóng xī lián quán, jiàn hóng jīng xī wēi yí)

观中宇兮浩浩，纷翼翼兮上跻。③
(guān zhōng yǔ xī hào hào, fēn yì yì xī shàng jī)

浮溺水兮舒光，淹低佪兮京泭。④
(fú ruò shuǐ xī shū guāng, yān dī huí xī jīng chí)

屯余车兮索友，睹皇公兮问师。⑤
(tún yú chē xī suǒ yǒu, dǔ huáng gōng xī wèn shī)

道莫贵兮归真，羡余术兮可夷。⑥
(dào mò guì xī guī zhēn, xiàn yú shù xī kě yí)

注释：①杳杳：深远，可引申为幽暗之意。世惟：世人的思想。②威夷：同逶迤、委蛇。③中宇：宇宙、天下。翼翼：健壮的样子。跻：上升。④溺水：通弱水。舒光：焕发光彩。京泭：高洲。京，高冈。泭，同沚，水中的小块陆地，比渚小。水中可居为洲，小洲为渚，小渚为沚。⑤皇公：天帝。⑥夷：喜。

夏后启　明·蒋应镐

吾乃逝兮南娭，道幽路兮九疑。①

越炎火兮万里，过万首兮巍巍。②

济江海兮蝉蜕，绝北梁兮永辞。③

浮云郁兮昼昏，霾土忽兮塺塺。④

息阳城兮广夏，衰色罔兮中怠。⑤

意晓阳兮燎寤，乃自诊兮在兹。⑥

思尧舜兮袭兴，幸咎繇兮获谋。⑦

悲九州兮靡君，抚轼叹兮作诗。⑧

注释：①娭：同嬉，嬉戏，游戏。九疑：九嶷山，又名苍梧山，位于湖南省宁远县。②万首：海中山名。巍巍：高峻的样子。③梁：桥梁。④霾：大风杂尘土而下。塺塺：尘土飞扬的样子。⑤阳城：春秋时楚国属地。广夏：广厦。大屋。⑥燎寤：憭悟，明白，理解。诊：视。⑦袭兴：相继兴盛。⑧靡：没有。

海峤春华

清·袁耀

株 昭
zhū zhāo

王褒
wáng bāo

◉ 悲哉于嗟兮，心内切磋。①
bēi zāi xū jiē xī xīn nèi qiē cuō

款冬而生兮，凋彼叶柯。②
kuǎn dōng ér shēng xī diāo bǐ yè kē

瓦砾进宝兮，捐弃随和。③
wǎ lì jìn bǎo xī juān qì suí hé

铅刀厉御兮，顿弃太阿。④
qiān dāo lì yù xī dùn qì tài ē

骥垂两耳兮，中坂蹉跎。⑤
jì chuí liǎng ěr xī zhōng bǎn cuō tuó

蹇驴服驾兮，无用日多。
jiǎn lǘ fú jià xī wú yòng rì duō

注释：①切磋：本义指雕刻骨器、象牙，引申为相互讨论、修正，此处比喻内心如刀在切磋一样疼痛。②款冬：多年生草本植物，极耐寒，开花最早，以其凌塞叩冰而生，故名款冬。款，叩。③随：同隋，隋侯之珠。和：和氏璧。④铅刀：不锋利的刀，比喻无才之人。厉：磨砺。御：进用。顿：同钝，不锋利。太阿：宝剑名。⑤坂：山坡。蹉跎：摔倒。

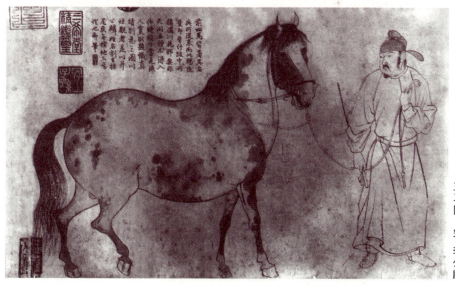

五马图 宋·李公麟

修洁处幽兮，贵宠沙劘。①
凤皇不翔兮，鹑鸰飞扬。②
乘虹骖蜺兮，载云变化。
鹔鹏开路兮，后属青蛇。③
步骤桂林兮，超骧卷阿。④
丘陵翔舞兮，溪谷悲歌。
神章灵篇兮，赴曲相和。⑤
余私娱兹兮，孰哉复加。

注释：①沙劘：摩挲，用手抚摸。亲昵，亲近之意。②鸰：同鹦。③鹔鹏：类似凤凰的一种鸟。属：紧随。④步骤：步，慢走。骤，快速行走。超骧：腾跃而前貌。卷阿：险峻的高山。⑤赴曲：一起奏乐。

万古名山斗室春 清·任 熊

huán gù shì sú xī　huài bài wǎng luó
还顾世俗兮，坏败罔罗。

juǎn pèi jiāng shì xī　tì liú pāng tuó
卷佩将逝兮，涕流滂沱。①

● luàn yuē　huáng mén kāi xī zhào xià tǔ
乱曰：皇门开兮照下土，

zhū huì chú xī lán zhǐ dǔ
株秽除兮兰芷睹。②

sì nìng fàng xī hòu dé yǔ　shèng shùn shè xī zhāo yáo xù
四佞放兮后得禹，圣舜摄兮昭尧绪，③

shú néng ruò xī yuàn wéi fǔ
孰能若兮愿为辅？

注释：①滂沱：同滂沱，本义指雨下得很大，此处形容泪如雨下。②株秽：肮脏邪恶的东西。③四佞：指尧的四个佞臣：驩兜、共工、苗、鲧。绪：同绩，事业，功业。

夏禹王像　宋·马　麟

舜　像

秋林觅句图　明·万邦治

九叹

刘向

féng fēn 逢 纷

liú xiàng 刘 向

⊙ 伊<u>伯庸</u>之末胄兮，谅皇直之<u>屈原</u>。①
yī bó yōng zhī mò zhòu xī liàng huáng zhí zhī qū yuán

云余肇祖于<u>高阳</u>兮，惟<u>楚怀</u>之婵连。②
yún yú zhào zǔ yú gāo yáng xī wéi chǔ huái zhī chán lián

<u>原</u>生受命于贞节兮，鸿永路有嘉名。③
yuán shēng shòu mìng yú zhēn jié xī hóng yǒng lù yǒu jiā míng

齐名字于天地兮，并光明于列星。
qí míng zì yú tiān dì xī bìng guāng míng yú liè xīng

吸精粹而吐氛浊兮，横邪世而不取容。④
xī jīng cuì ér tǔ fēn zhuó xī héng xié shì ér bù qǔ róng

行叩诚而不阿兮，遂见排而逢谗。⑤
xíng kòu chéng ér bù ē xī suì jiàn pái ér féng chán

后听虚而黜实兮，不吾理而顺情。⑥
hòu tīng xū ér chù shí xī bù wú lǐ ér shùn qíng

肠愤悁而含怒兮，志迁蹇而左倾。⑦
cháng fèn yuān ér hán nù xī zhì qiān jiǎn ér zuǒ qīng

注释： ①伯庸：屈原父亲的字。参见《离骚》。末胄：衣服的下角，引申为后代。谅：确实，的确。②肇祖：始祖。
高阳：颛顼帝的别号。婵连：同为族亲，指屈原和楚王同为高阳的后裔。③鸿：大。永：长。路：道。
④精粹：指天气之地的清明之气。⑤叩诚：真诚，诚恳。见：被。⑥黜实：排斥诚实的人。⑦悁：怨恨。
迁蹇：委屈的样子。

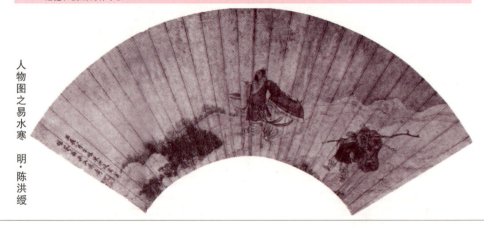

人物图之易水寒　明·陈洪绶

心懵慌其不我与兮，躬速速其不吾亲。①

辞灵修而陨志兮，吟泽畔之江滨。②

椒桂罗以颠覆兮，有竭信而归诚。③

谗蔼蔼而漫著兮，曷其不舒予情？④

始结言于庙堂兮，信中涂而叛之。⑤

怀兰蕙与衡芷兮，行中野而散之。

声哀哀而怀高丘兮，心愁愁而思旧邦。

愿承闲而自恃兮，径淫曀而道壅。⑥

颜霉黧以沮败兮，精越裂而衰耄。⑦

注释：①懵慌：内心忧伤而失意。速速：疏远的样子。②灵修：指楚王。③罗：遭遇，遭到。④蔼蔼：众多。漫著：犹言被谗言中伤。舒：抒发。⑤涂：通途。⑥淫曀：昏暗，暗淡。⑦越裂：精神衰退，失魂落魄。

杂画之松下听琴图 清·华嵒

裳襜襜而含风兮，衣纳纳而掩露。①

赴江湘之湍流兮，顺波凑而下降。②

徐徘徊于山阿兮，飘风来之汹汹。③

驰余车兮玄石，步余马兮洞庭。④

平明发兮苍梧，夕投宿兮石城。

芙蓉盖而菱华车兮，紫贝阙而玉堂。

薜荔饰而陆离荐兮，鱼鳞衣而白蜺裳。⑤

登逢龙而下陨兮，违故乡之漫漫。⑥

思南郢之旧俗兮，肠一夕而九运。

注释：①襜襜：摆动的样子。纳纳：濡湿的样子。②波凑：奔腾的波浪。降：古音一作 hóng，协韵。③飘风：指旋风。④玄石：山名。⑤陆离：美玉。荐：卧席。⑥逢龙：山名。

仿各家山水图之寒溪钓隐 清·王鑑

yáng liú bō zhī huáng huáng xī tǐ róng róng ér dōng huí
扬流波之潢潢兮，体溶溶而东回。①

xīn chāo chàng yǐ yǒng sī xī yì ǎn ǎn ér rì tuí
心怊怅以永思兮，意晻晻而日颓。②

bái lù fēn yǐ tú tú xī qiū fēng liú yǐ xiū xiū
白露纷以涂涂兮，秋风浏以萧萧。③

shēn yǒng liú ér bù huán xī hún cháng shì ér cháng chóu
身永流而不还兮，魂长逝而常愁。

tàn yuē pì bǐ liú shuǐ fēn yáng kē xī
叹曰：譬彼流水，纷扬磕兮，④

bō féng xiōng yǒng pēn pāng pèi xī
波逢汹涌，溃滂沛兮。⑤

yú yáng dí dàng piāo liú yǔn wǎng chù yín shí xī
揄扬涤荡，漂流陨往，触崟石兮，⑥

lóng qióng luán quān liáo lì wǎn zhuǎn zǔ xiāng bó xī
龙邛脟圈，缭戾宛转，阻相薄兮。⑦

zāo fēn féng xiōng jiǎn lí yóu xī
遭纷逢凶，蹇离尤兮，

chuí wén yáng cǎi wèi jiāng lái xī
垂文扬采，遗将来兮。⑧

注释：①潢潢：水势浩大的样子。潢同滉。溶溶：水流盛大貌。②晻晻：抑郁忧愁的样子。日：一作自。③涂涂：浓厚的样子。浏：形容风速很疾。④磕：水石相撞之声。⑤溃：水波涌起，指大浪。⑥揄扬：挥扬，扬起。陨往：指波浪起伏前进。崟石：锐利的岩石。⑦龙邛：水波互相撞击之貌。脟圈：牵曲。缭戾：回旋。薄：迫近。⑧垂：流传。

柳溪泛舟　明·仇英

离世
lí shì

刘 向
liú xiàng

● 灵怀其不吾知兮，灵怀其不吾闻。①
líng huái qí bù wú zhī xī　líng huái qí bù wú wén

就灵怀之皇祖兮，愬灵怀之鬼神。②
jiù líng huái zhī huáng zǔ xī　sù líng huái zhī guǐ shén

灵怀曾不吾与兮，即听夫人之谀辞。
líng huái céng bù wú yǔ xī　jí tīng fú rén zhī yú cí

余辞上参于天地兮，旁引之于四时。③
yú cí shàng cān yú tiān dì xī　páng yǐn zhī yú sì shí

指日月使延照兮，抚招摇以质正。④
zhǐ rì yuè shǐ yán zhào xī　fǔ zhāo yáo yǐ zhì zhèng

立师旷俾端辞兮，命咎繇使并听。⑤
lì shī kuàng bǐ duān cí xī　mìng gāo yáo shǐ bìng tīng

兆出名曰正则兮，卦发字曰灵均。⑥
zhào chū míng yuē zhèng zé xī　guà fā zì yuē líng jūn

注释：①灵怀：楚怀王。②愬：同诉，诉说，倾诉。③参：配合。④延：长。照：知。招摇：北斗之第七星星名。质正：辨明。⑤俾：使。端：端正。咎繇：指古时清官皋陶。⑥兆：龟折兆。卦：卦象。

古贤诗意图之听颖师弹琴　明·杜　堇

yú yòu jì yǒu cǐ hóng jié xī　zhǎng yù gù ér mí chún
余幼既有此鸿节兮，长愈固而弥纯。

bù cóng sú ér bì xíng xī　zhí gōng zhǐ ér shēn zhì
不从俗而诐行兮，直躬指而信志。①

bù wǎng shéng yǐ zhuī qū xī　qū qíng sù yǐ cóng shì
不枉绳以追曲兮，屈情素以从事。②

duān yú xíng qí rú yù xī　shù huáng yú zhī zhǒng jì
端余行其如玉兮，述皇舆之踵迹。③

qún ē róng yǐ huì guāng xī　huáng yú fù yǐ yōu pì
群阿容以晦光兮，皇舆覆以幽辟。④

yú zhōng tú yǐ huí pàn xī　sì mǎ jīng ér héng bēn
舆中涂以回畔兮，驷马惊而横奔。⑤

zhí zǔ zhě bù néng zhì xī　bì zhé è ér cuī yuán
执组者不能制兮，必折轭而摧辕。⑥

duàn biāo xián yǐ chí wù xī　mù qù cì ér gǎn zhǐ
断镳衔以驰骛兮，暮去次而敢止。⑦

lù dàng dàng qí wú rén xī　suì bù yù hū qiān lǐ
路荡荡其无人兮，遂不御乎千里。⑧

注释：①诐行：歪邪的行为。直躬指：身正志坚之意。指，通恉，心志。②情素：指一贯的看法。③述：遵照，依照。皇舆：喻先王，象征国家。④阿容：偏袒宽容。晦：昏暗，暗昧。幽辟：幽僻，昏暗。⑤回畔：回转。⑥执组：驾驭车马。⑦镳衔：马的勒口，俗称马嚼子。骛：奔驰。次：舍也。⑧荡荡：宽阔空旷的样子。御：禁。

竹亭清远图　清·王翚

身衡陷而下沉兮，不可获而复登。①

不顾身之卑贱兮，惜皇舆之不兴。

出国门而端指兮，冀壹寤而锡还。②

哀仆夫之坎毒兮，屡离忧而逢患。③

九年之中不吾反兮，思彭咸之水游。

惜师延之浮渚兮，赴汨罗之长流。④

遵江曲之逶移兮，触石碕而衡游。⑤

波澧澧而扬浇兮，顺长濑之浊流。⑥

凌黄沱而下低兮，思还流而复反。⑦

玄舆驰而并集兮，身容与而日远。⑧

注释：①衡：同横。②端指：忠心耿耿。锡：赐予。③坎毒：愤恨。④师延：纣之臣，为纣作新声北里之乐。武王伐纣时抱其乐器投水而死。⑤碕：弯曲的河岸。⑥澧澧：波浪声。扬浇：水流回旋貌。浇，回波为浇。濑：水流砂石上为濑。⑦黄沱：夏水，长江的支流。⑧玄舆：水车，此处指船。

人物山水图之回汀曲渚

清·金农

棹舟杭以横濿兮，济湘流而南极。①

立江界而长吟兮，愁哀哀而累息。

情慌忽以忘归兮，神浮游以高厉。②

心茕茕而怀顾兮，魂眷眷而独逝。③

叹曰：余思旧邦，心依违兮。

日暮黄昏，羌幽悲兮，

去郢东迁，余谁慕兮。

谗夫党旅，其以兹故兮，④

河水淫淫，情所愿兮，⑤

顾瞻郢路，终不返兮。

注释：①棹：划水行船。舟杭：渡船。杭通航。濿：渡河。②高厉：上升，高高腾起。③茕茕：忧思的样子。④旅：众。⑤淫淫：流貌。

江干游赏图 清·华嵒

怨 思

刘 向

● 惟郁郁之忧毒兮，志坎壈而不违。①

身憔悴而考旦兮，日黄昏而长悲。②

闵空宇之孤子兮，哀枯杨之冤雏。③

孤雌吟于高墉兮，鸣鸠栖于桑榆。④

玄蝯失于潜林兮，独偏弃而远放。⑤

征夫劳于周行兮，处妇愤而长望。⑥

申诚信而罔违兮，情素洁于纽帛。⑦

注释：①坎壈：壈同壈。坎坷不平，这里比喻不顺利。②考旦：直到天亮。考，至。旦，明。③冤：烦冤。雏：泛指幼鸟。④墉：城墙。⑤玄蝯：黑色的猿猴，蝯通猿。⑥周行：大路。处妇：指家中妻子。⑦申：重。罔：无。纽帛：束帛。

高士横杖图 明·陈洪绶

guāng míng qí yú rì yuè xī　　wén cǎi yào yú yù shí
光明齐于日月兮，文采耀于玉石。

shāng yā cì ér bù fā xī　　sī chén yì ér bù yáng
伤压次而不发兮，思沉抑而不扬。①

fāng yì yì ér zhōng bài xī　　míng mí sàn ér bù zhāng
芳懿懿而终败兮，名靡散而不彰。②

bèi yù mén yǐ bēn wù xī　　jiǎn lí yóu ér gān gòu
● 背玉门以奔骛兮，蹇离尤而干诟。③

ruò lóng páng zhī chén shǒu xī　　wáng zǐ bǐ gān zhī féng hǎi
若龙逢之沉首兮，王子比干之逢醢。④

niàn shè jì zhī jī wēi xī　　fǎn wéi chóu ér jiàn yuàn
念社稷之几危兮，反为雠而见怨。⑤

sī guó jiā zhī lí jǔ xī　　gōng huò qiān ér jié nàn
思国家之离沮兮，躬获愆而结难。⑥

ruò qīng yíng zhī é zhì xī　　jìn lí jī zhī fǎn qíng
若青蝇之伪质兮，晋骊姬之反情。⑦

kǒng dēng jiē zhī féng dài xī　　gù tuì fú yú mò tíng
恐登阶之逢殆兮，故退伏于末庭。⑧

注释：①压：镇压。次：失次，失去常规。②懿懿：芳香貌。靡散：犹消灭。③玉门：宫门，指宫阙。干：求。④龙逢：亦作龙逢。关龙逢，夏之贤人，因谏而被桀所杀，后用为忠臣之代称。⑤几危：危险。几，近乎。⑥沮：败坏，颓丧。愆：罪过，过失。结难：遭受祸害。⑦青绳：喻小人。伪：通讹，改变，变化。晋骊姬：晋献公夫人。⑧殆：危殆，危险。

平台对话　明·陈洪绶

孽臣之号咷兮，本朝芜而不治。①

犯颜色而触讳兮，反蒙辜而被疑。

菀藤芜与菌若兮，渐藁本于洿渎。②

淹芳芷于腐井兮，弃鸡骇于筐簏。③

执棠溪以刜蓬兮，秉干将以割肉。④

筐泽泻以豹鞹兮，破荆和以继筑。⑤

时溷浊犹未清兮，世殽乱犹未察。⑥

欲容与以俟时兮，惧年岁之既晏。⑦

注释： ①孽臣：奸邪嬖幸之臣。号咷：同嚎啕，大哭。这里指大声喧哗。②菀：积。藤芜：香草，即江离。菌若：即若，香草。渐：浸。藁本：香草名，根可入药。洿渎：小水沟。③淹：渍。腐：臭。鸡骇：犀角名。簏：较高的竹箱。④棠溪：与下句中的"干将"均为宝剑名。刜：用刀砍。⑤筐：满。泽泻：恶草。鞹：同鞟，去毛的皮。荆和：指楚和氏璧。筑：大杵。⑥殽：混杂。⑦晏：晚。

高梧琴趣图　明·陈洪绶

顾屈节以从流兮，心巩巩而不夷。①

宁浮沅而驰骋兮，下江湘以邅回。②

● 叹曰：山中槛槛，余伤怀兮。③

征夫皇皇，其孰依兮。④

经营原野，杳冥冥兮。⑤

乘骐骋骥，舒吾情兮。

归骸旧邦，莫谁语兮。

长辞远逝，乘湘去兮。

注释：①巩巩：忧惧的样子。夷：悦。②沅：沅水。邅回：运转。③槛槛：车行的声音。④皇皇：同惶惶，心不安貌。⑤经营：往复来去。南北为经，东西为营。

归去来辞之问征夫以前路图　明·马　轼

远 逝

yuǎn shì

刘 向 liú xiàng

● 志隐隐而郁怫兮，愁独哀而冤结。①
zhì yǐn yǐn ér yù fú xī　chóu dú āi ér yuān jié

肠纷纭以缭转兮，涕渐渐其若屑。②
cháng fēn yún yǐ liáo zhuǎn xī　tì chán chán qí ruò xiè

情慨慨而长怀兮，信上皇而质正。③
qíng kǎi kǎi ér cháng huái xī　shēn shàng huáng ér zhì zhèng

合五岳与八灵兮，讯九魓与六神。④
hé wǔ yuè yǔ bā líng xī　xùn jiǔ qí yǔ liù shén

指列宿以白情兮，诉五帝以置辞。
zhǐ liè xiù yǐ bái qíng xī　sù wǔ dì yǐ zhì cí

北斗为我折中兮，太一为余听之。⑤
běi dǒu wèi wǒ zhé zhōng xī　tài yī wèi yú tīng zhī

云服阴阳之正道兮，御后土之中和。⑥
yún fú yīn yáng zhī zhèng dào xī　yù hòu tǔ zhī zhōng hé

注释：①隐隐：忧愁貌。郁怫：郁闷。②缭转：回环旋转。渐渐：泪流不止貌。③慨慨：慨叹的样子。信：通伸，伸张。上皇：上帝。④讯：问。九魓：指北斗九星。魓：星名。⑤折中：取正，用为判断事物的准则。太一：天神名。⑥后土：指与天所对的地。中和：中正之道。

隐居十六观之问月　明·陈洪绶

佩苍龙之蚴虬兮，带隐虹之透蛇。①

曳彗星之皓旰兮，抚朱爵与骏鸃。②

游清灵之飒戾兮，服云衣之披披。③

杖玉策与朱旗兮，垂明月之玄珠。

举霓旌之墆翳兮，建黄缬之总旄。④

躬纯粹而罔愆兮，承皇考之妙仪。⑤

● 惜往事之不合兮，横<u>汩罗</u>而下濿。⑥

乘隆波而南渡兮，逐<u>江湘</u>之顺流。⑦

注释：①蚴虬：蛟龙屈曲行动貌。隐虹：长虹。隐，宏大。透蛇：长貌。②曳：引。皓旰：明亮。朱爵：爵通雀，即朱雀。骏鸃：凤凰类神鸟。③飒戾：清凉的样子。披披：长貌。④墆翳：障蔽的样子。建：立，树起。缬：浅赤色。总：合。⑤妙仪：高妙之法。⑥濿：渡河。⑦隆：盛。

隐居十六观之味象　明·陈洪绶

赴阳侯之潢洋兮，下石濑而登洲。①
fù yáng hóu zhī huáng yáng xī xià shí lài ér dēng zhōu

陆魁堆以蔽视兮，云冥冥而暗前。②
lù kuí duī yǐ bì shì xī yún míng míng ér àn qián

山峻高以无垠兮，遂曾闳而迫身。③
shān jùn gāo yǐ wú yín xī suì céng hóng ér pò yuān

雪雰雰而薄木兮，云霏霏而陨集。④
xuě fēn fēn ér bó mù xī yún fēi fēi ér yǔn jí

阜隘狭而幽险兮，石嵾嵯以翳日。⑤
fù ài xiá ér yōu xiǎn xī shí cēn cī yǐ yì rì

悲故乡而发忿兮，去余邦之弥久。⑥
bēi gù xiāng ér fā fèn xī qù yú bāng zhī mí jiǔ

背龙门而入河兮，登大坟而望夏首。⑥
bèi lóng mén ér rù hé xī dēng dà fén ér wàng xià shǒu

横舟航而济湘兮，耳聊啾而懭慌。⑦
héng zhōu háng ér jì xiāng xī ěr liáo jiū ér tǎng huǎng

波淫淫而周流兮，鸿溶溢而滔荡。⑧
bō yín yín ér zhōu liú xī hóng róng yì ér tāo dàng

注释：①阳侯：大波之神。潢洋：水宽大貌。②陆：高平地。一作陵。魁堆：高耸的样子。③曾：重，通层。闳：大。④陨集：此指云层低垂。⑤阜：土山。嵾嵯：同参差，不齐的样子。⑥龙门：指楚都郢之东门。坟：高的堤岸。夏首：夏水注入长江处。⑦聊啾：耳鸣。懭慌：失意貌。⑧鸿溶：水势浩大貌。滔荡：广大浩茫貌。

隐居十六观之访庄
明·陈洪绶

路曼曼其无端兮，周容容而无识。①

引日月以指极兮，少须臾而释思。②

水波远以冥冥兮，眇不睹其东西。

顺风波以南北兮，雾宵晦以纷纷。③

日杳杳以西颓兮，路长远而窘迫。

欲酌醴以娱忧兮，蹇骚骚而不释。④

注释：①容容：纷乱的样子。识：标志。②极：指北辰星。少：少顷，不多时。③宵：夜。纷：古音一作扶昔反，协韵。④醴：醴酒。蹇：不顺。骚骚：忧戚的样子。

隐居十六观之嗽句　明·陈洪绶

◉ 叹曰：飘风蓬龙，埃墱墱兮，①
tàn yuē　piāo fēng péng lóng　āi fó fó xī

草木摇落，时槁悴兮。
cǎo mù yáo luò　shí gǎo cuì xī

遭倾遇祸，不可救兮。
zāo qīng yù huò　bù kě jiù xī

长吟永欷，涕究究兮。②
cháng yín yǒng xī　tì jiū jiū xī

舒情陈诗，冀以自免兮。
shū qíng chén shī　jì yǐ zì miǎn xī

颓流下陨，身日远兮。
tuí liú xià yǔn　shēn rì yuǎn xī

注释：①蓬龙：风转动貌。墱墱：尘埃飞扬的样子。②究究：无穷尽，形容泪流不止的样子。

隐居十六观之寒沽　明·陈洪绶

惜贤 xī xián

刘向 liú xiàng

◉ 览屈氏之《离骚》兮，心哀哀而怫郁。
lǎn qū shì zhī lí sāo xī xīn āi āi ér fú yù

声嗷嗷以寂寥兮，顾仆夫之憔悴。①
shēng áo áo yǐ jì liáo xī gù pú fū zhī qiáo cù

拨谄谀而匡邪兮，切洒澀之流俗。②
bō chǎn yú ér kuāng xié xī qiē tiǎn niǎn zhī liú sú

荡涊溇之奸咎兮，夷蠢蠢之溷浊。③
dàng wēi wō zhī jiān jiù xī yí chǔn chǔn zhī hùn zhú

怀芬香而挟蕙兮，佩江蓠之菲菲。
huái fēn xiāng ér xié huì xī pèi jiāng lí zhī fēi fēi

握申椒与杜若兮，冠浮云之峨峨。
wò shēn jiāo yǔ dù ruò xī guàn fú yún zhī yí yí

登长陵而四望兮，览芝圃之蠡蠡。④
dēng cháng líng ér sì wàng xī lǎn zhī pǔ zhī lí lí

注释：①嗷嗷：叫喊声。②拨：治。切：洗涤。洒澀：污浊，污秽。③荡：涤。涊溇：污浊。夷：平，铲平。蠢蠢：不恭，无礼貌的样子。④蠡蠡：犹"历历"，行列分明貌。

马骥驾青虬巡游四海　清·《聊斋图说》

游兰皋与蕙林兮，睨玉石之嵯嵯。①

扬精华以眩燿兮，芳郁渥而纯美。②

结桂树之旖旎兮，纫荃蕙与辛夷。③

芳若兹而不御兮，捐林薄而菀死。④

⊙驱子侨之奔走兮，申徒狄之赴渊。⑤

若由夷之纯美兮，介子推之隐山。⑥

晋申生之离殃兮，荆和氏之泣血。⑦

吴申胥之抉眼兮，王子比干之横废。⑦

欲卑身而下体兮，心隐恻而不置。⑧

注释：①睨：顾视为睨。②郁渥：香气浓郁的样子。③旖旎：盛貌。④御：进用。捐：弃。林薄：草木丛杂的地方。菀：积。⑤驱：驰。子侨：王子侨，传说中的仙人。申徒狄：纣时贤人，不满虐政，投水而亡。⑥由：许由，尧时隐士。夷：伯夷。⑦申胥：伍子胥。抉：挖。⑧下体：屈节。

蕉荫听琴图　明·陈洪绶

fāng yuán shū ér bù hé xī　gōu shéng yòng ér yì tài
方圆殊而不合兮，钩绳用而异态。

yù sì shí yú xū yú xī　rì yīn yì qí jiāng mù
欲竢时于须臾兮，日阴瞹其将暮。①

shí chí chí qí rì jìn xī　nián hū hū ér rì dù
时迟迟其日进兮，年忽忽而日度。

wàng zhōu róng ér rù shì xī　nèi jù bì ér bù kāi
妄周容而入世兮，内距闭而不开。②

sì shí fēng zhī qīng jī xī　yù fēn wù qí rú méi
竢时风之清激兮，愈氛雾其如霾。③

jìn xióng jiū zhī gěng gěng xī　chán jiè jiè ér bì zhī
进雄鸠之耿耿兮，谗介介而蔽之。④

mò shùn fēng yǐ yǎn yǎng xī　shàng yóu yóu ér jìn zhī
默顺风以偃仰兮，尚由由而进之。⑤

xīn kuàng lǎng yǐ yuān jié xī　qíng chuǎn cuò yǐ màn yōu
心懭悢以冤结兮，情舛错以曼忧。⑥

qiān bì lì yú shān yě xī　cǎi yān zhī yú zhōng zhōu
搴薜荔于山野兮，采撚支于中洲。⑦

注释：①瞹：天色阴沉。②内：内心。距：通拒，拒绝。③霾：尘土。④耿耿：诚信貌。介介：分隔，离间。
⑤偃仰：俯仰。由由：跨踏犹豫。⑥懭悢：失意貌。舛：相违反。⑦撚支：香草名。

参禅图　明·陈洪绶

望高丘而叹涕兮，悲吸吸而长怀。①

孰契契而委栋兮，日晻晻而下颓。②

⊙叹曰：江湘油油，长流汩兮。③

挑揄扬汰，荡迅疾兮。④

忧心展转，愁怫郁兮。

冤结未舒，长隐忿兮。

丁时逢殃，可奈何兮。⑤

劳心悁悁，涕滂沱兮。⑥

注释：①吸吸：接不上气的样子。②契契：忧戚的样子。委栋：疲乏。晻晻：日光渐暗貌。③油油：水流貌。④挑揄：搅动。挑，挠。揄，动。汰：波浪。⑤丁：当。⑥悁悁：忧闷貌。

高贤读书图 明·陈洪绶

忧苦
yōu kǔ

刘向
liú xiàng

悲余心之悁悁兮，哀故邦之逢殃。
bēi yú xīn zhī yuān yuān xī āi gù bāng zhī féng yāng

辞九年而不复兮，独茕茕而南行。①
cí jiǔ nián ér bù fù xī dú qióng qióng ér nán háng

思余俗之流风兮，心纷错而不受。②
sī yú sú zhī liú fēng xī xīn fēn cuò ér bù shòu

遵野莽以呼风兮，步从容于山廋。③
zūn yě mǎng yǐ hū fēng xī bù cōng róng yú shān sōu

巡陆夷之曲衍兮，幽空虚以寂寞。④
xún lù yí zhī qū yǎn xī yōu kōng xū yǐ jì mò

倚石岩以流涕兮，忧憔悴而无乐。
yǐ shí yán yǐ liú tì xī yōu qiáo cuì ér wú lè

登巑岏以长企兮，望南郢而窥之。⑤
dēng cuán wán yǐ cháng qǐ xī wàng nán yǐng ér kuī zhī

注释：①茕茕：独貌。行：古音一作 háng，协韵。②风：化。纷错：纷乱交错。③莽：草。廋：弯曲处，此指僻静幽深之处。④陆夷：高山和平地。陆，大土山。夷，平。衍：泽。⑤巑岏：陡峭挺拔的山峰。企：立貌。

听吟图　明·陈洪绶

苦吟题石图　明·陈洪绶

山修远其辽辽兮，涂漫漫其无时。①

听玄鹤之晨鸣兮，于高冈之峨峨。②

独愤积而哀娱兮，翔江洲而安歌。

三鸟飞以自南兮，览其志而欲北。③

愿寄言于三鸟兮，去飘疾而不可得。

欲迁志而改操兮，心纷结其未离。

外彷徨而游览兮，内恻隐而含哀。

聊须臾以时忘兮，心渐渐其烦错。④

愿假簧以舒忧兮，志纡郁其难释。⑤

注释：①涂：通途，路途。②玄鹤：俊鸟。王逸《楚辞章句》："君有德则来，无德则去。若鸾凤矣。"③三鸟：指传说中的三青鸟。《博物志》："王母来见武帝，有三青鸟如乌大，夹王母。三鸟，王母使也。"④渐渐：流淌貌。⑤假：借。簧：乐器名。

吴越间的龙舟竞技　清·《聊斋图说》

叹《离骚》以扬意兮，
犹未殚于《九章》。①

长嘘吸以於悒兮，涕横集而成行。②

伤明珠之赴泥兮，鱼眼玑之坚藏。③

同驽赢与乘驵兮，杂斑驳与阘茸。④

葛藟虆于桂树兮，鸱鸮集于木兰。⑤

偓促谈于廊庙兮，律魁放乎山间。⑥

恶虞氏之箫《韶》兮，好遗风之《激楚》。

潜周鼎于江淮兮，爨土鬵于中宇。⑦

注释：①殚：尽，竭尽。②嘘吸、於悒：都是形容哭泣的样子。③玑：珠玑，宝珠。④驽赢：驽劣的骡子。马母驴父生子曰赢。赢同骡。乘驵：骏马名。斑驳：色彩错杂貌。斑，一作班。阘茸：卑贱，低劣，亦指庸碌、低劣的人或马。⑤葛藟：葛藤。虆：缠绕，同縈。⑥偓促：狭小局促，比喻贪佞奸人。律魁：高大貌，喻指明于大法贤智之士。⑦爨：炊灶。鬵：釜。

听琴图 明·陈洪绶

晞发图 明·陈洪绶

303

且人心之持旧兮，而不可保长。

遭彼南道兮，征夫宵行。①

思念郢路兮，还顾睠睠。②

涕流交集兮，泣下涟涟。

叹曰：登山长望，中心悲兮，

菀彼青青，泣如颓兮，③

留思北顾，涕渐渐兮，

折锐摧矜，凝氾滥兮，④

念我茕茕，魂谁求兮？

仆夫慌悴，散若流兮。⑤

注释：①遭：转，转换方向。宵：夜。行：古音一作 háng，协韵。②睠睠：同眷眷，回头看的样子。③菀：茂盛。青青：草木茂盛貌。④摧：挫。矜：威严。凝：止。氾滥：沉浮。⑤慌悴：犹憔悴。

秋山闲游图 明·陈洪绶

愍命

mǐn mìng

刘向 liú xiàng

◉ 昔皇考之嘉志兮，喜登能而亮贤。①
xī huáng kǎo zhī jiā zhì xī xǐ dēng néng ér liàng xián

情纯洁而罔蔽兮，姿盛质而无愆。②
qíng chún jié ér wǎng huì xī zī shèng zhì ér wú qiān

放佞人与谄谀兮，斥谗夫与便嬖。③
fàng nìng rén yǔ chǎn yú xī chì chán fū yǔ pián bì

亲忠正之悃诚兮，招贞良与明智。④
qīn zhōng zhèng zhī kǔn chéng xī zhāo zhēn liáng yǔ míng zhì

心溶溶其不可量兮，情澹澹其若渊。
xīn róng róng qí bù kě liáng xī qíng dàn dàn qí ruò yuān

回邪辟而不能入兮，诚愿藏而不可迁。⑤
huí xié pì ér bù néng rù xī chéng yuàn cáng ér bù kě qiān

逐下袟于后堂兮，迎宓妃于伊雒。⑥
zhú xià zhì yú hòu táng xī yíng fú fēi yú yī luò

注释：①登能、亮贤：均举贤任能的意思。②罔：无。蔽：同秽，行之恶也。愆：过错，罪过。③便嬖：君王宠信的近臣。④悃诚：诚恳，诚实。悃，厚。⑤回邪：不正。辟：邪僻。⑥下袟：指贱妾。袟同帙。宓妃：神女。伊雒：水名。

常大器迎娶玉版　清·《聊斋图说》

刜谗贼于中廇兮，选吕管于榛薄。①

丛林之下无怨士兮，江河之畔无隐夫。

三苗之徒以放逐兮，伊皋之伦以充庐。②

今反表以为里兮，颠裳以为衣。③

咸宋万于两楹兮，废周邵于逴夷。④

却骐骥以转运兮，腾驴赢以驰逐。⑤

蔡女黜而出帷兮，戎妇入而彩绣服。⑥

庆忌囚于阱室兮，陈不占战而赴围。⑦

破伯牙之号钟兮，挟人筝而弹纬。⑧

注释：①刜：去、断。廇：中庭，喻指朝廷。吕：吕尚。管：管仲。榛薄：草木丛生之处，喻指民间。②三苗：传说中尧时的佞臣。伊：伊尹。皋：皋陶。伦：同辈、同类。充：满。庐：指国家。③颠裳以为衣：古时上衣为"衣"，下衣为"裳"，故有颠倒之说。④咸：亲近。宋万：指逆臣。楹：柱。周、邵：指周公旦和邵公奭，均为贤臣。逴夷：指边远少数民族地区。⑤却：退。腾：乘。赢：同骡。⑥蔡女：蔡国贤女。黜：贬。戎妇：指戎狄丑妇。⑦庆忌：吴之公子，勇而有力。阱室：地牢。陈不占：齐臣，胆小怯懦。⑧号钟：琴名。挟：持。人：凡人。筝：小瑟。

马鞍山俞伯牙抚琴·杨柳青木版年画

藏瑉石于金匮兮，捐赤瑾于中庭。①

韩信蒙于介胄兮，行夫将而攻城。②

莞芎弃于泽洲兮，爬蠢蠢于筐簏。③

麒麟奔于九皋兮，熊罴群而逸囿。④

折芳枝与琼华兮，树枳棘与薪柴。⑤

掘荃蕙与射干兮，耘藜藿与蘘荷。⑥

惜今世其何殊兮，远近思而不同。

或沉沦其无所达兮，或清激其无所通。

哀余生之不当兮，独蒙毒而逢尤。⑦

注释：①瑉：似玉的美石，同珉。捐：弃。赤瑾：美玉。②蒙：覆盖，包裹。介胄：铠甲和头盔。行夫：士兵。③莞、芎：皆香草名。爬：同匏，匏瓜，一年生草本植物，果实类葫芦，但比葫芦大。蠢：瓢。蠢：虫蛀。一说是囊的误字。④九皋：沼地。⑤枳、棘：均为多棘的树。⑥射干：香草名。藜藿、蘘荷：恶草名。⑦尤：罪过。

崖边独钓图　明·陈洪绶

虽謇謇以申志兮，君乖差而屏之。①

诚惜芳之菲菲兮，反以兹为腐也。

怀椒聊之蔎蔎兮，乃逢纷以罹诟也。②

● 叹曰：嘉皇既殁，终不返兮。③

山中幽险，郢路远兮。

谗人讧讧，孰可愬兮？④

征夫罔极，谁可语兮？

行吟累欷，声喟喟兮。⑤

怀忧含戚，何侘傺兮。⑥

注释：①謇謇：直言貌。乖差：违异。②椒聊：香草名。蔎蔎：香貌。逢纷：谓遭遇乱世。罹诟：蒙受耻辱。③嘉：美。皇：君。④讧讧：巧言，能言善辩。愬：同诉。⑤累欷：屡次欷歔。喟喟：叹声。⑥侘傺：失意而精神恍惚的样子。

醉愁图　明·陈洪绶

sī gǔ
思　古

刘　向 (liú xiàng)

● 冥冥深林兮，树木郁郁。
(míng míng shēn lín xī, shù mù yù yù)

山参差以崭岩兮，阜杳杳以蔽日。①
(shān cēn cī yǐ chán yán xī, fù yǎo yǎo yǐ bì rì)

悲余心之悁悁兮，目眇眇而遗泣。②
(bēi yú xīn zhī yuān yuān xī, mù miǎo miǎo ér yí qì)

风骚屑以摇木兮，云吸吸以湫戾。③
(fēng sāo xiè yǐ yáo mù xī, yún xī xī yǐ jiǎo lì)

悲余生之无欢兮，愁倥偬于山陆。④
(bēi yú shēng zhī wú huān xī, chóu kǒng zǒng yú shān lù)

旦徘徊于长阪兮，夕彷徨而独宿。⑤
(dàn pái huái yú cháng bǎn xī, xī páng huáng ér dú sù)

发披披以鬤鬤兮，躬劬劳而瘏悴。⑥
(fà pī pī yǐ ráng ráng xī, gōng qú láo ér tú cuì)

注释：①崭岩：险峻貌。崭通巉。阜：土山，丘陵。②遗泣：落泪。遗，坠也。③骚屑：风声。吸吸：风云飘浮状。湫戾：卷曲貌。④倥偬：困苦窘迫。⑤阪：通坂，山坡，斜坡。⑥披披、鬤鬤：均为头发散乱貌。劬劳：劳苦。瘏悴：疲病。

松涛怪石图　清·袁　江

魂怔怔而南行兮，泣沾襟而濡袂。①

心婵媛而无告兮，口噤闭而不言。②

违郢都之旧闾兮，回湘沅而远迁。③

念余邦之横陷兮，宗鬼神之无次。④

闵先嗣之中绝兮，心惶惑而自悲。⑤

聊浮游于山陜兮，步周流于江畔。⑥

临深水而长啸兮，且倘佯而泛观。⑦

兴《离骚》之微文兮，冀灵修之壹悟。⑧

注释：①怔怔：惶恐不安貌。袂：袖。②噤：闭口。③闾：里。④宗：同姓为宗。次：次第。⑤先嗣：对祖先功业的敬称。⑥陜：同峡，峡谷，山峡。一说同狭，狭窄。⑦泛观：纵览。⑧灵修：指楚怀王。

西郊寻梅图　清·禹之鼎

还余车于南郢兮，复往轨于初古。①

道修远其难迁兮，伤余心之不能已。

背三五之典刑兮，绝《洪范》之辟纪。②

播规矩以背度兮，错权衡而任意。③

操绳墨而放弃兮，倾容幸而侍侧。④

甘棠枯于丰草兮，藜棘树于中庭。

西施斥于北宫兮，仳倠倚于弥楹。⑤

乌获戚而骖乘兮，燕公操于马围。⑥

蒯瞆登于清府兮，咎繇弃而在野。⑦

注释：①轨：车辙。②三五：指三皇（尧、舜、禹）和春秋五霸。典：常。刑：法。《洪范》：《尚书》篇名。辟纪：法度。③播：弃。错：置。④倾容：低头弯腰，指谗佞小人。侧：《湘君》："隐思君兮陫侧。"《楚辞集注》："侧，叶札为反。"⑤仳倠：古丑女名。弥楹：布满厅堂。弥，遍。楹，柱。借指厅堂。⑥乌获：古代力士名。骖乘：陪乘。燕公：邵公，封于燕。马围：马厩。围，养马的地方。⑦蒯瞆：卫灵公太子，欲害其后母。清府：宗庙。咎繇：皋陶。

山水图之杖策柴门 清·王云

盖见兹以永叹兮，欲登阶而狐疑。

乘白水而高骛兮，因徙弛而长词。①

叹曰：倘佯垆阪，沼水深兮。②

容与汉渚，涕淫淫兮。③

钟牙已死，谁为声兮？④

纤阿不御，焉舒情兮？⑤

曾哀凄欷，心离离兮。⑥

还顾高丘，泣如洒兮。⑦

注释：①徙弛：向后退的样子。②倘佯：山名。垆：黄黑色土。阪：山坡。③容与：迟疑不定貌。④钟牙：钟子期与伯牙。谁为声：谁为作善声。⑤纤阿：古善御者。⑥离离：撕裂。⑦洒：读音协韵。

山水图之荷亭读书　清·王　云

远游 yuǎn yóu

刘 向 liú xiàng

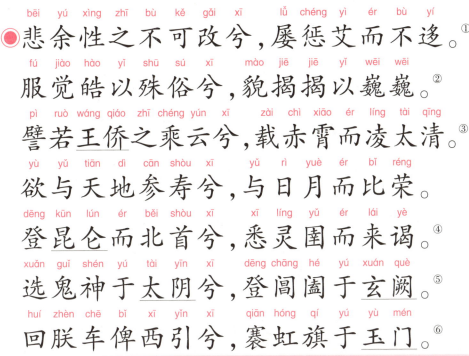

◉ 悲余性之不可改兮,屡惩艾而不迻。①
bēi yú xìng zhī bù kě gǎi xī lǚ chéng yì ér bù yí

服觉皓以殊俗兮,貌揭揭以巍巍。②
fú jiào hào yǐ shū sú xī mào jiē jiē yǐ wēi wēi

譬若王侨之乘云兮,载赤霄而凌太清。③
pì ruò wáng qiáo zhī chéng yún xī zài chì xiāo ér líng tài qīng

欲与天地参寿兮,与日月而比荣。
yù yǔ tiān dì cān shòu xī yǔ rì yuè ér bǐ róng

登昆仑而北首兮,悉灵圉而来谒。④
dēng kūn lún ér běi shòu xī xī líng yǔ ér lái yè

选鬼神于太阴兮,登阊阖于玄阙。⑤
xuǎn guǐ shén yú tài yīn xī dēng chāng hé yú xuán què

回朕车俾西引兮,褰虹旗于玉门。⑥
huí zhèn chē bǐ xī yǐn xī qiān hóng qí yú yù mén

注释:①艾:(被)惩戒,(遭)惩创。迻:同移,迁移。②觉皓:鲜明貌。觉通较。揭揭:高貌。③赤霄:红云。太清:太空,天空。④首:向,朝着,古音shòu。悉:尽。灵圉:指众神。谒:谒见。⑤太阴:北方之地。玄阙:山名。⑥俾:让,使。褰:举起。玉门:山名。

杂画之仙姑 明·张 路

驰六龙于三危兮，朝西灵于九滨。①

结余辖于西山兮，横飞谷以南征。②

绝都广以直指兮，历祝融于朱冥。③

枉玉衡于炎火兮，委两馆于咸唐。④

贯颒濛以东竭兮，维六龙于扶桑。⑤

● 周流览于四海兮，志升降以高驰。

征九神于回极兮，建虹采以招指。⑥

驾鸾凤以上游兮，从玄鹤与鹝明。⑦

孔鸟飞而送迎兮，腾群鹤于瑶光。⑧

注释：①朝：召。滨：水涯。②结：旋。辖：车。飞谷：古代传说太阳行经的地方。③都广：神话中的地名。历：过。祝融：火神。朱冥：指南方。④枉：屈绕。衡：车前横木。炎火：传说中的大火山。委：曲。馆：止宿，住宿。咸唐：咸池。⑤颒濛：混沌的天气。竭：离去。维：系。扶桑：神话中木名。⑥征：召。回极：天极回旋的枢轴，即古人认为的天体的轴心。虹采：彩旗。⑦招指：犹指挥。鹝明：类似凤的神鸟。⑧瑶光：星名，北斗七星之第七星。

山水图 清·原济

排帝宫与罗圉兮，升县圃以眩灭。①

结琼枝以杂佩兮，立长庚以继日。②

凌惊雷以轶骇电兮，缀鬼谷于北辰。③

鞭风伯使先驱兮，囚灵玄于虞渊。④

溯高风以低佪兮，览周流于朔方。⑤

就颛顼而陈词兮，考玄冥于空桑。⑥

旋车逝于崇山兮，奏虞舜于苍梧。⑦

济杨舟于会稽兮，就申胥于五湖。⑧

见南郢之流风兮，殒余躬于沅湘。

望旧邦之黯黮兮，时溷浊其犹未央。⑨

注释：①罗圉：神话中天帝狩猎的地方。眩灭：目眩魂灭。②长庚：金星，古亦称太白星。③轶：同逸，疾奔。缀：系。鬼谷：众鬼聚居处。④灵玄：神话中北方之帝。虞渊：神话中地名，日落之处。⑤朔方：北方。⑥玄冥：主刑杀的神。空桑：神话中山名。⑦崇山：山名。奏：臣子对帝王进言陈事。⑧杨：木名。会稽：山名。⑨黯黮：昏暗不明貌。

归去来辞之云无心以出岫图　明·李　在

315

怀兰茞之芬芳兮，妒被离而折之。

张绛帷以襜襜兮，风邑邑而蔽之。①

日暾暾其西舍兮，阳焱焱而复顾。②

聊假日以须臾兮，何骚骚而自故。③

● 叹曰：譬彼蛟龙，乘云浮兮。

汎淫㻬溶，纷若雾兮。④

潺湲缪辖，雷动电发，駂高举兮。⑤

升虚凌冥，沛浊浮清，入帝宫兮。⑥

摇翘奋羽，驰风骋雨，游无穷兮。⑦

注释：①襜襜：鲜明的样子。邑邑：柔弱。②暾暾：明亮，炽盛。焱焱：光彩闪烁貌。焱，火花。③骚骚：愁苦貌。④汎淫：浮游不定貌。㻬溶：水深广貌。⑤缪辖：纵横交错的样子。駂：马疾行。⑥沛：排去。⑦翘：鸟尾。

生龙活虎木公鼎 清·任熊

九思

王逸

逢尤

féng yóu

wáng yì
王逸

悲兮愁，哀兮忧，天生我兮当暗时，被诼谮兮虚获尤。①

心烦愦兮意无聊，严载驾兮出戏游。②

周八极兮历九州，求轩辕兮索重华。

世既卓兮远眇眇，握佩玖兮中路躇。③

羡咎繇兮建典谟，懿风后兮受瑞图。④

愍余命兮遭六极，委玉质兮于泥涂。⑤

遽偉遑兮驱林泽，步屏营兮行丘阿。⑥

车轫折兮马虺颓，惷怅立兮涕滂沱。⑦

注释： ①诼谮：诬陷毁谤。诼，毁。虚：平白无故。尤：过错。②愦：乱。聊：乐。严：急忙。③卓：远。佩玖：做佩饰用的浅黑色美石。④典谟：谋略，计谋。一说指《尚书》中的《尧典》和《大禹谟》。懿：美，赞美。风后：黄帝六相之一。瑞图：天授祥瑞图谱。⑤愍：同悯，怜悯。六极：指凶短折、疾、忧、贫、恶、弱六种极恶之事。⑥遽：传车，驿车。偉遑：惊慌失措的样子。屏营：彷徨。⑦轫：古代车辕前端与车衡衔接处的关键。虺颓：马疲病态。惷：失意貌。

往提崆峒剑，踏雾追青虬　清·任　熊

饮酒祝寿图　明·陈洪绶

318

思丁文兮圣明哲，哀平差兮迷谬愚。①

吕傅举兮殷周兴，忌嚣专兮郢吴虚。②

仰长叹兮气噎结，恛殟绝兮咭复苏。③

虎兕争兮于廷中，豺狼斗兮我之隅。④

云雾会兮日冥晦，飘风起兮扬尘埃。

走鬯罔兮乍东西，欲窜伏兮其焉如？⑤

念灵闺兮隩重深，愿竭节兮隔无由。⑥

望旧邦兮路逶随，忧心悄兮志勤劬。⑦

魂茕茕兮不遑寐，目眽眽兮寤终朝。⑧

注释：①丁：遇，当。文：指周文王姬昌。平：楚平王。差：吴王夫差。②吕：姜尚。傅：傅说。忌：楚大夫费无忌。嚣：吴大夫宰嚣。郢：楚都。虚：空。忌、嚣佞伪，惑其君而败，二国空虚。③殟绝：突然昏迷。殟一作愠。咭：喘息。④兕：犀牛一类的野兽。⑤鬯罔：同怅惘，失意貌。鬯通怅。⑥灵闺：指楚怀王所居宫殿。隩：通奥，房屋幽深处。⑦逶随：蜿蜒迁远。悄：犹惨。劬：劳。⑧遑：闲暇。眽眽：同脉脉，视貌。

天斧搜崖出秘魔 清·任 熊

怨上

王逸

令尹兮謷謷，群司兮譩譩。①

哀哉兮溷溷，上下兮同流。②

菽藟兮蔓衍，芳藭兮挫枯。③

朱紫兮杂乱，曾莫兮别诸。④

倚此兮岩穴，永思兮窈悠。⑤

嗟怀兮眩惑，用志兮不昭。⑥

将丧兮玉斗，遗失兮钮枢。⑦

注释：①令尹：楚国掌政的官员。謷謷：众口悲声，这里指胡言乱语。群司：众官员。譩譩：多言貌。②溷溷：水出貌，这里指混乱。③菽藟：指杂草。藭：香草名。④别诸：区分，辨别。⑤窈悠：昏暗遥远，一本作"窈窕"，则作美好讲。⑥怀：楚怀王。⑦玉斗：宝器，喻社稷。钮枢：珍宝。

俯见龙渊深，花田种珊树
清·任熊

wǒ xīn xī jiān áo　　wéi shì xī yòng yōu
我心兮煎熬，惟是兮用忧。

jìn sī xī jiǔ xún　　tuì gù xī péng wù
进思兮九旬，退顾兮<u>彭务</u>。①

nǐ sī xī èr zōng　　wèi zhī xī suǒ tóu
拟斯兮二踪，未知兮所投。②

yáo yín xī zhōng yě　　shàng chá xī xuán jī
谣吟兮中野，上察兮璇玑。③

dà huǒ xī xī nì　　shè tí xī yùn dī
大火兮西睨，摄提兮运低。④

léi tíng xī láng kē　　báo xiàn xī fēi fēi
雷霆兮硠磕，雹霰兮霏霏。⑤

bēn diàn xī guāng huǎng　　liáng fēng xī chuàng qī
奔电兮光晃，凉风兮怆凄。⑥

niǎo shòu xī jīng hài　　xiāng cóng xī sù qī
鸟兽兮惊骇，相从兮宿栖。

注释：①思：一作恶。九旬：纣为九旬之饮，而不听政。一作仇荀，谓仇牧和荀息。退：一作复。彭：彭咸。务：务光。二人皆谏不听而投水死。务，古音一作 mòu 音，协韵。现今粤语即音近 mòu，保留了古音。②拟：则，仿效。踪：迹。③璇：天璇。玑：天玑。北斗七星中二星名。④大火：星名，即心宿。摄提：星名。⑤硠磕：形容雷声。霰：雪珠。霏霏：集貌。霏，古音一作扶昔反，协韵。⑥光晃：光芒闪耀。

雷门十三神将骁　清·任熊

yuān yāng xī yōng yōng　　hú lí xī mí mí
鸳鸯兮噰噰，狐狸兮微微。①

āi wú xī jiè tè　　dú chǔ xī wǎng yī
哀吾兮介特，独处兮罔依。②

lóu gū xī míng dōng　　máo jié xī háo xī
蝼蛄兮鸣东，蟊蠈兮号西。③

cì yuán xī wǒ cháng　　zhú rù xī wǒ huái
蛓缘兮我裳，蠋入兮我怀。④

chóng zhì xī jiā yú　　chóu chàng xī zì bēi
虫豸兮夹余，惆怅兮自悲。⑤

zhù lì xī dāo dá　　xīn jié gǔ xī zhé cuī
伫立兮忉怛，心结绲兮折摧。⑥

注释：①噰噰：鸟声和鸣。微微：相随的样子。②介特：孤单独异。罔：无。③蟊蠈：蝉一类昆虫。蠈亦作蠈。④蛓：毛虫，有毒，蜇人。缘：攀援。蠋：蛾、蝶等的幼虫。⑤豸：无脚的虫。⑥忉怛：愁苦悲切。结绲：忧思郁结。

烛龙出入寡蛾怒，散发吹笙召烟雾　清·任　熊

疾 世 (jí shì)

王 逸 (wáng yì)

○ 周徘徊兮汉渚，求水神兮灵女。
zhōu pái huái xī hàn zhǔ，qiú shuǐ shén xī líng nǚ

嗟此国兮无良，媒女诎兮诼謏。①
jiē cǐ guó xī wú liáng，méi nǚ qū xī liàn lóu

鶂雀列兮哗谨，鸲鸲鸣兮聒余。②
yàn què liè xī huá huān，qú yù míng xī guō yú

抱昭华兮宝璋，欲衒鬻兮莫取。③
bào zhāo huá xī bǎo zhāng，yù xuàn yù xī mò qǔ

言旋迈兮北徂，叫我友兮配耦。④
yán xuán mài xī běi cú，jiào wǒ yǒu xī pèi ǒu

日阴曀兮未光，阒眣宛兮靡睹。⑤
rì yīn yì xī wèi guāng，qù xiāo tiǎo xī mǐ dǔ

注释： ①此国：指楚国。诎：言语迟钝。诼謏：言语繁杂、啰唆。②鶂雀：小鸟。鸲同鹛。谨：喧闹。鸲鸲：鸟名，又名八哥。聒：杂音使人烦乱。③昭华：指美玉。璋：玉名。衒：夸耀想卖出的货。鬻：卖。④言：我。徂：往，到。耦：二人并耕称作耦，后来凡是二人者皆称耦。⑤阒：空，寂静。眣宛：昏冥幽远。

江亭饯别图　明·杜 琼

纷载驱兮高驰，将谘询兮皇羲。①

遵河皋兮周流，路变易兮时乖。②

沥沧海兮东游，沐盥浴兮天池。③

访太昊兮道要，云靡贵兮仁义。④

志欣乐兮反征，就周文兮邠岐。⑤

秉玉英兮结誓，日欲暮兮心悲。

注释：①皇羲：羲皇。一说羲，伏羲。伏羲称皇。②乖：乖戾，反常。③沥：着衣涉水。④太昊：指东方青帝。道要：天道之要务。靡：无，没有。⑤周文：周文王。邠岐：周本国。邠，一作豳。

山水图　明·项圣谟

wéi tiān lù xī bù zài，bèi wǒ xìn xī zì wéi
惟天禄兮不再，背我信兮自违。

yú lǒng duī xī dù mò，guò guì chē xī hé lí ①
逾陇堆兮渡漠，过桂车兮合黎。①

fù kūn shān xī zhí lù，cóng qióng áo xī qī chí ②
赴昆山兮罶骒，从邛遨兮栖迟。②

shǔn yù yè xī zhǐ kě，niè zhī huá xī liáo jī
吮玉液兮止渴，啮芝华兮疗饥。

jū liáo kuò xī xiǎn chóu，yuǎn liáng chāng xī jī mí ③
居嵺廓兮尠畴，远梁昌兮几迷。③

wàng jiāng hàn xī huò ruò，xīn jǐn quǎn xī shāng huái ④
望江汉兮濩淖，心紧綣兮伤怀。④

shí pò pò xī dàn dàn，chén mò mò xī wèi xī ⑤
时眒眒兮旦旦，尘莫莫兮未晞。⑤

yōu bù xiá xī qǐn shí，zhà zēng tàn xī rú léi ⑥
忧不暇兮寝食，吒增叹兮如雷。⑥

注释：①陇堆、桂车、合黎：均为山名。漠：沙漠。②罶：同絷，绊住马足。骒：良马名。邛：传说中兽名。遨：游。③嵺廓：空旷，高远。尠：少。俗鲜字。畴：同俦，伴侣。梁昌：处境狼狈，进退失据。④濩淖：水势浩大。綣：缠绵。綣（音 juàn 或 quàn），此通绻（quǎn）。⑤眒：日月初出，光线未大明貌。莫莫：同漠漠，尘土飞扬貌。晞：干，指消散。⑥吒：怒声。

隐居十六观图之孤往　明·陈洪绶

悯上
mǐn shàng

王逸 wáng yì

● 哀世兮睩睩，诙诙兮嗌喔。①
āi shì xī lù lù jiàn jiàn xī yì wō

众多兮阿媚，委靡兮成俗。②
zhòng duō xī ē mèi wěi mí xī chéng sú

贪枉兮党比，贞良兮茕独。③
tān wǎng xī dǎng bì zhēn liáng xī qióng dú

鹄窜兮枳棘，鹈集兮帷幄。④
hú cuàn xī zhǐ jí tí jí xī wéi wò

蘬藜兮青葱，槁本兮萎落。⑤
jì rú xī qīng cōng gǎo běn xī wěi luò

睹斯兮伪惑，心为兮隔错。⑥
dǔ sī xī wěi huò xīn wèi xī gé cuò

逡巡兮圃薮，率彼兮畛陌。⑦
qūn xún xī pǔ sǒu shuài bǐ xī zhěn mò

注释：①睩睩：视貌。睩，眼珠转动。诙诙：背后说人坏话。嗌喔：谄谀之声。②委靡：伪诈讨好的脸孔。③党比：结党朋比。比，旧音 bì。④鹈：鹈鹕，水鸟。⑤蘬藜：恶草名。槁本：香草名。⑥隔错：糊涂。⑦率：顺着。畛：田间的道路。陌：田间小道。

山水图之竹林有真趣 明·项圣谟

川谷兮渊渊，山阜兮峉峉。①
丛林兮崟崟，株榛兮岳岳。②
霜雪兮漼溰，冰冻兮洛泽。③
东西兮南北，罔所兮归薄。④
庇荫兮枯树，匍匐兮岩石。⑤
蜷跼兮寒局数，独处兮志不申。⑥
年齿尽兮命迫促，
魁垒挤摧兮常困辱。⑦
含忧强老兮愁无乐。⑧

注释：①峉峉：山高伟奇特貌。②崟崟：丛林繁茂貌。岳岳：本指山势挺立，此指树木挺拔。③漼溰：霜雪堆积貌。洛泽：冰冻貌。泽，冰结。④罔：无。薄：附。⑤岩石：指可居之穴。⑥跼：腰背弯曲。寒局数：也作"寒风数"。数，迫促。⑦魁垒：盘结。一作坎坷不平。⑧强老：谓由壮年转入衰老。

猗兰室图　明·文徵明

xū fà níng cuì xī piāo bìn bái
须发苓悴兮颒鬓白，①

sī líng zé xī yì gāo mù
思灵泽兮一膏沐。②

huái lán yīng xī bǎ qióng ruò　dài tiān míng xī lì zhí zhú
怀兰英兮把琼若，待天明兮立踯躅。③

yún méng méng xī diàn shū shuò　gū cí jīng xī míng gòu gòu
云蒙蒙兮电倏烁，孤雌惊兮鸣呴呴。④

sī fú yù xī gān qiē bō　fèn yuān yì xī shú sù gòu
思怫郁兮肝切剥，忿悁悒兮孰诉告。⑤

注释：①苓：指须发乱。悴：憔悴。颒：头发白而乱。②灵泽：天上的雨露，喻德政。膏沐：润发的膏脂。③兰英：兰花。④倏烁：迅疾貌。呴呴：鸟叫声。⑤悁悒：怨怒。告：《天问》："西伯上告。"《楚辞集注》："告，叶古后反。"

读《离骚》　明·《盛明杂剧》

遭厄

王逸

悼屈子兮遭厄，沉玉躬兮湘汩。①

何楚国兮难化，迄乎今兮不易。②

士莫志兮羔裘，竞佞谀兮谗阅。③

指正义兮为曲，訿玉璧兮为石。④

鹘鵰游兮华屋，骏螘栖兮柴蔟。⑤

起奋迅兮奔走，违群小兮謑訽。⑥

载青云兮上升，适昭明兮所处。⑦

注释：①湘、汩：皆水名。②难化：难以教化。③阅：争斗，争吵。④訿：诽谤。⑤鹘：隼。鵰：猛禽，同雕。骏螘：鸟名。蔟：同簇，丛聚。⑥謑訽：辱骂。⑦昭明：日晖。

松下读书图 明·吴伟

躐天衢兮长驱，踵九阳兮戏荡。①

越云汉兮南济，秣余马兮河鼓。②

云霓纷兮晻翳，参辰回兮颠倒。③

逢流星兮问路，顾我指兮从左。

径娵觜兮直驰，御者迷兮失轨。④

遂踢达兮邪造，与日月兮殊道。⑤

志阏绝兮安如，哀所求兮不耦。⑥

攀天阶兮下视，见鄢郢兮旧宇。⑦

意逍遥兮欲归，众秽盛兮沓沓。⑧

思哽饐兮诘诎，涕流澜兮如雨。⑨

注释： ①躐：踩。衢：路。踵：亲自到。九阳：日出之处。②秣：饲喂。河鼓：牵牛星的别名。③晻翳：遮蔽貌。参、辰：皆星宿名。④娵觜：亦作娵訾。星次名，在二十八宿为室宿和壁宿。⑤踢达：行为不正。⑥阏：阻塞。⑦天阶：星名。⑧众秽：喻佞人。沓沓：语多貌。⑨饐：通噎，食物等堵塞喉咙。此处指气阻喉塞。诘诎：滞塞，艰涩。

九歌图之东君　元·佚名

悼乱 dào luàn

王逸 wáng yì

嗟嗟兮悲夫，殽乱兮纷挐。① jiē jiē xī bēi fú, xiáo luàn xī fēn rú

茅丝兮同综，冠屦兮共絇。② máo sī xī tóng zòng, guān jù xī gòng qú

督万兮侍宴，周邵兮负刍。③ dū wàn xī shì yàn, zhōu shào xī fù chú

白龙兮见射，灵龟兮执拘。 bái lóng xī jiàn shè, líng guī xī zhí jū

仲尼兮困厄，邹衍兮幽囚。④ zhòng ní xī kùn è, zōu yǎn xī yōu qiú

伊余兮念兹，奔遁兮隐居。 yī yú xī niàn zī, bēn dùn xī yǐn jū

将升兮高山，上有兮猴猿。 jiāng shēng xī gāo shān, shàng yǒu xī hóu yuán

注释：①殽：同淆，混乱。纷挐：纷争。②茅：茅草。丝：丝线。综：织机上使经线和纬线能交织的装置。这里作编织讲。屦：鞋。絇：鞋尖上的一种装饰。③督：华督。万：宋万。他们二人皆弑君之人。周：周公旦。邵：邵公。他们二人皆周朝贤臣。刍：牲口吃的草。④仲尼：孔丘，孔子。邹衍：战国时齐人，善辩。

孔子圣迹图之在陈绝粮　明·佚名

欲入兮深谷，下有兮虺蛇。

左见兮鸣鵙，右睹兮呼枭。①

惶悸兮失气，踊跃兮距跳。②

便旋兮中原，仰天兮增叹。

菅蒯兮野莽，藋苇兮仟眠。③

玄鹿兮继踵，貒貉兮蟫蟫。④

鹯鹞兮轩轩，鹑鹌兮甄甄。⑤

哀我兮寡独，靡有兮齐伦。⑥

注释：①鵙：鸟名，即伯劳。②悸：惧。距跳：跳跃。③菅：多年生草本植物。蒯：也是一种多年生草本植物。藋：野草名。仟眠：同芊绵，草木丛生的样子。④玄鹿：传说中的黑鹿。古人以为食其肉可长寿。一作鹿蹊。继踵：一作蹒跚。貒：猪獾，同猯。蟫蟫：野兽相随的样子。⑤轩轩：欲止之貌。鹌：鸟名，同鹌。甄甄：小鸟飞行之貌。⑥齐：偶。齐一作匹。

双鑑行窝图　明·唐 寅

意欲兮沉吟，迫日兮黄昏。
玄鹤兮高飞，曾逝兮青冥。①
鸧鹒兮喈喈，山鹊兮嘤嘤。②
鸿鸬兮振翅，归雁兮于征。③
吾志兮觉悟，怀我兮圣京。
垂屣兮将起，跙竢兮须明。④

注释：①曾：通增，高举。青冥：青天。②鸧鹒：黄鹂。③鸬：鸬鹚，善捕鱼的水鸟。④屣：鞋。跙竢：驻足等待。竢同俟。

远浦归帆图　明·陈洪绶

伤 时

shāng shí

wáng yì
王 逸

● 惟昊天兮昭灵，阳气发兮清明。①
wéi hào tiān xī zhāo líng yáng qì fā xī qīng míng

风习习兮和暖，百草萌兮华荣。
fēng sā sā xī hé nuǎn bǎi cǎo méng xī huā róng

堇荼茂兮扶疏，蘅芷凋兮莹嫇。②
jǐn tú mào xī fú shū héng zhǐ diāo xī yíng míng

愍贞良兮遇害，将夭折兮碎糜。
mǐn zhēn liáng xī yù hài jiāng yāo zhé xī suì mí

时混混兮浇馈，哀当世兮莫知。③
shí hùn hùn xī jiāo zàn āi dāng shì xī mò zhī

览往昔兮俊彦，亦诎辱兮系累。④
lǎn wǎng xī xī jùn yàn yì qū rǔ xī xì léi

管束缚兮桎梏，百贸易兮传卖。⑤
guǎn shù fù xī zhì gù bǎi mào yì xī zhuǎn mài

注释：①昊天：夏天。昭：明。②堇：堇菜，也叫旱芹。荼：一种苦菜。扶疏：枝叶茂盛貌。蘅：杜蘅，香草名。芷：若芷，香草名。莹嫇：零落萧疏貌。③浇馈：汤泡饭，比喻混乱。④系累：用绳绑缚，拘禁。⑤管：管仲。桎梏：古时的脚镣和手铐。百：百里奚。传：通转。

谈道图 明·吴 伟

遭桓缪兮识举，才德用兮列施。①
zāo huán mù xī shí jǔ　cái dé yòng xī liè shī

且从容兮自慰，玩琴书兮游戏。
qiě cōng róng xī zì wèi　wán qín shū xī yóu xì

迫中国兮窄狭，吾欲之兮九夷。②
pò zhōng guó xī zhǎi xiá　wú yù zhī xī jiǔ yí

超五岭兮嵯峨，观浮石兮崔嵬。③
chāo wǔ lǐng xī cuó é　guān fú shí xī cuī wéi

陟丹山兮炎野，屯余车兮黄支。④
zhì dān shān xī yán yě　tún yú jū xī huáng zhī

就祝融兮稽疑，嘉己行兮无为。⑤
jiù zhù róng xī jī yí　jiā jǐ xíng xī wú wéi

乃回竭兮北逝，遇神嫚兮宴娱。⑥
nǎi huí qiè xī běi shì　yù shén xié xī yàn xī

欲静居兮自娱，心愁戚兮不能。
yù jìng jū xī zì yú　xīn chóu qī xī bù néng

放余辔兮策驷，忽飙腾兮浮云。
fàng yú pèi xī cè sì　hū biāo téng xī fú yún

注释：①桓：齐桓公。缪：秦穆公。②九夷：我国古时对东方各族的称谓。③浮石：山名。④丹山、炎野：均为南方之地。黄支：南方国名。⑤祝融：火神。稽疑：考察疑事。⑥竭：去。嫚：北方之神。娱：同戏。

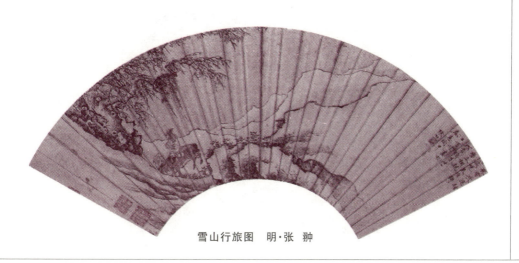

雪山行旅图　明·张翀

zhí fēi háng xī yuè hǎi   cóng ān qī xī péng lái
蹠飞杭兮越海，从安期兮蓬莱。①

yuán tiān tī xī běi shàng   dēng tài yī xī yù tái
缘天梯兮北上，登太一兮玉台。

shǐ sù nǚ xī gǔ huáng   chéng gē hè xī ōu yáo
使素女兮鼓簧，乘戈和兮讴谣。②

shēng jiào tiǎo xī qīng hé   yīn yàn yǎn xī yāo yín
声嘄誂兮清和，音晏衍兮要婬。③

xián xīn xīn xī hān lè   yú juàn juàn xī dú bēi
咸欣欣兮酣乐，余眷眷兮独悲。

gù zhāng huá xī tài xī   zhì liàn liàn xī yī yī
顾章华兮太息，志恋恋兮依依。④

注释： ①蹠：登上，同跖。杭：通航，船。安期：安期生，仙人名。②素女：仙女。乘戈：仙人名。讴谣：唱歌。③嘄誂：声音高亢。晏衍：旋律柔和悠长。要婬：指舞姿柔婉美好。婬，江、沅之间谓戏为婬。④章华：台名，在楚国。

汨罗江　明·《盛明杂剧》

哀　岁

āi　suì

wáng yì
王　逸

mín tiān xī qīng liáng　xuán qì xī gāo lǎng
旻天兮清凉，玄气兮高朗。①

běi fēng xī liáo liè　cǎo mù xī cāng táng
北风兮潦冽，草木兮苍唐。②

yī jué xī jiū jiū　jí jū xī rǎng rǎng
蚚蚗兮嘁嘁，蝍蛆兮穰穰。③

suì hū hū xī wéi mù　yú gǎn shí xī qī chuàng
岁忽忽兮惟暮，余感时兮凄怆。

shāng sú xī ní zhuó　méng bì xī bù zhāng
伤俗兮泥浊，蒙蔽兮不章。④

bǎo bǐ xī shā lì　juān cǐ xī yè guāng
宝彼兮沙砾，捐此兮夜光。⑤

jiāo yīng xī niè wū　xī ěr xī chōng fáng
椒瑛兮涅污，菓耳兮充房。⑥

注释：①旻天：秋天。玄气：指阳气。②苍唐：又作苍黄，开始凋零。③蚚蚗：虫名，蝉的一种，又名蟪蛄。嘁嘁：虫鸣声。蝍蛆：蜈蚣。穰穰：纷乱无序的样子。④章：明显。⑤夜光：明珠。⑥椒、瑛：香草和美石。涅：染黑。菓耳：恶草名，又名苍耳，草本植物。

雪江捕鱼图　明·吴伟

摄衣兮缓带，操我兮墨阳。①
昇车兮命仆，将驰兮四荒。
下堂兮见蚤，出门兮触蜂。②
巷有兮蚰蜒，邑多兮螳螂。③
睹斯兮嫉贼，心为兮切伤。
俯念兮子胥，仰怜兮比干。

注释：①墨阳：古剑名。②蚤：蝎一类的毒虫。蜂：读音协韵。③蚰蜒：虫名，节肢动物，俗称簸衣虫。

观瀑图　明·王谔

投剑兮脱冕，龙屈兮蜿蟤。①

潜藏兮山泽，匍匐兮丛攒。

窥见兮溪涧，流水兮沄沄。②

鼋鼍兮欣欣，鳣鮎兮延延。③

群行兮上下，骈罗兮列陈。④

自恨兮无友，特处兮茕茕。

冬夜兮陶陶，雨雪兮冥冥。⑤

神光兮颎颎，鬼火兮荧荧。⑥

修德兮困控，愁不聊兮遑生。⑦

忧纾兮郁郁，恶所兮写情。⑧

注释：①蜿蟤：弯曲而不伸展的样子。②沄沄：水流动貌。③鳣：类似鳝一类的鱼。鮎：鱼名。延延：长貌。④骈罗：骈比罗列。⑤陶陶：通遥遥，漫长的意思。⑥颎颎：同炯炯，形容火光明亮貌。⑦困控：无人推举。⑧恶所：在哪里，何处。

山水人物图之采药　明·陆治

守志 shǒu zhì

王逸 wáng yì

陟玉峦兮逍遥，览高冈兮峣峣。①
zhì yù luán xī xiāo yáo lǎn gāo gāng xī yáo yáo

桂树列兮纷敷，吐紫华兮布条。②
guì shù liè xī fēn fū tǔ zǐ huā xī bù tiáo

实孔鸾兮所居，今其集兮惟鸮。③
shí kǒng luán xī suǒ jū jīn qí jí xī wéi xiāo

乌鹊惊兮哑哑，余顾瞻兮怊怊。④
wū què jīng xī yā yā yú gù zhān xī chāo chāo

彼日月兮暗昧，障覆天兮祲氛。⑤
bǐ rì yuè xī àn mèi zhàng fù tiān xī jìn fēn

伊我后兮不聪，焉陈诚兮效忠。⑥
yī wǒ hòu xī bù cōng yān chén chéng xī xiào zhōng

摅羽翮兮超俗，游陶遨兮养神。⑦
shū yǔ hé xī chāo sú yóu táo áo xī yǎng shén

注释：①玉峦：昆仑山。山脊曰峦。逍遥：须臾。峣峣：山势高峻貌。②纷敷：树枝丛生纷乱的样子。布条：分布在枝条上。③孔鸾：大鸟。鸮：猫头鹰。④哑哑：象声词，禽鸟鸣声，也读 yà yà。怊怊：怅惘貌。一说远貌。⑤祲氛：不祥妖气。⑥后：指国君。⑦摅：舒展。羽翮：鸟翅。陶：高兴。

松院闲吟图 明·朱端

乘六蛟兮蜿蝉，遂驰骋兮升云。①

扬彗光兮为旗，秉电策兮为鞭。

朝晨发兮鄝郢，食时至兮增泉。②

绕曲阿兮北次，造我车兮南端。③

谒玄黄兮纳赘，崇忠贞兮弥坚。④

历九宫兮遍观，睹祕藏兮宝珍。⑤

就傅说兮骑龙，与织女兮合婚。

举天毕兮掩邪，彀天弧兮射奸。⑥

随真人兮翱翔，食元气兮长存。

注释：①蜿蝉：蛟龙盘屈貌。②增泉：银河。③曲阿：古地名，在今江苏丹阳。次：舍。造：到，至。④玄黄：中央之帝。赘：见面礼。⑤祕藏：亦作祕藏，指隐藏或珍藏的大宗之物。⑥天毕：星宿名。彀：拉满弓弦。天弧：星宿名。

牛郎织女图　清·钱慧安

341

望太微兮穆穆，睨三阶兮炳分。①

相辅政兮成化，建烈业兮垂勋。

目瞥瞥兮西没，道遐迥兮阻叹。②

志蓄积兮未通，怅敞罔兮自怜。③

乱曰：天庭明兮云霓藏，

三光朗兮镜万方。④

斥蜥蜴兮进龟龙，策谋从兮翼玑衡。⑤

配稷契兮恢唐功，⑥

嗟英俊兮未为双。

注释：①太微：天之中宫。穆穆：和顺。三阶：星名。炳：光明。②瞥瞥：谓暂现。没：日落。遐迥：遥远漫长。③敞罔：失意貌。怅惘之借字。④三光：指日、月、星。镜：照射。⑤玑、衡：北斗七星中的天玑星和玉衡星。《湘夫人》："缭之兮杜衡。"江有诰《楚辞韵读》："衡，音杭。阳部。"⑥配：匹。稷契：稷和契的并称，唐虞时代的贤臣。契，传说中商族始祖帝喾的儿子，其母简狄吞玄鸟卵而生，舜时助禹治水有功。恢：大。唐：唐尧，传说中的上古贤君。

杂画之采和 明·张路

342